构建面向图书馆职业的理论体系

——第五次全国图书馆学基础理论研讨会论文集

刘兹恒　张久珍　主编

北京图书馆出版社

图书在版编目(CIP)数据

构建面向图书馆职业的理论体系:第五次全国图书馆学基础理论研讨会论文集/刘兹恒,张久珍主编.—北京:北京图书馆出版社,2007.11

ISBN 978-7-5013-2420-0

Ⅰ.继… Ⅱ.①刘…②张… Ⅲ.图书馆学—学术会议—文集 Ⅳ.G250-53

中国版本图书馆 CIP 数据核字(2007)第 160758 号

书名 构建面向图书馆职业的理论体系——第五次全国图书馆学基础理论研讨会论文集

著者 刘兹恒 张久珍 主编

出版 北京图书馆出版社 (100034 北京西城区文津街 7 号)

发行 010-66139745 66175620 66126153

66174391(传真) 66126156(门市部)

E-mail cbs@nlc.gov.cn(投稿) btsfxb@nlc.gov.cn(邮购)

Website www.nlcpress.com

经销 新华书店

印刷 北京华正印刷有限公司

开本 787×960 毫米 1/16

印张 20.25

版次 2007 年 11 月第 1 版 2007 年 11 月第 1 次印刷

字数 340 千字

书号 ISBN 978-7-5013-2420-0/G·724

定价 55.00 元

目　录

序

改革开放以来，我国图书馆学理论工作者经过思想上的拨乱反正，逐渐摆脱了意识形态的影响和经验主义的束缚，走上了科学化的发展道路，涌现出一批有理论价值的研究成果。展现在我们面前的这本论文集，虽只是近年来图书馆学理论研究成果的一部分，但已可看出他们广阔的视野和学术活力。在今后一段时间内，中国图书馆学理论研究如何推进，如何发展，我提出以下四点梗概性的看法和建议。

一、拓展图书馆学研究范畴

图书馆学的发展与科学技术的发展及文献载体的变化有密切的联系。20世纪40年代以前，文献载体形式以印刷型文献为主，图书馆学研究集中在图书分类、编目、保藏等领域；40年代至50年代，随着计算机的问世，图书馆学重视对文献检索的研究；60年代至70年代，由于计算机的应用，共享编目成为可能，文献分编的地位下降，引文分析、书目计量、联机检索等领域的研究上升。到80年代，伴随着我国改革开放的历史进程，电子计算机在图书情报领域开始大量应用，传统领域的研究开始转移到新技术领域，情报检索语言等领域的研究成为学科新的知识生长点。90年代以来，随着社会信息化进程的加快，图书馆的信息功能得到明显加强，图书馆学研究重视网络环境下文献信息资源的建设、组织、开发和利用，并对图书馆形态展开了研究。从上述可见，图书馆学的研究范畴，始终处于不断更新和拓展的过程中，没有更新就没有发展，没有局部的拓展就没有全局的进步。在这方面，既不可墨守成规，也不可人为地设置禁区和障碍。

二、继续探寻学科新的知识生长点

探寻学科新的知识生长点是我们面对新的信息环境必须研究的重要课题，不研究这些新课题，我们的学科就可能萎缩。图书馆学研究再也不能仅从图书馆这个实体来进行研究，而是要顺应跨学科研究的潮流，将现代信息技术与图书馆学理论结合起来开展前沿性课题的研究。我们必须掌握本学科坚实、宽广的基础理论和系统深入的专业知识，必须掌握与本学科研究领域有关的相关学科的理论知识和先进的技术方法，只有如此才能符合创新性研究的需要。探寻学科新的知识生长点与加强图书馆学理论研究不是矛盾的，而是有助于图书馆学理论的创新。

我们还应该看到，信息环境新变化和图书馆事业的变革为图书馆学基础理论研究创造了发展的良机。在理论发展的前科学阶段，图书馆学基础理论研究更多的是研究学科对象、性质、内容、结构、相关学科、研究方法等方面；而当图书馆学处于整体变革这一特殊阶段时，基础理论研究应关注变革中出现的新问题，总结变革中出现的新理念和新方法，推动图书馆事业变革的进行；要审时度势，注重学科新的框架建构，为新理论、新方法的发展提供可容纳的空间；还要关注图书馆学应用领域中的基础理论问题，离开了应用领域中具有普遍意义问题的研究，图书馆学基础理论就将成为无源之水。

三、促进理论与技术相融合

融合理论与技术，创造学科发展新优势，是图书馆学研究的一个新趋向。当前现代信息技术突飞猛进，网络知识产业快速发展。在网络知识产业中，图书馆学特有的分类、编目、索引、文摘、检索语言等专业理论和方法仍然占有重要的地位，图书馆学在虚拟知识空间中并没有失去继续存在和发展的机会。在网络内容提供商中，许多人是从计算机、通信、网络等现代信息技术的知识背景出发，寻求对网络世界中的信息、知识进行组织、控制和提供检索；而现在图书馆学研究越来越多的一部分注意力就放在对网络知识内容的组织、控制和提供利用。这两者分别从现代信息技术和图书馆学两个方向出发，追求的却是同一目标。IT专家主要考虑怎样提供一种智能化、自动化、高效率的信息存取机制；而图书馆专家更多的考虑知识内容本身的合理逻辑性，寻求科学的知识建构、组织和控制的途径。这两者应该相互补充和支持，因为图书馆事业是技术敏感型的事业，在图书馆发展史上，信息技术总是渗透到图书馆业务工作和技术设备之中，并武装了图书馆员，成为图书馆事业发展中最重要的生产力因素。在图书馆学研究中，应用性技术研究无疑占有相当重要的地位。图书馆学理论和方法必须与现代信息技术紧密地结合起来，只有这样才能创造交叉发展的学科优势，并继而使之转化成为资源优势，在虚拟知识空间中产生显著的社会经济效益。

理论与技术相融合的关键，在于正确处理基础与应用的关系。重应用轻基础乃至否定基础研究的价值，这是当前图书馆学研究中应该反对的一种思想倾向。基础理论和应用技术既相对独立而又不可分割，应用技术的发展与完善是以相应的理论和方法为条件的；没有基础理论的指导，便没有应用技术的发展，也无法解决图书馆实践所提出的现实问题。

四、调整理论研究的思维方式

提倡科学的思维方式，是当前我国图书馆学理论研究的重要任务。20世纪的科学，是一个门类繁多、层次分明、结构复杂的知识系统。这个系统不仅包括自然科学、技术科学和社会科学，而且也包括在这三大领域之间由于门类交叉、学科交叉、知识交叉、方法交叉所产生的各种各样的交叉科学、边缘科学、横断科学和综合性科学。但任何科学知识，都有自己发育的过程，都有自己的演化历史。科学知识演化的4个阶段是：准科学→前科学→常规科学→后科学。前科学（Pre-Science）的重要特征就是诸学蜂起，百家争鸣。因为“前科学”多数属于表象理论，它是研究者从各个不同侧面观察和研究事物表现效应的结果，因而对同一社会现象有着多种不同的认识和看法。例如，图书馆学研究对象的众说纷纭，图书馆学内容结构划分方法的各异，图书馆学理论研究现状的不同评价，片面追求学科分支的逻辑增长，过量移植相关学科的理论与方法等，都与图书馆学仍处于前科学阶段紧密相关。前科学阶段的批评或反驳对方的批评，无论怎么激烈，谁也难以取代谁。前科学阶段，科学存在的形式乃是“多重态”的科学，不可能形成排斥异己的所谓“科学共同体”。这是大科学观正确认识某一学科的思维方式,这种思维方式,是以解放思想、超越自身有限经验的局限为前提,以人类社会图书馆活动的全部历史和实践为对象的开放型思维,这一开放型思维是开展图书馆学理论研究的思想基础。

刘兹恒教授让我为本文集作序,我却之不礼,故欣然起笔,借写序的机会,陈述了我对图书馆学理论研究未来走向的四点看法,不知是否妥当。我的本意是将本序言做引玉之砖,引发更多的人思考此问题,共同促进图书馆学理论研究的繁荣昌盛。

吴慰慈

2007 年 9 月 10 日于北京大学

前　言

改革开放以来，作为推动我国图书馆学理论研究发展的重要会议之一，由中国图书馆学会理论研究专业委员会主办的“全国图书馆学基础理论研讨会”已经成功地举办过四次。1984 年的杭州会议确立了图书馆学新的理论发展格局；此后的庐山会议和常州会议，侧重于清理学科现状和规划学科未来；四年前，在郑州召开的以“发展与创新”为主题的第四次图书馆学基础理论研讨会，则对新世纪图书馆学理论发展提出了明确的要求。四年过去了，郑州会议所谋求的图书馆学研究“创新与发展”的主题，已经取得了有目共睹的成果。四年多来，广大图书馆学研究者在继承和弘扬我国优秀的图书馆学思想成果的同时，积极探索图书馆学新理论、新方法，努力吸收现代图书馆学新理念，大胆尝试构建面向图书馆职业的理论体系，使图书馆精神与价值、图书馆人文关怀、图书馆作为维护社会信息公平的机制、图书馆在构建和谐社会过程中的地位、图书馆在社会主义新农村建设中的作用等新的研究内容逐渐成为图书馆学理论研究的主旋律。同时，公共图书馆研究、图书馆立法研究和数字图书馆研究的新进展，也为图书馆学基础理论注入了新的研究内容。所有这些创新与发展，都标志着中国图书馆学基础理论研究已经步入一个新的时代。

值此理论变革之际，每个关心图书馆学理论发展的人都应该考虑这样一个问题：如何总结与吸收近年来国内外图书馆学理论进步的成果，并按学科内在的逻辑关系对它们加以科学组织。因此，以现代图书馆学理念为核心，重构图书馆学的理论体系已经成为当前图书馆学理论界的迫切任务。为此，中国图书馆学会图书馆学理论研究专业委员会发起了以“继承、发展与完善——立足于当代图书馆实践的图书馆学理论研究”为主题的第五次全国图书馆学基础理论研讨会征文活动。

到征文截止日期，本次征文活动共收到应征论文 77 篇，现选出其中的 38 篇汇编成这本论文集。从入选论文情况看，既有全面总结图书馆学基础理论当代发展的，也有系统论述图书馆职业核心能力的；既有对公共图书馆理念的思想（理论）价值进行深入讨论的，也有对中国语境下的图书馆学新术语进行科学辨析的；既有分析现代图书馆发展中技术、人文或制度关系的，也有探讨图书馆人文精神的起源与发展的。所涉及的内容基本反映了我国图书馆学基础理论研究的现状，表明我国图书馆学基础理论研究比起四年前又有了新的发展。我们欣喜地看到，中国的图书馆学理论研究一方面正在形成自己的特色，另一方面也在日益与国际图书馆学研究接轨。相信随着第五次、第六次、第七次……全国图书馆学基础理论研讨会的召开，我国图书馆学基础理论研究的成果将一步一步地走向世界！

感谢北京大学资深教授吴慰慈先生，他作为中国图书馆学会图书馆学理论研究专业委员会的原主任，一直关心着、指导着、参与着我国图书馆学的基础理论研究，在这本论文集即将付梓前，他又欣然命笔为本书作序；感谢北京图书馆出版社的宋安莉和金丽萍女士，为保证本书能够在第五次全国图书馆学基础理论研讨会召开之前正式出版，不辞辛苦，加班加点，认真负责地完成了本书的编辑工作；感谢北京人天书店慷慨解囊，为本书的出版提供了必要的经费支持；还要感谢所有参加本次征文活动的论文作者，特别是那些提交了论文却因各种原因未能入选本论文集的论文作者，正是他们的积极参与才使这次征文活动取得了圆满的成功！

由于论文集的编辑时间恰逢新学期开始，学校的教学和其他工作都非常繁忙。为了保证在出版社规定的交稿期限前完成对论文集最基本的审查、删改和编辑任务，我们只能尽可能多地利用业余时间来完成这一任务。再加上我们受自身水平的限制，论文集的编辑工作肯定会有许多不足，希望所有论文作者和读者能够谅解。

刘兹恒

2007年9月15日于北京大学

新世纪图书馆学基础理论的转型

——理论体系重构的初步设想

范并思(华东师范大学信息学系)

图书馆学的基础理论应该是什么模样,或者说它应该有一个什么样的理论体系,该体系中又包括哪些主要内容,对于这些问题的回答也许是多种多样的。但可以确定的是,无论是从国际图书馆学基础类专著、教材看,还是从我国图书馆学基础理论的发展趋势看,这都是一个需要继续探讨的问题,而不是一个已经有定论的问题。对此问题的探讨,既能帮助我们完整地了解图书馆学基础理论,促进图书馆学基础理论的理论建设,同时又能进一步发挥图书馆学基础理论对于图书馆学研究的宏观指导与导向,推动整个图书馆学的发展。自从上世纪初中国图书馆学建立以来,一代又一代的中国图书馆人,从来没有放松过对于图书馆学基础理论的研究,特别是对于图书馆学基础理论的体系的研究。但是由于认识水平、事业发展水平以及外部环境的制约,中国图书馆人认识图书馆学基础理论的历程,走得异常坎坷。直到进入新世纪后,中国图书馆学发展到了一个较高的事业发展和理论研究水平。在新世纪图书馆学基础理论拓宽了的疆域上,我们终于可以从容地欣赏现代图书馆职业和图书馆学的基本理念,构建以这些基本理念为主线的图书馆学基础理论框架,探索建立新的图书馆学基础理论体系的可能性。

本文通过图书馆学基础理论史的简短回顾,说明基础理论体系存在变革的可能性;通过对于新世纪图书馆学基础理论疆域拓展的描述,说明基础理论体系变革的条件业已成熟。在此基础上讨论了图书馆学基础理论的目的,并尝试构建了一个新的基础理论框架。

1 图书馆学基础理论的四个时期

我们将图书馆学史上所有宏观的、抽象的图书馆学研究均称为图书馆学基础理论。从1909年孙毓修发表《图书馆》至今，图书馆学基础理论的形态经过了4个阶段。

1.1 1909—1949：描述图书馆活动

清朝末年，全国各地兴建新式图书馆。1907年，晚清秀才孙毓修进入上海商务印书馆编译所，受编译所所长张元济聘请筹建该所的图书馆——涵芬楼。孙毓修"援仿密士藏书之约，庆增记要之篇，参以日本文部之成书，美国联邦图书之报告"，于1909年写成《图书馆》一书，在商务印书馆的《教育杂志》上连载。这是中国学者对图书馆系统论述的第一部专著，同时这部专著中也涉及许多基础理论问题，如大胆批评了"奉旨"开办的官藏图书馆的做法。孙毓修开创了中国图书馆基础理论的研究。

1917年以后，图书馆学研究进入一个新的时期。人们对于图书馆的定义、性质，图书馆学的体系、结构进行了内容十分丰富的研究。在具体展示图书馆学基础理论体系方面，出现了杨昭悊的《图书馆学》(1923年)，洪有丰的《图书馆组织与管理》(1926年)，杜定友的《图书馆通论》(1925年)、《图书馆学概论》(1927年)，马宗荣的《现代图书馆序说》(1928年)，刘国均的《图书馆学要旨》(1934年)等一大批图书馆学基础理论名著。

在图书馆学理论体系构建方面，杨昭悊在《图书馆学》中提出了一个理论体系，将图书馆学分为原理原则部分(即"纯正的")和图书馆实施的方法部分(即"应用的")。杜定友的《图书馆通论》明确提出"理论"与"实用"两部分是"图书馆学之专门学识"，并将图书馆学分为"专门的"和"辅助的"两种，强调图书馆学需要辅助知识。在《图书馆学的内容与方法》一文中，杜定友进一步把整个学科详列为9大块85个子目。刘国钧在《图书馆学要旨》中试图通过对图书馆构成要素的研究，构建一个完整的图书馆学体系。李景新于1935年发表《图书馆学能成一独立的科学吗?》，该文中设计的图书馆学体系表明中国图书馆学家对图书馆体系的认识已经达到非常高的水平。

尽管人们对于理论体系的认识水平不低，但却很难将自己对于图书馆学理论体系的认识体现在学术专著或者教材中。当时的专著或教材,总论部分对于图书馆的性质、意义的描述可以达到非常高的水平,但其主体上却摆脱不了对于图书馆实际工作的经验描述。1945 年,徐家麟已经接触到了芝加哥学派的核心理论,讨论了图书馆学科学化的理念、科学的研究方法、研究的科学精神这 3 个图书馆学基础理论的重大问题。但由于社会环境的局限,那一时期的图书馆学家没有能够使图书馆学摆脱"描述图书馆活动"的局限。

1.2 1949—1976:批判式图书馆学

1949 年新中国成立后,图书馆事业的新发展为图书馆学发展提供了一个较好的社会环境。当时的图书馆学一方面继续对以前的图书馆学进行探索,另一方面根据新中国图书馆事业的实际情况对原有理论内容进行改造,并引进前苏联的图书馆学理论,初步完成了满足新的意识形态要求的图书馆学理论重建。这一时期,图书馆学理论研究内容主要着眼于图书馆性质、职能等问题的研究,以及关于图书馆学研究对象的讨论。

20 世纪 50 年代,北京大学、武汉大学图书馆学系成为图书馆学研究的两个重要基地,它们分别进行了许多专题讨论会,发表了一批较高水平的学术论文,内容涉及图书馆学性质、职能、图书馆工作本质、社会主义图书馆建设原则、图书馆事业构成要素等基础理论问题。1957 年,刘国钧发表《什么是图书馆学》,该文的发表及由它引起的讨论,几乎成为 20 世纪 50 年代图书馆学基础理论的唯一亮点。

刘国钧发表《什么是图书馆学》一文的目的,是有感于图书馆学被列入全国科学十二年远景规划内,可还是有许多人时常会问什么是图书馆学。这篇文章阐述了刘国钧对图书馆学基础理论的系统思考,提出了许多高水平的理论问题。刘国钧在该文中进一步阐述了图书馆要素问题,指出"图书馆学所研究的对象就是图书馆事业及其各个组成要素"。这篇文章在国内引起了一场围绕图书馆学对象和内容的大讨论,形成中国图书馆学学术史上关于研究对象讨论的第一次高峰,同时也形成了新中国图书馆学史上的第一次高潮。这场讨论中还出现周文骏的《我国图书馆学的对象和内容管见》[1]、黄宗忠等的《关于图书馆学的对象和任务》[2]等较有见解的文章。此后黄宗忠的"矛盾说",也可视为这场讨论的产物。

这一时期的专著不多,能够代表基础理论成果的主要是一些未出版的概论性教材,如文化学院的《社会主义图书馆学概论》[3]。由于诸多的政治禁忌,图书馆学家们无法将西方图书馆基础理论的优秀成果吸收到教材中来,因此总体上看,图书馆学基础教材中,除了沿用前一时期的经验描述外,主要是增加了一些对于原有图书馆学理论进行批判的元素。

1.3 1977—1999:构建图书馆学体系

1977年"文革"结束,中国图书馆事业和图书馆学理论双双迎来了自己的春天。在图书馆学基础理念领域,经过一段时期对于"文革"中错误的理论路线的批判后,理论家们开始着手构建图书馆学理论体系。1977年教育部组织北京大学和武汉大学两校图书馆学系联合编写图书馆学"统编教材",1981年统编教材《图书馆学基础》出版,并对图书馆学产生了巨大的影响。《图书馆学基础》对图书馆学一些基本概念及原理作出了较新的解释,吸收了部分图书馆现代化的研究成果,内容中不但有图书馆学原理的论述,还有关于图书馆和图书馆事业建设、图书馆业务工作和图书馆现代化的全面论述。它代表了经验图书馆学的一个最为完整的理论体系。

《图书馆学基础》出版后,对该书理论体系与内容的质疑由此开始。初识芝加哥学派的图书馆学家不满传统图书馆学的体系结构,他们提出了各种各样的构建图书馆学理论体系的设想,这些设想包括理论体系、理论基础、研究对象、学科的内容与结构、相关学科与研究方法等等。1984年,中国图书馆学会基础理论组在杭州召开了图书馆学基础理论研讨会,史称"杭州会议",会议对于图书馆学基础理论进行了激烈的争论,并出现了"知识交流论"这样优秀的成果。杭州会议以后,理论家们在一批丰富的基础理论研究成果的基础上著书立说,以新的专著或教材展示他们对于图书馆学基础理论的理解。吴慰慈、邵巍编著的《图书馆学概论》(1985年)、周文骏的《文献交流引论》(1986年)、倪波和荀昌荣主编的《理论图书馆教程》(1986年)、黄宗忠的《图书馆学导论》(1988年)、宓浩主编的《图书馆学原理》等一批框架与内容全新的专著或教材相继问世。

这批新的专著或教材与原有专著教材的重要区别在于,它们基本放弃了以往描述图书馆活动的内容,选择了更为学术化的体系思路。这无疑是正确的选择。但是,由于当时的图书馆学刚刚从长期的闭塞与政治动乱中恢复,人们对于现代图书馆的了解还比较肤浅,流于感性,特别是对于决定图书馆学基础理论的两个核心思想——现代图书馆理念和图书馆职业精神,基本没有太多了解。因此,这批专著或教材尽管找到了正确的方向,但却缺乏足以支撑这一方向的图书馆学基础理论的内容。很多教材将精力放到了属于学科自我完成的内容上，比如对图书馆学的对象、性质、体系结构、相关学科与研究方法过多讨论上，未能建立起与现代图书馆相对应的图书馆学基础理论体系。

1.4　2000—现在：探讨现代图书馆学

进入新世纪，中国的图书馆事业上升到了一个新的高度。建立在这一新高度基础上的图书馆学理论终于摆脱了经验图书馆学和经院式图书馆学的纠缠，进入新的理论空间，并深刻影响到了中国图书馆事业的进程。从理论形态看，图书馆学国际交往空前频繁，理论研究逐步深入到现代图书馆理念与图书馆职业层面，新一代图书馆学人也更加成熟。尽管尚未能构建起与现代图书馆学相适应的基础理论体系，但理论研究疆域的拓广，已经为我们构想新的图书馆学基础理论体系提供了新的空间。

1999 年徐引篪、霍国庆《现代图书馆学理论》出版。该书较好地反映了图书馆学基础理论的时代性特征。它从“资源论”出发讨论图书馆的要素、矛盾、结构、功能，以变革的眼光看待公共图书馆的定位，还讨论了人类需求的图书馆、信息市场中的图书馆、网络时代的图书馆等内容，全方位地讨论时代变革给图书馆事业和图书馆学带来的新问题。《现代图书馆学理论》还对西方图书馆学史进行了细致的研究，纠正了 20 世纪 80 年代的许多错误。该书的体系虽然不够完整，但它打破了图书馆学基础理论专著、教材出版的停滞局面，对于图书馆学基础理论的发展起到了重要推动作用。[4]

2003 年吴建中出版了《21 世纪图书馆新论》[5]，该专著后被译成多种文字在境外发行。书中，作者根据自己多年来对于现代图书馆管理的观察与理解，极具创见地向人们展示了现代图书馆理念。书中所提及的许多观点，深刻地影响了中国图书馆管理的实践。同年，于良芝出版《图书馆学导论》[6]，这是第一部将图书馆学基础理论的体系构建于“图书馆职业理念”之上的图书馆学基础理论教材，有整整一章讨论“图书馆职业哲学”，包括职业的使命与职业价值观。作者在教材中围绕图书馆职业精神讲述图书馆学基础理论的写法，颠覆了我们对于图书馆学基础理论体系的认识。

在这样一批专著、教材出版的同时，人们对于以公共图书馆精神为核心的现代图书馆理念的研究，对于以尊重和维护读者基本阅读权利问题的研究，对于图书馆人文精神、职业理念的研究，进行得红红火火。这些研究内容虽然没有直接进入图书馆学的专著、教材，成为构建图书馆学基础理论体系的重要内容，但它们展示了图书馆学基础理论的新的研究疆域，给人以极大的启迪。

2 新世纪图书馆学基础理论的探索疆域

进入新世纪，中国的图书馆学基础理论研究视野豁然开朗。以下这些研究内容，成为我们构建图书馆学基础理论体系不可忽略的内容。

2.1 公共图书馆研究

公共图书馆产生于19世纪，公共图书馆的出现使图书馆由面向社会精英的机构变成了一种社会性的公共设施。公共图书馆面向全社会成员平等、免费服务的基本理念，奠定了现代图书馆理念的基础。在国际图书馆学界，二战结束后公共图书馆研究的理论进展，确保了《公共图书馆宣言》的顺利诞生。《公共图书馆宣言》的基本精神，从此成为现代图书馆理念的核心。但是，1949—1999年间中国图书馆学缺少对于公共图书馆的研究，特别是公共图书馆的基本思想与核心理念的研究。这一缺憾反映到了图书馆学基础理论专著、教材中。在20世纪80年代出版的那些图书馆学专著、教材中，公共图书馆只是作为众多类型图书馆中的一种被介绍，公共图书馆的基本理念更是鲜有提及。1999年徐引篪、霍国庆的《现代图书馆学理论》有较大篇幅论及公共图书馆，是一个进步。但该书更多地涉及了西方图书馆界变革公共图书馆管理的内容，没有涉及公共图书馆的核心理念及其对于图书馆学基础的影响。直到吴建中《21世纪图书馆新论》出版，公共图书馆的基本理念才比较正式地进入了图书馆学基础理论的体系。本人的《维护公共图书馆的基础体制与核心能力》[7]等论文发表后，公共图书馆研究方才逐渐形成气候。

近年我国公共图书馆的研究，完全触及到了公共图书馆的核心理念。理论界不但清晰揭示了公共图书馆理念的发展脉络，指出了公共图书馆在现代社会民主化管理中的价值，而且指出了公共图书馆在维护社会信息公平、保障公民基本信息权利方面的不可替代的作用，指出了公共图书馆的“制度”意义。这些研究成果，对于我们反思以往图书馆学基础理论的体系，以现代图书馆理念来改造或充实图书馆学基础理论的体系，具有非常重要的意义。

2.2 图书馆读者权利研究

读者利用图书馆的权利属于基本人权，它来源于《世界人权宣言》第十九条

"人人有权享有主张和发表意见的自由;此项权利包括持有主张而不受干涉的自由,和通过任何媒介和不论国界寻求、接受和传递消息和思想的自由",以及第二十七条"人人有权自由参加社会的文化生活,享受艺术,并分享科学进步及其产生的福利"。国际图书馆界于上世纪30年代后逐步确立读者权利的观念,并将其落实到各类图书馆政策文件与图书馆管理实践中。中国图书馆界对于读者权利的研究与认同远远晚于图书馆对社会开放的认同。清末建立的省级公共图书馆完全不认同读者权利的理念,李小缘形象地形容当时的馆员与读者的关系为"官与民"的关系。即使1949年以后,图书馆界虽然在强调"读者至上"、"读者第一",但这种强调与尊重读者获取信息权利或利用图书馆权利的理念,有着实质性的差异。图书馆理论界对读者的管理、支配、教育的研究冲动,远远大于对读者权利的维护与尊重的研究冲动。

在20世纪80年代的图书馆学基础理论教材中,宓浩的《图书馆学原理》基于"知识交流论",而知识交流论的一个重要理论成分就是读者,因而《图书馆学原理》试图将"读者"概念引入理论体系。但由于当时理论界没有了解"读者权利"的基本理念,因此在《图书馆学原理》中,仅涉及了读者类型、读者需求等传统"读者工作"的内容。20世纪90年代后期黄纯元介绍了美国图书馆协会的《图书馆权利宣言》[8],2002年李国新研究"图书馆自由"[9],2005年前后,国内学者对于"图书馆权利"的研究形成热点:中国图书馆学会2005年"新年峰会"设立了"图书馆权利"的议题,《图书馆建设》出现"走向权利时代"的专栏。所有这些研究,使得图书馆学基础理论体系中关于读者的内容,可以建立在由尊重读者阅读权利而派生出来的一系列命题的基础上了。

2.3 图书馆人文精神研究

现代图书馆的产生本身即是人文精神的产物。正是出于对社会底层人士阅读需求的人文关怀,才产生了公共图书馆。卡耐基捐巨款推动美国公共图书馆建设,韦棣华只身来华帮助中国发展图书馆,都是图书馆人文精神的最好体现。现代社会中公共图书馆服务重心早已转向社会弱势人群,如老年人、未成年人、残疾人、贫困人群。在网络时代,公共图书馆还承担着为弱势人群利用网络提供帮助、缩小社会数字鸿沟的责任。人文关怀已经成为图书馆服务的一种惯例或共识。实际上,由于信息时代的商业化信息服务异常发达,公共图书馆,尤其广大基层公共图书馆在为高端人群服务方面越来越不具备优势,而对弱势人群实施知识与信息的人文关怀,既是图书馆不可推卸的社会责任,又是图书馆不可替代的核心能力。但在中国图书馆界,这样一种图书馆服务传统迟迟未能建立。学者更多地关注对知识与信息需求强烈的人群——教学科研人员、决策者与经济界人士,有针对性地采购文献,改进图书馆的管理与方法,以满足他们的需求。而对于信息需求较弱或需求处于潜在状况的社会弱势人群,则很难考虑他们,或者说不知道如何研究他们。

1990 年前后,部分图书馆学家看到了中国图书馆学的这一理论盲区,开始研究图书馆精神,包括图书馆人文精神。如程焕文对于图书馆精神的研究。但这种研究很快淹没在市场化与信息技术两股浪潮中。直到 2000 年前后,图书馆事业的市场化被证明是死路,数字图书馆研究也逐渐降温,理论界重新开始关注图书馆人文精神。2005 年前后,这种研究形成高潮。

2.4 信息公平与自由获取研究

由读者阅读权利和图书馆人文精神深入研究下去,很自然地派生出信息公平与自由获取的问题。信息公平与自由获取这一问题与图书馆管理或服务相关联,但它与图书馆的社会职能关系更大。信息公平不仅仅是一种社会理想,更是一种具有人文理想的人们所不懈追求的制度设计。现代图书馆体系就是这种制度设计中一个不可缺少的重要系统。因此,图书馆界十分关注信息公平与自由获取问题。国际图联成立了“信息自由获取与表达自由委员会”(FAIFE),美国图书馆协会成立了“知识自由委员会”(IFC),等等,这些国际重要图书馆协会成立有关信息公平与自由获取的机构,表明了这一问题在现代图书馆体系中的重要地位。此外,联合国也十分重视信息公平的问题,在日内瓦 2003 和突尼斯 2005 的两次“信息社会世界首脑会议”上,信息公平与自由获取成为会议通过的《原则宣言》和《行动计划》的重要内容。如“突尼斯承诺”中的“我们认识到,信息的获取和知识的分享与创建可有力地促进经济、社会和文化的发展,从而帮助所有国家实现达成国际共识的发展目的和目标,包括《千年发展目标》。推动这一进程需要我们扫除障碍,使人们均能获得普遍、无所不在、公平和价格可承受的 ICT 接入。我们强调必须消除在弥合数字鸿沟方面遇到的障碍,特别是那些阻碍各国、尤其是发展中国家充分实现经济、社会和文化发展和为其国民谋幸福的障碍”。[10]

进入新世纪后,我国图书馆学家开始研究信息公平与自由获取。李国新、范并思都有此类文章,蒋永福发表了一系列“信息公平”论文,出版了《信息自由及其限度研究》的专著[11]。尽管对这一问题的研究还远远不够,理论界对于此类问题甚至还存在较大分歧，但不论人们对于信息公平与自由获取持何种态度，这一问题已不可避免地进入现代图书馆学基础理论，并成为图书馆学不可回避的核心问题。因此，图书馆学基础理论体系中势必引入这一内容，讨论这一理念，表达自己对这一理念的立场。

2.5 图书馆职业理念研究

图书馆作为一个职业，有自己的职业理念。这种职业理念表达了图书馆人对于这个职业的理解，帮助他们处理图书馆活动过程中所遇到的各个复杂的问题。图书馆的职业理念一般是通过图书馆界的宣言、声明、愿景、使命、核心价值表述出来。一个国家、地区或行业的图书馆界对于自己的职业理念的表述，集中表现了该国家、地区或行业图书馆学基础理论的水平。例如国际图联的《公共图书馆宣言》、《中小学图书馆宣言》、《因特网声明》、《图书馆可持续发展声明》，以及《IFLA2006—2009 年战略计划》中的“愿景”、“使命”和“核心价值”，美国图书馆协会的《图书馆权利宣言》和《图书馆核心价值》，等等，都代表了他们的图书馆学基础理论水平。对于这一类问题的研究，在过去我国图书馆学基础理论中，又是一个薄弱环节。

2003 年出版的《图书馆学导论》引导人们开始关注图书馆职业理念，此后这一主题成为图书馆学基础理论一个新亮点。2005 年以后有关职业理念的研究形成气候。2006 年《图书馆杂志》开设专栏讨论“图书馆员：职业精神与核心能力”。湖南图书馆界的“长沙愿景”（2006 年）、杭州公共图书馆的《杭州地区公共图书馆服务公约》（2006 年）、部分高校图书馆馆长的“武汉宣言”（2005 年），这样一批文件的出现，表明我国图书馆学基础理论对于图书馆职业理念的研究已经达到非常高的水平。而中国图书馆学会于 2006 年底启动的对于图书馆核心价值和《图书馆服务宣言》的研究，则表明了图书馆学界对于图书馆职业理念的高度关注。可以预见，一旦重新构建图书馆学基础理论体系，图书馆职业理念的内容必定成为新体系中的一大亮点。

2.6 信息技术中的基础理论问题研究

信息技术在图书馆的应用是应用图书馆学的一个分支领域，但现今信息技术已经全面渗透到图书馆管理与服务的各个环节，成为图书馆学基础理论不可回避的一个问题。国际图书馆学界对于信息技术给图书馆管理与服务带来的变化较为关注，国际图联曾发表《因特网声明》、《数字化环境下的版权立场》等文件，关注数字鸿沟和网络著作权保护等与技术相关的基础理论问题。信息技术应用中的基础理论问题，例如信息技术导致的数字鸿沟问题、信息的可获得性或可用性问题、系统设计的人性化与便利性问题、用户的参与和互动问题，等等，均可归结为信息技术应用中的人文精神问题。这些问题，在我国过去的信息技术应用、数据库/图书馆集成系统研发、数字图书馆研发过程中，被研发者或多或少地忽略了，给图书馆信息服务带来不便。而造成这种忽略的原因之一，就在于图书馆人文精神的缺失，以及缺乏图书馆学基础理论的有力指导。

2005 年以来 Web2.0 的发展，给了图书馆人一个自我修正的机会。2006 年出现的图书馆 2.0 研究热潮，更是图书馆信息技术与基础理论相结合的产物。图书馆追求系统的可用性与便利性，依靠用户的参与改善资源与信息组织。它被当作是一种技术，也被当作是一种理念。2006 年于上海和 2007 年于厦门召开的图书馆 2.0 会议（即“Web2.0 与信息服务”研讨会），主办方都是中图学会的数字图书馆专业委员会和理论专业委员会，参与者中也有许多非信息技术专业人士，这充分说明图书馆学基础理论已经深入地介入了信息技术应用的研究。这种深入的介入，大大拓展了图书馆学基础理论的研究疆域。

2.7 新图书馆史研究

图书馆史是图书馆学基础理论的传统强项，图书馆学家治史功力不弱。但略有些遗憾的是，过去的图书馆史研究过于偏重古代图书馆史的研究，而对于近现代图书馆诞生以来的图书馆史，研究却比较薄弱。例如，对于西方 19 世纪以来的图书馆史，对于我国晚清以来的图书馆史，研究就显得过于单薄。所以，以往的图书馆学基础理论的专著与教材中，图书馆史不能成为支撑或支持现代图书馆理念的内容。此外，图书馆史中存在过多的重大遗漏与错误，例如，西方图书馆学中对于“芝加哥学派”人物的错误介绍，对公共图书馆思想史的遗漏，中国图书馆学中对于徐家麟的遗漏。有些错误（如“理念派”、“实用派”之说）甚至以讹传讹，影响到不少教科书的权威性。

进入新世纪，对于近现代图书馆史的研究明显加强。程焕文的《晚清图书馆学术思想史》经历数年时间而写作完成，填补了系统研究晚清图书馆史的空白。[12]本人《20 世纪西方与中国的图书馆学——基于德尔斐法测评的理论史纲》通过实证方法系统研究近现代图书馆史，并利用网络带来的便利全面核对史料。[13]之所以称这些图书馆史的研究为“新图书馆史”，是因为研究中更加关注观念史，并使观念史成果成为现代图书馆学理念论点的支撑。例如本人的

《公共图书馆精神的时代辩护》就是以对于西方公共图书馆思想史的研究为理论支撑的。[14]这些图书馆史研究虽然没有正面开拓图书馆基础理论的新疆域，但它们能够使图书馆学基础理论的体系变得更加稳固而可信。

2.8 其他

除了上述大幅拓展图书馆学基础理论的领域外，还有一些领域的进展也能丰富图书馆学基础理论，例如：

1)网络著作权保护。网络时代信息的流动与传播的速度与广度的变化，使得网络著作权问题变得备受社会的关注。著作权人特别是出版者对于网络著作权的过度诉求，已经明显地打破了著作权保护问题上的平衡，影响了信息的流动与传播，进而影响了公众的利益。在国际网络著作权的立法博弈中，图书馆站在维护信息的最大流通与保护公众利益的角度，成为制衡出版利益集团的重要力量。在我国，图书馆界研究、讨论网络著作权问题。中国图书馆学会发表了《关于网络环境下著作权问题的声明》(2005年)，并以学会名义参与《信息网络传播权保护条例》的立法。

2)图书馆立法。图书馆法对于图书馆事业的重要性不言而喻，而传统图书馆学对于图书馆立法的支持很小，理论中仅强调图书馆法对于图书馆事业的支持，带有明显的行业局限性。现今图书馆学理论明确了图书馆法对于公民阅读权利的保障作用，以及在阅读权问题上对于政府与公众的协调作用。理论的进步使未来的图书馆法避免了“行业保护”，可望成为现代法学意义上的法律。

3)图书馆公共关系。随着公众权利意识的苏醒，图书馆与社会公众、媒体、政府之间的公共关系越来越频繁。处理好这些公共关系问题，图书馆能够避免或化解危机，扩大自身影响，赢得政府的支持。以往图书馆学也研究公共关系，但更多的是图书馆层面的公共关系问题。进入新世纪后我国图书馆公共关系事件更多地表现为行业性公共关系事件，对这些事件的处理与研究，成为图书馆学基础理论的很好案例。

4)图书馆服务网络与延伸服务。体现公共图书馆服务的公平性的一个重要指标，是建立图书馆服务网络，使图书馆服务从中心城区的中心图书馆，延伸到边远地区。这一问题属于公共图书馆问题，同时也是地区图书馆布局问题。理论上这一问题不难解决，但在实践中，因为我国公共图书馆与行政管理区挂钩，符合公共图书馆精神的服务网络问题一直未能很好解决。近年图书馆人积极探索服务网络建设，尝试了多种多样的服务网络或延伸服务。服务网络的概念写入了《国家"十一五"文化发展纲要》，文化部于今年在天津召开了"图书馆延伸服务"现场会。

3 重构图书馆学基础理论体系

在被新世纪图书馆学拓宽了的图书馆学基础理论疆域上，再来反思上世纪80年代图书馆学人对于图书馆学基础理论体系的探索，应该能给人以更多的启迪。

3.1 建设图书馆学基础理论的目标

20世纪80年代的图书馆学家带着那个时代的理论家特有的学术激情，大刀阔斧地改造了以经验描述、微观研究、批判式研究和一元化为特征的中国经验图书馆学，并自信地构建起了新图书馆学。这个新图书馆学中的基础理论，是以理性主义为基本特征的。理论中具有太多对于学科自身的思辨，包括对于学科的理论基础、研究对象、体系结构、相关学科与研究方法的思辨。这种思辨的终极目标，是真正认识这个学科。从这个意义上说，尽管20世纪80年代的图书馆学基础理论建设风生水起，热点不断，但它其实仍未能超越刘国钧"什么是图书馆学"的直白追问。

进入20世纪90年代后，刘迅与我曾有过一组通信，试图继续追问"什么是图书馆学"。王子舟、马恒通等人也不断撰文，顽强地继续这一追问。所有这些研究，随着刘迅的离去，以及王子舟和我等的理论兴趣的转移而不再继续。1999年，黄纯元发表《追问知识的本质——对知识交流论的再思考》[15]，这是一篇极为精彩的论文，也是追问"什么是图书馆学"的最后的精彩。《追问知识的本质》之后，"什么是图书馆学"的时代就此谢幕了。

理论家为什么要追问"什么是图书馆学"？我以为除了理论家们的个人兴趣外，当时图书馆学基础理论的任务也有这种需求。图书馆学基础理论的重要任务之一是充当图书馆学的基础/概论课程的教学理论体系，在很长一个时期里，大学是"科学家的摇篮"，大学的图书馆学教育不被当作图书馆职业的专业人员的培训基地，而被当作图书馆学的"科学家"或学者的培训基础。为培养一名图书馆学的学者，大学当然需要告诉他"什么是图书馆学"，以及围绕图书馆学展开的种种相关知识。学者们希望在教材中有更多的"哲理"和"本质"，有厚实且无懈可击的理论基点，在此基点上逻辑地衍生出来的概念体系，可以达到这种衍生的方法论体系。所有这些对于基础理论的诉求，在大学是“科学家的摇篮”的时代，都是无可厚非的。

但是，大学不仅仅是培养科学人才的地方，也是培养优秀的、专业的各类从业人员的地方。尤其是在本科生或硕士研究生层面上，图书馆学的任务几乎就是培养高素质的图书馆专业人员。西方大学的图书馆学专业和我国现在的图书馆学专业都是如此。对于培养未来的图书馆职业的从业人员，讲授“什么是图书馆学”并非必须的。“什么是图书馆学”的内容，或许可以放到高年级，作为一门选修课程。这样，它将不再是“基础理论”的核心内容，而是属于图书馆哲学或图书馆学方法论的内容。对于未来将要从事这一职业的大学生，他们所需要学习的“基础理论”，只能是与图书馆职业或职业理念有关的知识。

图书馆学基础理论还有另一个意思，就是为这个学科的理论研究提供一个基础。从这个角度看，教科书中关于图书馆学的对象、性质一类讨论就更没有必要了。那些属于图书馆哲学的理论命题，因为其理念优劣的判别主要取决于价值观，实际是永无终极答案的。谁都可以就某一观点讲出自己的道理，可以批判别人的观点，但却无法说服持有不同观点的他人。因此，教科书中关于图书馆学的对象、性质的讨论只能是一种训练思维的讨论话题，而无法构成科学研究的理论基础。图书馆学科学研究所需要的基础，仍然只能是对于这个职业的历史、现状以及基本职业理念的理解。

许许多多的实例表明，只有接触到了现代图书馆理念，能够理解图书馆在社会的民主、进步或现代化建设中的终极价值，这样的图书馆人，才可能在图书馆的管理、服务与学术研究中，成为图书馆事业的栋梁之材。因此，建设图书馆学基础理论的目标，必须从引导人们追问“什么是图书馆学”，转变到帮助人们理解与接受现代图书馆理念上来。这样一个目标，于良芝在《图书馆学导论》的“前言”中有过简洁的描述：

“第一，为立志从事图书馆职业的初学者提供适应新时代的专业基础知识。它希望让初学者了解图书馆职业的使命和价值、职业活动依赖的核心技术与方法、与职业活动相关的基本概念和原理……”

“第二，帮助初学者了解图书馆职业的专业特长和职业精神。图书馆职业的专业特长是指从事图书馆职业需要的知识与技术……图书馆职业精神是指图书馆职业的信念和追求，这不仅包括现代图书馆职业的先驱所秉承的理想主义和人文主义信念，也包括新一代图书馆员所倡导的信息平等、互助合作、技术创新精神……”

“第三，帮助初学者理解从事专业技术职业必须具备的务实精神与科学精神。”[16]

3.2 图书馆学基础的框架设想

一个新的图书馆学基础理论的体系，需要我们图书馆学基础理论研究者共同努力构建。现在，新世纪图书馆学基础理论疆域的拓广，于良芝等人对于基础理论体系与内容的探索，已经为我们构建这样一个体系打下了基础。

我们认为图书馆学基础理论的体系中至少应该包括以下这些内容：

导言：图书馆的定义与类型

说明：简要介绍图书馆的定义、类型及相关概念，所有介绍的优先顺序应为：ISO/GB 等标准——成熟的外文辞典/百科——机构文献——经典文献，达到了解“什么是图书馆”的目的。

第一部分：图书馆史

说明：基础理论的体系结构中，史、论、方法的顺序并非必然将“史”列前。但图书馆学的“论”部分成熟度不如“史”部分，将“史”列前可以增加体系的稳固。同时观念史的介绍，实际也为“论”部分打下了基础。

一、图书馆起源和发展

（说明从略）

二、中外著名图书馆

（说明从略）

三、图书馆观念的演化

说明：为避免将图书馆史变成按年代/朝代罗列介绍图书馆，必须引入“观念史”的概念，通过介绍图书馆从皇室文献私藏地到社会管理者用于缩小信息鸿沟的工具的演变，说明现代图书馆理念的历史必然性及价值。

第二部分：图书馆职业

说明：立足图书馆职业讨论图书馆职业精神、现代图书馆理念、图书馆与社会，以及图书馆职业对于图书馆员的质量要求。这一部分是基础理论体系中的“理论”部分，重要的图书馆学原理、原则及图书馆的使命与核心价值等内容都将在这一部分进行讨论。

四、图书馆员与图书馆职业

说明：引入重要的图书馆职业相关文件，特别是与图书馆员相当的文件，介绍职业哲学的演化、职业能力的基本要求、职业准入制度、职业道德规范等。目的在于告诉人们从事图书馆职业应该具备什么样的素质。

五、图书馆的职业使命

说明:将图书馆职业作为一个整体,这个整体的职能与目标是什么,需要通过对各地区各类型图书馆(组织)的使命陈述或核心价值声明,介绍现代图书馆职业的最基本的理念,并讨论各主要使命与核心价值陈述的差异及形成原因。

六、读者权利与信息自由获取

说明:局限于图书馆内部讨论图书馆职业精神,容易步入"行业保护"的误区。应该走出图书馆自身,从全社会角度,即从人权、公共管理、社会民主等角度,讨论图书馆职业行为的责任及所受到的社会制约,论证图书馆保障读者阅读权利与公民的信息自由获取权利的理念与社会操作。

七、图书馆资源公平利用

说明:介绍信息公平的基本理念、实施信息公平的必要性与可能性。并将公平服务的理念从公共图书馆延伸到其他类型图书馆,从文献资源延伸到所有图书馆资源。

第三部分:图书馆管理与服务

说明:本部分讨论现代图书馆理念指导下的图书馆管理与服务规范,属于理论在实践中的具体化。

八、图书馆服务质量指标

说明:通过标准、文件(包括政策文件与"宣言"类文件)的经典文献的解读及案例,回答什么是好的图书馆管理与服务的问题。包括图书馆人性化服务的基本要求。

九、信息开放、共享与图书馆协作

说明:强化开放存取、开源软件、信息资源共享的理念,介绍知识产权保护问题的图书馆立场。介绍现有知识产权框架制约下的图书馆协作。

十、特殊群体的服务

说明:讨论用户分类服务的问题,主要是对于弱势群体的特殊服务,如对残障人士、阅读或上网困难人士服务的服务理念与服务要求。

十一、信息技术应用的原则

说明:信息技术对图书馆的影响。图书馆人对于信息技术的要求、态度(追求技术的开放、易用性或便利性、使用便于用户参与和互动的技术与服务)。

十二、用户信息素养

（说明从略）

第四部分:图书馆研究

说明:本部分属于科学研究方法,属于从事图书馆学研究所必须掌握的方法。因为本部分同时也介绍了科学研究所必须了解的信息源与人物,因此不采用"研究方法"一语。因为本部分的方法同时也是图书馆管理与服务研究的方法,所以不采用"图书馆学"一语。

十三、文献与机构信息源

说明:介绍图书馆研究所必须掌握的信息源,包括期刊、图书、工具书、网络数据库等文献信息源,以及UNESCO、IFLA、ALA、LSC(中国图书馆学会)等机构信息源。

十四、科学规范与研究方法

说明:从事图书馆学研究必须遵循的科学研究规范,以及做研究必须掌握的信息获取、社会调查、数据处理、论著写作等研究方法。

十五、经典与大师

说明:任何一个学科的"基础理论",都负有介绍该学科经典文献与大师的任务。图书馆学基础理论专著或教材应该承担起宣传甚至"制造"图书馆学的经典与大师的任务。

3.3 若干讨论

1)关于体系中内容的选取。构建一个新的理论框架也许艰难,但更艰难的还是如何实现它,或者说是如何凭借这个框架建立起新的图书馆学基础理念体系。这一任务首先面临的是选取内容。宓浩当年曾经提出过一个非常漂亮的框架:"知识交流论",但最终完成的《图书馆学原理》却未能摆脱那个时代图书馆学基础理论教材的桎梏。其原因就在于当时的图书馆学还缺乏足够的可以支撑其框架的内容。我设想的构建上述图书馆学基础理论框架的内容,应该是本学科中最成熟的内容。比如是现有图书馆学中已经被深入研究或反复讨论过的内容,或者是各种标准、工具书、政策法规、学会/协会文件。以往基础理论教材中一些具有人为性或体现作者个人学术观点的命题,例如"图书馆的性质",一般不再采用。这里所说的成熟不代表没有争议,但即使有争议,也应该是建立在成熟文件基础上的争议。例如学术界对于《公共图书馆宣言》、《图书馆权利宣言》可能有异议,但这些"宣言"本身是成熟的、有权威性,它们的思想及论证、讨论就可以作为内容。这样选取内容的目的,在于通过成熟内容构筑一个稳固的“基础理论”,避免无谓分歧。上述框架的设计过程中已经充分考虑了内容的成熟性。就是说只有我们认为有了足够的成熟内容,才在框架体系中设置相应的章节。尽管如此,仍难以保证体系构建过程中可能遇到成熟内容不够的情形。但上述框架是一个封闭的体系,内容增删并不困难,实际的体系构建过程是一个研究过程,完全可能对体系进行调整。

2)关于基本理念的贯穿性。上述框架的特点之一,是以现代图书馆职业理念作为一根贯穿整个体系的红线。这种职业理念,于良芝认为“包括现代图书馆职业的先驱所秉承的理想主义和人文主义信念,也包括新一代图书馆员所倡导的信息平等、互助合作、技术创新精神”。也许我们还可以作进一步的概括与修正,如将互助合作改为资源共享与协作。现代社会之所以要动用公共资源建立与发展图书馆,是因为社会需要图书馆承担某种使命。一般而言,社会运用公共资源建立与发展的服务,是社会生活所不可缺少、同时商业化活动所不能替代的服务。图书馆的基本理念,首先要包含社会需要图书馆承担的某种使命的理由。例如,保障社会信息公平是社会建立公共图书馆体系的理由,图书馆的基本理念中必然要包含信息公平的基本理念。此外,要实现图书馆的高效运作,我们也要遵循某些准则,如信息资源共享。这些准则也属于现代图书馆职业理念。问题在于:只有实现了以现代图书馆职业理念贯穿始终的体系,才可以称得上是一个严谨与完整的体系。尽管我们在上述图书馆学基础理论的框架设计中增加了一些说明,但也许仍难以看出基本职业理念的一以贯之。其实,正因为是理念,是可以融入管理与服务的东西,我们很难在框架中将它们一一表现出来。而在具体内容的研究中,基本职业理念就成为我们研究的价值观,可用来判别各种观点,衡量具体操作。只有做到了这一点,现代图书馆职业理念才真正称得上是一根贯穿整个体系的红线。

3)关于某些重要内容的遗漏。在上述框架中,我们遗漏了许多基础理论体系中存在的内容。一些属于学科自我完成的内容,如学科的对象与性质,既属于不成熟的内容,也是与图书馆职业缺乏内在必然联系的内容,被我们删除了。除此之外,还有“图书馆事业”、“国家信息政策”、“国家信息基础设施”等国外同类教材中常见的内容也没有出现在上述框架中,这是因为我们无法在上述框架中为它们找到准确的位置。我们希望通过对于这样一个图书馆学基础理论框架的讨论,最终明确什么内容是必须的,什么内容是可以放弃的,这些必须的内容应该放置在什么位置,又要如何从中体现现代图书馆的职业理念。

参考文献

[1]周文骏.我国图书馆学的对象和内容管见.学术月刊,1957(9)

[2]黄宗忠等.关于图书馆学的对象和任务.武汉大学学报(人文科学),1960(2)

[3]文化学院图书馆研究班第一期学员集体编写.社会主义图书馆学概论.文化学院,1960

[4]徐引篪,霍国庆.现代图书馆学理论.北京图书馆出版社,1999

[5]吴建中.21 世纪图书馆新论.上海科学技术文献出版社,2003

[6,16]于良芝.图书馆学导论.科学出版社,2003

[7]范并思.维护公共图书馆的基础体制与核心能力——纪念曼彻斯特公共图书馆创建 150 年.图书馆杂志,2002(11)

[8]黄纯元.政治经济学视角中的未来图书馆论——读哈里斯和翰奈的《走向未来:后工业化时代的图书馆情报服务的基础》.图书馆杂志,1998(2)

[9]李国新.对"图书馆自由"的理论思考.图书馆,2002(1)

[10]信息社会世界首脑会议.突尼斯承诺.
http://www.itu.int/wsis/docs2/tunis/off/5-zh.doc [2007-08-31]

[11]蒋永福.信息自由及其限度研究.中国社会科学出版社,2007

[12]程焕文.晚清图书馆学术思想史.北京图书馆出版社,2004

[13]范并思.20 世纪西方与中国的图书馆学——基于德尔斐法测评的理论史纲.北京图书馆出版社,2004

[14]范并思.公共图书馆精神的时代辩护.中国图书馆学报,2004(2)

[15]黄纯元.追问知识的本质——对知识交流论的再思考.《图书馆杂志》1998 年学术年刊,1999

关于我国图书馆学基础理论研究发展历程的反思与展望

——历届全国图书馆学基础理论会议回顾与21世纪图书馆学理论研究思考

杨文祥　周　慧(河北大学管理学院)

1　引言

图书馆学伴随近现代图书馆事业传入中国这片古老的土地上之后,历经坎坷,走过了跌宕起伏、曲折发展的学术求索历程。在这一艰难历程的最近一个历史阶段,即中国图书馆学会成立以来的近三十年间,中国图书馆学会学术委员会先后主办了4届全国图书馆学基础理论学术研讨会。这几次会议在图书馆学理论建设上发挥了十分重要的推动作用,在图书馆学学术发展史上打下了深刻的印记。

自第一次全国图书馆学基础理论学术研讨会在杭州召开以来,至今已经二十余载。20余年来,全国图书馆学基础理论会议历经杭州、庐山、常州、郑州四次会议,每一次会议都是在一定的社会历史背景下召开的,都具有特定的学术意义。每一次会议都在一定程度上推动了图书馆学理论研究的深化,构成了持续推动我国图书馆学理论研究深入发展不可替代的学术动力。中国图书馆学会学术委员会图书馆学理论专业委员会计划在2007年秋季举办第五次全国会议。相信这次会议一定会在新的历史条件下发挥承前启后的中继站作用,把我国的图书馆学理论研究推向一个新的历史起点。为此,本文在对第1—4届图书馆学基础理论学术研讨会简要回顾的基础上,对21世纪的图书馆学理论研究提出若干前瞻性的理论思考和建议。

2　第1-4届全国图书馆学基础理论学术研讨会历史回顾与理论反思

2.1　杭州会议

1984年11月1日至7日在浙江省省会杭州召开的“全国图书馆学基础理论学术研讨会”是中国图书馆学会成立后举办的首届全国基础理论讨论会。由于这次会议对图书馆学基础理论研究产生的深远影响，两年后，“杭州会议”这一称谓相沿成习，成为中国图书馆学理论界学术研究中的一个专有名词。

杭州会议的中心议题是图书馆学的基础理论问题。会上，诸多学者对于图书馆学基础理论中的各相关问题提出了各自不同看法和观点，对图书馆学的研究对象、研究内容，图书馆学的学科性质以及新技术革命对图书馆和图书馆学未来发展的影响等问题进行了深入探讨。

会议的另一个重要议题是图书馆学基础理论课的教材建设问题。杭州会议以前，各学校采用统编的图书馆学基础理论教材。由于图书馆学理论界对统编教材提出了许多批评，引发了一些争议，因此急需一套新教材以确立图书馆学新的理论体系。会上，经过与会学者的讨论磋商，最后做出了放弃统编教材，会后由各学校自编教材的决定。

杭州会议是在中国社会由一个封闭的传统社会转向一个开放的，面向世界、面向未来、面向现代化，不断发展的现代社会的历史大背景下召开的。这一历史大背景的时代基调就是在思想解放的前提下的改革与开放。显然，杭州会议上图书馆学基础理论研究学术思想的活跃是在这一时代和历史大环境下整个社会的思想解放和改革开放的社会理念在中国图书馆学界的具体反映。这不仅是对多年来思想禁锢、万马齐喑的传统社会学术环境的否定，也是为走出在封闭沉闷的传统社会环境下图书馆学基础理论研究的长期低谷所发出的第一声学术呐喊。

学术思想的交流、不同理论和观点的碰撞、统编教材的放弃，打破了数十年图书馆学学术思想和理论体系一元化的传统格局，形成了理论多元和学术争鸣的局面。这一基于学术自由的原则所形成的宽松局面和新的学术环境为图书馆学的学术思想和理论的发展挣脱了桎梏，推动了图书馆学学术思维多元化理论格局的形成和发展。[1][2]

在杭州会议前后的几年间，图书馆学基础理论研究经历了一次建国几十年来未曾有过的发展高潮。在这一高潮中，产生了以周文骏先生的“文献交流说”、宓浩先生的“知识交流说”、吴慰慈先生的“‘事业说’新论”和倪波等人的“文献信息交流说”等学说为代表的一系列反映在当代历史条件下所形成的新的学术思想的图书馆学理论体系。[3][4]这些成果的形成和出现标志着中国的图书馆学基础理论研究终于开始了从关注图书馆现象表象描述的经验图书馆学向探索表象背后的图书馆发展规律的理论图书馆学的巨大转变。因此，杭州会议被普遍认为是我国图书馆学基础理论发展史上的一个历史转折点和理论发展的新起点。

2.2 庐山会议

杭州会议以后，图书馆学基础理论研究经过一段短暂的繁荣之后，在进一步进行深入的理论探索的过程中，出现了一些理论上的偏向和误区。用今天的学术视野加以分析，这些偏向和误区主要集中在两个方面：其一是把学科的理论基础与学科的基础理论相混淆，表现为一种用学科的理论基础研究取代基础理论研究的现象。其二是在缺乏对图书馆学理论的深入研究和对图书馆学独特的学科属性准确把握的情况下，因循传统的学术思维方式，用传统学科甚至是自然科学的学科标准来审视和评价与传统学科不同、更与自然科学具有本质区别的图书馆学。这种思维倾向所导致的对图书馆学的学科地位进行评价的学术标准与图书馆学学科性质的严重错位的现象不但不可能有利于图书馆学基础理论研究的深化，反而只能导致从科学基础的层次上对图书馆学学术价值的根本否定。

图书馆学的形成与发展尽管已经有 200 年左右的历史，但由于其研究对象——人类社会的图书馆现象与人类的图书馆社会实践与人类的文明进步和不断发展变化的人类社会紧密的内在联系，人类对图书馆现象及其发展规律的认识必然也必须伴随时代的进步和历史的发展而不断深入和不断发展。那种切断图书馆与社会的内在联系，把图书馆置于一个封闭的想象空间里进行孤立研究的思想方法，既不可能把图书馆学的理论研究引向深入，也不可能对图书馆学的学科性质形成科学的认识和准确的把握。

面对信息—知识时代新的历史条件和现代信息技术所形成的全新的技术环境，无论是图书馆学的学科理论还是专业技术都需要伴随时代的飞跃发展和社会的巨大的进步而实现相应的跃迁和发展。在当时图书馆学的理论研究需要也应该有所突破而尚未实现真正突破的被动局面下，我们需要的是深入的科学探索和积极的建设态度。但在实际上颇有影响和大行其道的却是图书馆学这门以图书馆这一人类社会的社会文化现象和历史人文现象为研究对象，具有近二百年历史的学科竟然“不能成为一门真正的学科”这一轻率的结论。

根据“存在决定意识，意识反映存在”这一认识论的基本法则，我们不难得出这样的推论：世界上只有尚未形成的认识和尚未系统化、尚不成熟的学科知识，而绝不存在任何不能形成认识，不能形成系统的科学知识的客观事物和客观现象。显然，“图书馆学不能成为一门真正的学科”这一说法根本就构不成具有任何理论意义的科学命题。

社会对图书馆学科学价值的认识受到特定社会的历史和文明发展水平、历史条件和社会现实条件等诸方面因素的综合影响。其中最直接的也是一个十分重要的影响因素就是从事图书馆事业建设和图书馆学学术研究专业队伍的整体素质状态。具体而言，社会首先是在整体和宏观的角度上，从敬业精神、学术素养和学术贡献等方面，看这支专业队伍能否支撑起图书馆事业和图书馆学学科建设这片蓝天。

世界上只有不能胜任事业建设和学术研究的人，而不存在没有社会意义和学术价值的社会事业和相应的学问。因此，一个严肃的、有学术良知的图书馆学学者，其所坚守的社会职责就应该是在不断发展变化的社会和历史条件下，把图书馆学的理论建设持续地推向前进，而不是用似是而非的言论误导舆论，更非在“图书馆学不能成为一门真正的学科”这一烟幕下放弃和逃避自己的社会责任。

理论上的误导和对图书馆学学术价值的自我否定直接损害的是图书馆学的学术声誉和在图书馆学领域勤于耕耘、播火传薪的古今中外学术大师，而最终受到伤害和否定的则是当代图书馆界本身。

一个毋庸讳言的事实是，长期以来，由于诸多原因，在建国至今长达几十年的时间里，我国图书馆界从业人员的整体学术素质偏低。鉴于这一实际状况，理论界、学术界、知识界和图书馆界之外的人士由于对古今中外图书馆事业的完整历史和图书馆学这门学科不够了解而对图书馆学能否成为一门科学有这样或那样的疑问并不奇怪。而上述这种来自于图书馆界本身并且是从学术研究的角度对图书馆学的科学基础所进行的自我否定就不能不成为图书馆学在众多学科的学术之林中所独有的奇异现象。图书馆学界如果对这一学坛怪象熟视无睹，不从历史的、现实的、学术的和政治的诸方面影响因素进行深刻的综合分析，从理论上挖掘根源，拨乱反正，不但将造成图书馆学的学术危机，还将动摇甚至断送图书馆学的现实基础。

在当时国内外社会环境不断发生天翻地覆的变迁而我国图书馆事业和图书馆学理论研究的发展相对滞后的情况下，业内人士普遍对图书馆学理论和学科地位不够满意的心情不难理解。在人们急于寻求图书馆学基础理论研究的重大突破而又始终未能够找到理想出路的浮躁情绪下，上述思想倾向显然是对当时图书馆学界求变求发展这一急切社会心理的一种"理论回应"。

由于当时我国图书馆学界主流心理所热衷的是"轰动效应"和社会关注，所缺乏的是科学的态度、理性的清醒与冷静以及基于科学理性的对图书馆学基础理论研究的深入和在这种深入研究的基础之上对图书馆学学科性质的准确把握。于是，在这种社会心理和社会现实的基础上，上述这种颇为偏激，对图书馆学的理论建设非但无益反而有害的思想倾向很快就形成了一种舆论、一股思潮和一定的社会影响。

然而，无论是对图书馆学进行学术否定的虚无主义思潮还是虚张空洞的学术泡沫，也无论是渴求变革的愿望还是寻求发展的热情，毕竟都代替不了冷静的理论探索与严肃的科学研究。于是，这一偏离甚至否定图书馆学学科本身的思想倾向不能不最终导致图书馆学基础理论研究的困惑与危机，使一度欣欣向荣的图书馆学基础理论研究再度跌入了低谷。

如果在 20 余年前，即在当时的学术氛围和社会心理环境下提出上述这种对当时图书馆学理论研究倾向的评论与反思无疑要被图书馆学界大多数人所诟病。然而，随着斗转星移和时过境迁，如果能够将当年功利性的冲动和盲目逐渐转变为今天理性的冷静与清醒，就不能不看到，当时图书馆学界确实存在一种下意识的，显然也是非理性的，同时也是一种颇为严重的非图书馆学化学术思潮和倾向。这一学术思潮的理论表现，用委婉的语言描述就是"在图书馆学基础理论研究中出现了某种偏离图书馆学的倾向"。如果依据其所产生的不良社会效果，用明确的理论语言来表述，这种偏离或背离图书馆学学科建设基本方向的理论倾向，其理论实质就是自觉或不自觉地对图书馆学学科本身的科学基础和学术价值的根本否定。如果能够以科学的态度平心静气地进行客观的理性反思，我们不能不清楚地看到，当年这种非图书馆学化思潮所造成的某些不良学术影响在社会上乃至业内至今犹存。

为走出基础理论研究低谷，时隔七年，在杭州会议结束后的 1991 年，全国图书馆学基础理论学术研讨会第二次会议在庐山召开。参加会议的是中国图书馆学会学术委员会成员与一批年轻的图书馆学学者。大会以"回顾和清理"

为主题，对八十年代图书馆学理论研究的成绩和不足作一总结，为步入九十年代的基础理论研究探明发展方向。

会议上，吴慰慈教授在主题发言中开宗明义地指出“要深入研究和分析我们取得的成绩和存在的问题，从建设的角度来分析现有的不足”，“八十年代图书馆学基础研究中曾有过几次反复，我们对一些问题的认识尚未得到统一，今后在九十年代对于一些问题的认识也不必强求统一”。吴慰慈先生的主题发言再一次肯定了图书馆学理论研究多元化的发展趋势。[5]

参加庐山会议的学者们对20世纪30年代和80年代我国图书馆学研究出现的两次高潮进行了剖析和研究，对八十年代后期图书馆学基础理论的发展作出了分析；对一些基本概念，如“理论基础”和“基础理论”进行了对比和阐释；对图书馆学方法论问题，尤其是研究方法“移植”问题以及图书馆学的学派建设和完成几部具有代表性的专著等具体问题进行了讨论；在此基础上，从理论研究者思维规律的角度对我国图书馆学基础理论的发展过程和规律进行了梳理。

与此同时，学者们还对20世纪80年代提出的以“交流”为中心的新理论，如“知识交流学说”、“情报交流学说”、“文献信息交流学说”、“文献传播学说”等作出了具有一定深度的分析和评价。学者们不但充分肯定了这些学术思想的理论价值和图书馆学基础理论研究多元化的发展趋势，而且进一步提出了建立多元化理论价值观的学术思想，同时，也指出了“交流”学说忽视了对作为“交流”主体的“人”的研究这一理论不足和局限。

庐山会议时间虽短，但各种不同的学术观点都在会上得到了交流和探讨。通过对不同观点的交流和对各种学术倾向的反思，图书馆学界更为理性，为图书馆学基础理论研究走出低谷奠定了学术思想基础。尽管限于历史条件和当时对相关学术倾向的认识，庐山会议还不可能对当年的非图书馆学化思潮展开深刻的分析与评论，但与会学者还是在对以往学术研究所走过的历史进行回顾和总结的基础上，充分肯定了成绩，指出了某些研究偏离图书馆学的基本方向的问题，为图书馆学基础理论研究的进一步发展匡正了方向。

2.3 常州会议

经过近十年的沉寂和反思，2000年4月25日至27日，中国图书馆学会基础理论专业委员会和文献资源建设专业委员会2000年工作暨学术研讨会在江苏常州召开。

中国的图书馆学理论研究经过近十年的发展，研究范畴得到不断更新和拓展。九十年代后期,“电脑和网络的超想象发展,正深刻地改变着图书馆的面貌,也将为图书馆学的新的变革注入更多活力”。[6]在这一现代信息技术迅速改变着当代人类社会生存环境的新形势下,图书馆学产生了许多新的学术思潮。为此,常州会议以研究探讨在新的技术环境下,图书馆学学科新的知识生长点及面向21世纪的图书馆学研究的重大选题为宗旨,展开了关于图书馆和图书馆学在新环境下进一步发展等一系列问题的讨论。[7]

会上重点讨论了在信息技术迅猛发展、网络环境和信息经济这一技术环境和时代背景下图书馆的社会定位和发展问题,以及图书馆学新的学科生长点问题。其中未来图书馆的形态问题是基础理论研究亟待解决的理论问题。除此之外,会议还就图书馆学的学科规范、学科框架、理论上的新突破等问题进行了交流。

会议认为,图书馆和图书馆学要得到进一步发展,就必须从网络环境和信息技术的角度探寻新的学科生长点,同时要重视基础理论研究的作用,正确处理基础理论、应用理论与应用技术之间的关系。会议通过充分讨论提出了“信息技术和网络环境下的图书馆学”等十个重大选题。

常州会议是中国图书馆学界第一次面对网络环境和信息—知识社会这一新的技术环境和历史条件对图书馆事业和图书馆学的历史发展进行战略思考的学术会议。这次会议既有对传统基础理论问题的深入研究,也有在新的历史条件下关于图书馆学新的知识生长点的探讨。因此,常州会议是一次承前启后,具有重大意义的学术盛会。

2.4 郑州会议

2003年,全国图书馆学基础理论学术研讨会第四次会议在郑州召开。来自全国各地的二十六名图书馆学专家、学者齐集郑州大学对图书馆学理论以及图书馆工作实践所面临的理论问题进行了深入探讨。

这次会议时逢新世纪之初,新千年之始。这是一个图书馆学理论界进行历史回顾和学术总结,以便承前启后、继往开来,在新的历史起点上进行学术规划和学科建设的时刻。针对这一特定历史时刻,这次会议的主题确定为“发展与创新”。

面对现代信息技术的日新月异和以信息知识空间为本质的电子网络世界的迅速形成和持续发展,与会代表就21世纪图书馆学理论建设的历史基础和现实任务,21世纪图书馆学的发展方向,基础理论研究在学科建设中的学术地位，图书馆学的本土化建设，图书馆学与图书馆事业所面临的新的发展机遇及在这一发展机遇中图书馆学研究的新特点，学术批评、学术争鸣与学风、文风建设问题，图书馆学学科建设与知识管理的理论与实践等目前图书馆学界关注的热点问题进行了广泛的交流和深入的探讨。[8][9]

郑州会议开辟了图书馆学发展的新纪元，对图书馆学基础理论的学术地位进行了科学的定位，指出了图书馆学学科建设和发展中的一些亟待解决的理论和现实问题。诚如会议主题所预期的那样，郑州会议是中国图书馆学理论界基于发展与创新这一学术宗旨，在新千年之始和新世纪之初这一历史转折点上组织和召开的一次具有深远历史意义的会议。

1—4 次全国图书馆学基础理论研讨会现已成为逝者如斯的往事和中国图书馆学学术思想史上不可磨灭的记忆。每当回顾这段并不久远却已几乎被岁月的风尘所掩没的历史，回味沉淀其中的历史思索及其学术价值，不但颇感几分沉重，而且历久而弥新。历次会议对图书馆学基础理论探索和发展过程中的经验教训的总结和分析，都将是中国图书馆学界开拓图书馆学理论未来发展之路的前车之鉴和历史之镜。而郑州会议上所提出的对世界图书馆学和中国图书馆学学术思想的梳理与 21 世纪图书馆学理论体系和学科体系的构建问题，更是图书馆学理论界在信息—知识社会的历史条件下推进图书馆学理论整体发展不可回避的历史任务。

3 21 世纪图书馆学基础理论研究思考

3.1 21 世纪图书馆学基础理论研究的理论基点

图书馆学作为近现代社会和现代文明历史条件下形成和发展起来的一门服务于人类文明进步、服务于社会发展的综合性、应用性、以人文社会科学为学科基础的交叉学科，它的科学研究对象和现实基础就是现当代人类社会的图书馆事业和图书馆社会实践活动。无论是图书馆的社会价值、人文价值还是图书馆学的学术生命活力无不源自于图书馆和图书馆事业这一社会实践之中。因此，21 世纪人类社会的图书馆实践与当今世界的人类社会全球化和社会信息化—知识化历史进程的内在联系，首先是与现代信息技术和电子信息网络环境的内在联系，进而与人类社会信息文明建设的内在联系无疑就是 21 世纪图书馆学基础理论研究的理论基点。离开了这一基点，就不可能存在任何社会现实意义和学术意义上的21世纪图书馆学。

3.2 21世纪图书馆学理论发展的科学基础与多元一体化基本趋势

20世纪中叶以来,伴随人类科学认知能力和科学技术的发展与飞跃,人类社会的科学知识和与之相应的科学技术逐渐走上了一条以综合发展为主要特征的整体化发展道路。人类科学整体发展的最基本的特征是一些称之为横断学科和边缘学科的新兴学科纷纷涌现。这些学科的共同特点就是突破传统的学科壁垒,以全新的科学视角来观察世界、探索宇宙奥秘和客观世界发展规律。这些学科的出现填补了传统学科由于各学科相互游离、各自发展所留下的认知真空,把各个相邻学科紧密地联系了起来,最终形成了人类认识和科学知识体系整体发展的基本趋势。人类科学的整体发展,在认知领域为人类的科学思维展示了一个传统的科学知识体系所无法展示的无比生动和完整的世界。而只有这一生动完整的认知世界才更接近于客观世界本原,才能够揭示一个更加真实的世界。人类科学的这一整体化趋势不但引发了一场空前的划时代的科学革命和思维革命,而且从根本上推动了人类社会的整体发展和当代人类文明的历史进步。当今世界人类社会的区域化、全球化和世界范围的社会信息化历史进程的启动和迅速深化,就是人类社会这一整体发展的具体表现形式。

在这一划时代的科学革命浪潮中,系统论、信息论、控制论的诞生与不断深化始终是这场革命的旗帜与核心内容。系统论为当代人类社会提供了完整把握客观世界(人类和人类社会作为一种特定的客观存在,自然而然地包容在这一客观世界之中)的科学思维方式;信息论则为人类把握客观世界的内在结构和外在运行机制与规律提供了理论手段;控制论则在理论上建立起信息论与系统论的内在联系,为人类构建了一个实现人类自身的利益和目的的系统控制理论。而基于这三大理论所形成并迅速发展起来的信息科学和现代信息技术以及在这一技术基础上所建构的电子信息资源网络环境,则为当代人类社会实现自己的社会理想和社会发展目标提供了空前强大的技术手段。

鉴于信息对系统内在结构与外在运行方式方面的机制性作用和信息资源对人类社会系统所具有的系统整合功能,图书馆作为工业文明和近现代社会的历史成果,作为社会系统信息机制的有机构成和人类社会的公共信息资源组织、管理、分配、共享和开发利用中心,不仅与信息技术和现代信息技术环境具有密切的和直接的内在联系,而且与当代人类社会的信息化、知识化进程和信息文明建设具有直接的和内在的联系。[9]这样,系统论、信息论和控制论的理论就必然构成了以人类社会的图书馆实践活动为研究对象的图书馆学的科学基础和理论基础。而以信息机制和信息资源为重要研究内容的图书馆学也必然与反映当代人类认识和社会发展的各方面、各领域、各学科的科学知识形成充分而活跃的学科之间的交流与互动。在这种情况下,以系统论、信息论和控制论为旗帜、为标志的人类科学的整体化发展趋势也就必然最充分、最完整地通过当代图书馆学的学科性质、学科特征与21世纪图书馆学基础理论研究的发展趋势表现出来。

于是,当代图书馆学的学科性质与学科特征必然与系统论、信息论和控制论的学科特征相一致,与建立在这些科学理论基础之上的现代信息技术、现代信息环境、人类社会的信息化进程和信息文明建设内在地联系在一起。而21世纪图书馆学基础理论研究的基本趋势则应该是一种全面反映当代图书馆学的这种学科性质与学科特征、建立在图书馆学学科建设基本方向基础之上,通过图书馆学与众多相关学科的交叉与互动所形成的多元一体的图书馆学理论体系的构建与发展。

所谓多元,图书馆学的理论研究应该是一种在各种不同的相关学科的理论基础之上所形成的多元的,具有各自不同的理论基础、理论结构、研究内容,并且沿各自的具体研究方向分别发展,各自独立,互不隶属的多元发展的图书馆学理论建设模式。

所谓一体,是指这种多元的理论建设和发展是一种建立在统一的基础之上的多元互补的整体发展模式,而非相互游离的孤立发展。

多元化强调的是建立在不同科学理论基础之上的不同的图书馆学理论体系的独立发展和分别发展的多元化态势。一体化强调的是统一的图书馆学学科基础和多元互补的整体发展局面。即21世纪图书馆学多元理论体系之间的关系是独立发展而不相互孤立,联系互补而不相互游离。

21世纪图书馆学理论体系这种多元互补、相互统一、整体发展的基本趋势最直接的表现就是在多元发展的基础上有一个统一的图书馆学学科建设的基本方向。图书馆学学科建设的这一基本方向就是有利于图书馆学基础理论研究的繁荣与深化、有利于图书馆学的学科建设、有利于图书馆事业建设、有利于图书馆事业促进人类信息文明的进步与发展。总之,即使在图书馆学理论多元化发展这一无比广阔的学术天地,否定图书馆学科学基础的学术荒诞剧——非图书馆学化的“图书馆学理论研究”也不该再有继续存在的空间。

参考文献

[1]范并思. 告别杭州会议时代——纪念杭州图书馆学基础理论研讨会十周年. 图书馆, 1995(1)

[2]马恒通. 树立科学发展观 创造图书馆学灿烂的明天——纪念杭州图书馆学基础理论研讨会二十周年. 大学图书馆学报,2004(6)

[3]杨文祥,陈兰杰. 图书馆学研究对象学术思想的历史演变与发展. 河南图书馆学刊,2003(2)

[4]匡庐. 清理学科理论现状 规划学科建设未来——全国图书馆学基础理论讨论会速写. 图书馆, 1991 (5)

[5]韩继章. 从庐山到常州——图书馆学随笔. 图书馆,2000. (4)

[6]韩继章. 图书馆学研究中新的知识增长点及重大选题——中国图书馆学会基础理论和文献资源建设专业委员会 2000 年工作暨学术研讨会纪要. 江苏图书馆学报,2000(3)

[7]杨文祥,刘兹恒. 发展与创新:全国第四次图书馆学基础理论学术研讨会综述. 中国图书馆学报,2004(2)

[8]杨文祥. 信息资源价值论——信息文明的价值思考. 科学出版社,2007

[9]杨文祥. 21 世纪理论图书馆学的理论起点、历史任务和研究思路. 中国图书馆学报,2003(2)

中国图书馆学应进一步弘扬实证研究

邱五芳(上海图书馆)

我国图书馆学研究的学术水平较低是不争的事实,造成这种状况的原因是多方面的,其中思辨研究一直占据主导地位是影响我国图书馆学研究成果总体质量的一个重要因素。思辨研究的长处和重要是毋庸置疑的,但我国图书馆学在长期注重思辨研究的同时却忽略了实证研究,使得学科现实基础过于薄弱,抽象理论的目标指向不够具体明晰。为此,在沿用思辨研究的同时,大力弘扬实证研究,这对我国图书馆学改变主导话语的基础,开阔研究视野,转换研究内容,推动学科的自我更新,提升研究的学术水平是十分有益的。

1 实证研究及在图书馆学的应用

实证研究是一种通过对研究对象的观察、实验和调查,获取客观材料,从个别到一般,归纳出事物的本质属性、发展规律的研究方法,包括案例研究法、实验法、观察法、访谈法等多种具体方法。实证研究原是自然科学常用的研究方法,经实证主义哲学家的倡导运用于社会科学研究。它"主张用自然科学法则研究社会现象",[1]"坚持以观察和经验为证的原则",[2]并逐渐形成了从经验入手,采用程序化、操作化和定量分析等手段的研究程序,使社会现象的研究达到精细化和准确化的水平。所以,尽管对社会科学实证研究的哲学渊源和直接倡导的实证主义哲学学说有不少批评,但作为研究方法,实证研究得到了社会科学领域专家学者的一致肯定,广泛应用于社会科学各学科,在法学、社会学还形成了实证法学、实证社会学等分支学科,显示出了广泛的适用性和旺盛的生命力。

具体到图书馆学,实证研究的范围应更加宽泛,凡建立在现实的图书馆活动的经验事实基础之上的研究均为图书馆学实证研究。有两种具体形式:一是狭义的、传统的,即由研究者亲自通过观察调查、个案分析、模拟实验等获取具体数据和原始素材,并在此基础上得出一般结论。一是广义的,即以他人实证研究为素材开展的进一步的分析研究。也就是说，图书馆学实证研究并不是简单的反对和排斥基于文本的理论演绎，只是强调所有的研究都应该从实践出发，立足现实的素材开展，使研究具有现实性、客观性这两个基本特点。所以，从这意义上看，将图书馆学实证研究看做是图书馆学研究一种应该值得大力倡导的原则或许更加恰当。

科学学告诉我们，研究内容与研究方法有着直接的关系，研究试图解答的问题决定了研究所要采取的方法，并共同导致研究范式的形成。从研究目的看，图书馆学研究大致解答“图书馆是什么”和“图书馆应该是什么”两类问题。[3]前者是事实命题，一般采用实证研究方法，即以现实图书馆为依据，通过对现实图书馆活动的客观描述来具体说明。这是最简便而且很有效的方法。后者为价值命题，以思辨研究为主，多借助理论的分析演绎。因为“应该”在本质上是研究者的主观认为。为了增强说服力，研究者必须借助某种理论、观念为指导，通过哲理的、历史的和现实的分析，以证明自己认为的正确。这类研究虽也会剖析现实，但只是为理论的分析推理寻找佐证依据或反衬实例。与此相对，图书馆学也形成了着重对现实存在的图书馆活动作经验性表述与说明的描述性研究和试图勾画理想的图书馆为现实图书馆活动提供规范楷模的规范性研究两种基本范式。

图书馆学是实践性很强的学科，不仅因为其研究的根本目的是指导现实社会的具体机构或事业的正常运作和科学发展，而且学科的主体也是图书馆实务研究，在图书馆学理论、应用和专门3个分支学科中，后两者研究的主要是图书馆的具体工作。显然，对这样一门实践性很强的学科，研究应该以回答事实命题的实证研究为主，而不应是阐述价值命题的思辨研究。

由于非常切合图书馆学实践性强的学科特性，所以实证研究是图书馆学最常用的研究方法。有人曾统计，在图书馆业最发达的美国，1950—1980年，图书馆学研究采用调查与实验方法的高居首位，占了总数的38.7%。[4]在我国，实证研究与现代图书馆学几乎同时传入，对推动现代图书馆观念的普及，促进中国图书馆业从藏书楼向现代概念的图书馆转型发挥了很大的作用。1917—1919年，留美回国的沈祖荣先生赴各省演讲图书馆的重要与方法，“是为西洋图书馆学流入中国之先河”。[5]沈先生演讲用的就是实证方法。他携带多种资料器具，具体讲解图书馆的组织办法，在南京讲演中还曾用《美、德、英、法、日五国图书馆总数比较表》、《各国图书馆之比较图表》等图表，令“观者无不称道”。[6]此后，沈先生又多次开展全国性的图书馆调查活动，具体揭示当时较普遍残存的藏书楼陋习,有力地促进了中国图书馆业的转型。上世纪20年代通俗图书馆的迅速发展,也是与一些学者通过实地调查和具体比较揭示其优点分不开的。[7]

近年来,越来越多的专家学者开始关注中国现实的图书馆变革,通过实证研究,撰写了不少真实反映基层图书馆现状的高质量论文,产生了较大的影响。如武大图书情报学院的王子舟教授等人对5省10县图书馆调查;[8]北京大学信息研究所与湖南图书馆、衡阳市图书馆组成联合调查组,对衡阳地区11个市县基层图书馆进行了详细调研;程焕文教授对广东省公共图书馆建设的全面总结等。[9]尤其是北大信息研究所的调研成果引起了中央领导的高度重视和社会各界的广泛关注,并直接引发了中国图书馆学会志愿者活动的举行。[10]专业刊物也出现了刊载基层图书馆写实性文章的专栏,如《图书馆杂志》的"一线调查"等。

2 实证研究是图书馆学发展的基础和主要动力

如果作更大范围的纵向考察可以发现,实证研究是图书馆学形成、更新、变革的基础和动力。

人类对图书馆现象的探究大致可分4个阶段。在图书馆学形成前,主要是依据一定的哲学观对图书馆活动[11]的价值命题进行理论演绎。图书馆是社会发展的产物,古人不可能先于事实,思考"图书馆是什么"这样的事实命题,所以最初探论的必定是人类为什么要进行图书馆活动,即图书馆活动的价值、意义之类的价值命题。古人是通过对文献价值的肯定和赞美来回答这一命题的。翻阅中外图书馆学的最早的文献,我们可以看到很多肯定和赞美图书的名言。这是早期图书馆思想的主要内容。古人的逻辑简洁明了,因为"智慧瑰宝主要蕴藏在书中",[12]借助图书能使"今之所以知古,后之所以知今"。[13]所以设立专门的文献收藏利用机构对人类社会是极其必要和重要的。

这种肯定和赞美虽非系统的理论,反映出的对图书馆的认识也很粗糙,但在很长的历史时期里却是图书馆领域内不言自明的公理,支撑图书馆探究的基础。然而,这一理论演绎并不能直接推导出图书馆学。图书馆学是在人们对现实的图书馆活动加以客观描述和总结以后,即是在实证研究的基础之上才真正形成的。随着社会的发展进步,图书馆活动规模不断扩大,运作管理渐趋专门,研究具体方法技术的人也日益增多，并成为早期图书馆学著作的主要内容。“我国第一部概论性的图书馆学著作”《麟台故事》共12篇，其中2篇介绍机构沿革和建筑格局，4篇介绍人员情况，讲解具体的工作则有6篇之多。“图书馆学开山鼻祖”诺代的《关于创建图书馆的建议》在图书馆学史上占有重要地位。“该书阐明为何要搜集图书，还列举了应该搜集和不应该收藏的书，探讨了排列书的方案，并描述了合乎要求的图书馆建筑及其装饰”。[14]这部“最早的图书馆学概论的著作”也是一部实用性的著作。[15]早期的图书馆学，从最初的施莱廷格“图书馆学是有关图书馆整理方面的学问”[16]到紧随其后的艾伯特的管理说，经爱德华兹直至杜威，都是“从图书馆的具体实践活动出发”，以“图书馆工作中的一切实际的技术、方法和操作过程”为研究内容的“实用图书馆学派”[17]。在这些著作与学说中，主要的研究范式显然已是经验描述，而非思辨演绎了。

20世纪30年代前后图书馆学开始进入理性主义高扬的更新期，实证研究是图书馆学更新的基础和动力。理性主义是图书馆学“20世纪最重要的理论变革”，以巴特勒为代表的芝加哥学派的崛起，阮冈纳赞《图书馆学五定律》的问世，谢拉图书馆社会认识论的提出，无疑是最能体现图书馆学理性光辉的杰出代表。这些具有不同经历和专长的图书馆学家能发出共同理性光芒的基础，是因为他们的研究始终基于图书馆现实。在图书馆学史上，芝加哥学派可谓是最重视理论的，而且成员大多缺乏图书馆工作经历，但因“推行以调查为主的实证研究方法”，遂使“以一套社会科学的理念来研究图书馆学”的理论得以根扎于现实的基础。阮冈纳赞长期从事图书馆实际工作，最初着重于分类研究，著名的《冒号分类法》与《图书馆学五定律》齐名。其脍炙人口的五定律是“用归纳法将图书馆的实践经验概括为几条原则”而成的。[18]谢拉的社会认识论强调图书馆随社会发展而变，认为“作为社会部门，图书馆如果不是立即反映，也是最终反映着社会的变革”。[19]就连这一理论本身也随时间推移而变化，在提出的30年间，他并“没有给出完全一致的解释”。[20]与此理论精髓相吻合的是，谢拉对最直接反映社会发展变化的图书馆技术方法的关注始终未变。谢拉毕业于芝加哥大学，也被认为是芝加哥学派一员，但却直言批评该学派轻视图书馆技术的倾向。作为力主发展图书馆技术研究的美国文献协会的发起人，说谢拉重视图书馆学理论，毋宁说他更重视的是随社会发展而变的图书馆实践。

进入20世纪后半期，图书馆学逐渐发生变革，在理论研究方面的体现是对未来图书馆的设计成为了主要内容。就研究范式而言，对未来图书馆的设计是以思辨研究为主的规范性研究，回答的是“图书馆应该怎样”的价值命题。但它的兴起具有现实的基础，是众所周知的信息技术对图书馆持续、全面并日益深入冲击的结果。从这一角度看，研究所要解决的正是图书馆发展亟待解决的现实问题。而且就这一研究发展本身而言，它也建立在对图书馆现实深入研究的基础之上，并非完全的理论演绎。从兰开斯特以计算机在情报检索领域的应用推断出的图书馆消亡论，经伯克兰德《图书馆服务的再设计：宣言》依据信息技术对图书馆发展的制约而对图书馆服务的重新设计，到随着信息技术对图书馆影响的逐渐明朗化，哈里斯和翰奈《走向未来：后工业时代的图书馆情报服务》、伯德萨尔《电子图书馆的神话——美国的图书馆事业和社会变化》、克劳福德和戈尔曼《未来图书馆：梦想、疯狂与现实》等对图书馆和图书馆职业新的定位，[21]直至最近复合图书馆的提出，图书馆人对图书馆未来的认识，从最初的迷茫悲观，到略带盲目的乐观，最终回归现实的定位，这越来越清晰准确的认识过程，与信息技术在图书馆应用逐步推行深化的现实同步，不能简单地说只是思辨研究的结果。

强调实证研究在图书馆学发展进程中的作用，并非说对图书馆学价值命题的思辨研究不重要。相反，社会为什么需要图书馆之类的价值命题是图书馆学研究最基本的问题域。可以毫不夸张地说，有关图书馆的目的、意义、功能，一直是不同时代、不同图书馆学家探究图书馆时必须作出的第一判断。时至今日，如果打开基础性的图书馆学教材或著作仍可发现，它依然是我们的学科努力阐述的基本问题。尽管今天的结论和论述的依据、研究的方法等与前人都已大不相同，但问题仍然存在的本身已足以表明它的价值。

但是，回答图书馆学最基本问题域的往往是一些具有普遍意义的观念，一旦形成便相对稳定，能在较长的时间内发挥指导性。而且它一般是从图书馆活动的实践中概括提炼而来，形式也往往十分简洁明了，很容易被图书馆人理解接受。著名的图书馆学五定律就通俗如白话。所以，在笔者看来，对已被公认的基本观念从不同角度进行反复阐述，固然可使理论更加严谨缜密，但对普通图书馆员理解基本含义其实并无太大的助益。只有当社会发展使原有的观念难以支持图书馆事业发展时，对图书馆学最基本问题域的探讨才应成为图书馆人关注的热点。相反，如何通过图书馆实际工作来实践这些观念，则是图书馆学时时必须探讨的主题。图书馆学发展历史也充分证明了这点，图书馆学变革前的发展史，实际上就是为弘扬和实践藏是为了用的观念，各种图书馆技术方法萌芽、形成、成熟的历史。即便20世纪图书馆学理性持续高涨，但充实图书馆学身躯的仍是实际工作和技术方法的研究,很难想象,如果抽掉了图书分类、编目、文献共建共享,特别是计算机技术在图书馆的日益广泛深入运用的内容,20世纪的图书馆学丰腴的身躯还能剩些什么!

正是由于图书馆学实践性很强,其发展不仅表现为基础观念的更新——为图书馆学发展奠定了基础和前提,更多的、更经常的是体现为研究内容的更新——充实和形成图书馆学的主体,所以,实证研究始终是图书馆学发展的基础和主要动力。

3 中国图书馆学发展呼唤实证研究

但现实的中国图书馆学的情况却正好相反,思辨研究和规范性研究范式占据了绝对的优势。如果以图书馆学研究方法为考察对象,长期以来呈现的都是丰富与单一共存的尴尬局面。丰富指图书馆学研究方法的理论研究状况。文献调查显示,我国图书馆学自20世纪80年代初期起开始重视方法论研究,二十多年来研究持续红火,不仅在宏观上形成了以“三层次说”(哲学方法、一般性方法、专门方法)为主的比较完整的方法论体系,而且还归纳出了种类繁多的具体研究方法,多年前就有人作过统计分析,认为图书馆学使用价值较大的研究方法在当时已有20多种。[22]单一是指在我国图书馆学研究中实际运用的研究方法却相对单一,绝大多数都是依据文本的思辨研究,从不同角度对我国图书馆学研究方法进行的分析统计都表明,采用实证调查方法的论文在我国图书馆学论文总数中长期徘徊在10%左右。[23]近几年这种状况虽有所改善,但实证研究仍在边缘的处境徘徊,没能成为我国图书馆学研究的主流。

与此相对应,我国图书馆学研究长期以来也一直偏重宏观的、抽象的理论研究。20世纪90年代前,世界图书馆界的研究重点“首先是信息存储和检索”,但“在我国图书情报界,关于图书馆学情报学原理的研究居第一位”。[24]最近的调查也表明,宏观层面的图书馆事业研究仍高居中国图书馆学研究的前列。[25]即便是一些本应实践性很强的研究内容,在我国图书馆学也会扭曲为抽象的思辨研究,与国际图情界通行的研究南辕北辙,如历史上《中图法》研究长期纠缠所谓的“三性原则”,现如今引起非大陆图书馆学家迷惑的“自己人研究自己人”的图书馆员研究[26]等等。与此同时,我国图书馆学研究也形成了规范性研究一枝独秀的局面。尽管近年来我国图书馆学的研究热点层出不穷,但仔细分析，无论是人文层面的图书馆精神、图书馆职业道德、图书馆制度，还是比较偏重技术的数字图书馆、复合图书馆，乃至最新的图书馆2.0研究，其实都属规范性研究，即都是依据某种理论、观念或技术着力于理想图书馆的塑造，以期为现实图书馆的楷模。

不可否认，这有客观的因素。面对信息技术的冲击、国家政治经济体制的改革和社会转型的影响，我国的图书馆事业正面临前所未有的挑战和机遇。中国图书馆学以理想图书馆塑造为重点，"从被动的诠释型向能动的创新型的转变"，[27]力求对现实的图书馆变革有所指导，是顺应时代要求的选择。但是，我国的图书馆学规范性研究具有先天的不足，使这一顺应时代的选择对图书馆实践本应有的指导意义被大大削弱。由于图书馆学在整个学科体系中是弱势学科，而图书馆嬗变的动力又主要来自外部，加之中国图书馆事业在世界图书馆业中相对落后的地位，所以我国研究者在塑造心目中理想图书馆时，很难找到已有的专业理论和现实依据，主要依靠吸取其他学科的理论营养、技术方法和借鉴图书馆事业较先进国家（主要是发达国家）已有的经验，从而必然的会与我国图书馆现实，尤其是基层图书馆实际产生相当的差距和隔阂。尽管理想相对于现实应该具有一定的超前，但太过超前，就脱离、甚至背离了现实。问题的严重还在于，当这种研究范式成为我国图书馆学研究的主流时，也就意味着支撑当前我国图书馆学研究的主要的基础是非图书馆领域的理论和非我国图书馆的现实。这也是我国图书馆学研究与我国图书馆实践渐行渐远、缺少应有指导性的重要原因之一。

中国图书馆学建立在独特的图书馆现实的基础之上。我国图书馆业是十分复杂的体系，这不仅指整个事业由各级各类图书馆构成，面对的是数量极其庞大、层次类型多样、各类阅读需求差异极大的读者群，而且还首先指我国图书馆业极其不平衡的状况：在不少地区图书馆尚是空白和大量简陋甚至原始的传统图书馆的基础上，耸立着不少可以与最先进国家图书馆相媲美的图书馆；其次指表层的直接受制于信息技术发展的资源、服务等方面出现的文本与数字共存、传统与虚拟齐飞的局面；第三指深层的管理模式、运作机制等领域，在以往依靠行政隶属维系的体制基本不变的同时，正出现越来越多的通过各种业务合作形成的新的组织模式。最后指抽象的观念层面，与物质层面的不平衡相适应，我国图书馆理论有引进的数字时代的最新理念，但也广泛存在着基于文本的传统观念，甚至还夹杂着一些藏书楼的思想。上述状况有些是世界图书馆界共同面临的问题，但不少是我国独有的。它们相互交叉组合，使我国图书馆业呈现多样化的复合构成：由不同观念指导、处于不同发展阶段、置于不同社会环境、具有多种形态的图书馆组成。这种状况的形成具有现实的基础，一方面是我国独特国情的真实反映，另一方面也是信息技术飞速发展与我国近几十年改革开放导致的社会转型对图书馆事业双重冲击的结果，同时也是伴随社会进步长期被忽略压抑的图书馆主体意识复苏的一种表现，是难以在短期内彻底改变或根本逆转的。这意味着目前在我国不可能推行一种图书馆形态的强势覆盖，即便这种形态是理想的、与世界接轨的、符合发展潮流的。所以在我国图书馆正进入加速发展的今天，我们应该清醒地认识到，坚持统一与多样的结合，即在共同的指导理念、基本共识和根本目的的基础上，个馆依据自身的具体情况确定性质任务、创新组织形态、实施运作模式，是我国图书馆事业发展必须遵循的原则。

由此也决定了近阶段中国图书馆学两方面的研究重点：在理论研究方面，努力探讨符合时代特点和中国特征的指导理念、基本共识和发展目标，为我国图书馆事业的健康发展夯实理论基础；在实践研究方面，努力探寻适合我国图书馆事业现实的最合理最有效的发展之路。我国图书馆学长期重理论轻实践的研究倾向，使得理论研究轻车熟路，较快就取得了不小的成绩，信息时代图书馆的根本宗旨、指导理念和基本共识已基本形成。但在实践研究方面则任重道远。实证研究是通过归纳探求本质的，所以实证覆盖的范围和数量对本质的准确概括具有决定的意义。在数字时代图书馆发展趋势尚只能大致预测的情况下，我们对现实图书馆依据自身条件创新的具体形态、模式、结构和方式，不能简单地肯定或否定。只有遵循实践是检验真理唯一标准的原则，通过广泛的、大量的实证研究，才可能归纳出适合不同发展阶段、处于不同发达地区、具有不同性质任务的图书馆的组织形态和运作模式，为我国图书馆事业的健康发展提供科学的指导。

中国图书馆学正日益融入世界，实证研究是中国图书馆学对世界图书馆学的学术研究发展作出应有贡献的必然选择。台湾图书馆学家赖鼎铭先生在分析我国图书馆使用者研究时指出，“中国有多元民族、多元文化，各阶层的人展现出来的信息行为必有差异，若能应用质性研究方法，整合中国传统文化的影响因素之靠量，必能在该领域有不同于国外目前累积之研究发现，也可以增加该领域的研究可见度”。[28] 其实不仅在赖先生所指的领域，在图书馆的各个领域，我们都有与其他国家图书馆业不同的鲜明特点。所以，只要我们始终坚持从中国图书馆现实出发，弘扬实证研究，中国的图书馆学必定能用崭新的内容和成果，丰富和推动世界图书馆学研究的发展。

4 弘扬实证研究的几点建议

毫无疑问，在图书馆学理论和技术都有待进一步发展提高的今天，我国图书馆学研究的主要问题并不是方法论。而且笔者认为，无论是实证性研究，还是规范性研究，其自身的方法论价值也都有待于通过实践充分地显示，因此目前对这两种研究不应强加褒贬抑扬。但在社会转型的背景下，面临前所未有的挑战和机遇，相比之下，图书馆与现实社会的关联，即事实层面的图书馆研究，对于构建现代中国的图书馆事业显然具有更为重要的意义，而且这方面也确实是我国图书馆学研究的薄弱环节。所以，笔者认为图书馆人应该在坚持图书馆学基本原理，吸收先进图书馆理念和技术的同时，弘扬实证研究，以现实的中国的尤其是基层的图书馆现状为出发点，为中国图书馆事业发展探寻科学合理、切实可行的路径和方案。这不仅可以减少图书馆技术方法移植与管理体制改革的弯路，亦能开创一种新的学风。为此谨建议如下。

首先，始终坚持现实主义的研究取向。现实主义是文学艺术的一种创作方法，以反映现实生活的本质为特征。借用这一术语，是强调我国的图书馆学研究必须以解决中国图书馆问题为出发点和归宿。作为人类社会的普遍现象，不同国家地区的图书馆具有大致相同的指导原理、基本功能和通用技术。但图书馆活动根植于特定的社会，受制于不同的社会制度、经济基础和文化传统，面对不同的服务对象，所以又各具特殊性。图书馆学研究的最重要的任务就是研究图书馆的一般性原理、技术与特定的社会制度、经济水平和文化特性相衔接、相适应，促进本地图书馆事业的发展，造福社会，同时也丰富和促进图书馆学科的进步发展，所以现实主义的态度应该是图书馆学研究的基本立场，既适用于分析本国图书馆状况，也是评价其他国家地区图书馆业的基点。

其次，切忌只有自上而下的单一研究视角。因为信息技术是带给图书馆挑战和机遇的主要动因、图书馆学弱势学科的地位和中国图书馆事业相对落后的现状三方面的缘故，我国图书馆学研究移植借鉴信息技术的原理技术和图书馆事业发达国家的经验是完全必要的。由于众所周知的原因，这种移植借鉴是一种自上而下的扩散过程，话语权、主导权主要掌握在一些学术精英手中，图书馆实际工作者尤其是基层图书馆工作者基本上是被动地接受，主动参与程度极低。学术精英对专业理论有精深的研究,对国际图书馆业的认识较多,但毋庸讳言,与这些长处相对的是,对中国图书馆实际的了解远不如实际工作者深切。因此,为避免在“与国际接轨”的口号下助长移植的轻率,或将借鉴蜕变为照搬,应该特别强调自下而上的研究视角,基于中国图书馆的现实资料和客观事实展开研究和论证。要破除移植借鉴的简单思维定势,不仅仅依据国外的情况(尤其是绝不能只根据一些被反复转载(炒作)的“案例”材料)坐而论道,以减少不切合中国图书馆实际的理论技术对我们的误导。

第三,客观认识图书馆的地位作用和社会责任。实证性研究方法的前提是必须把图书馆理解为现实社会的一种机构。作为社会机构,图书馆的地位作用是社会分工的产物,而不是图书馆人自己决定的,所以要坚决纠正目前我国图情界较普遍存在的片面扩大图书馆作用的图书馆作用泛化论观点,其具体表现有二:一是技术派,以信息技术为图书馆作用发挥的唯一依据,将图书馆等同于一般的信息传递机构;一是理念派,从一些具有普遍意义的理念或概念出发,对图书馆地位作用作社会学、政治学的抽象演绎。图书馆作用泛化论貌似在提升图书馆的地位作用,但脱离了图书馆的特质,超越了图书馆的能力,实质是在从根本上挤压图书馆的生存空间。图书馆是公益性文化服务事业。这一基于中国图书馆现实的权威定性,是我们定位当前中国图书馆事业的地位作用和应担负的社会责任的基本依据。以此为依据,我们应该将图书馆与一般信息知识传递机构相区别,也不要对一个实际的文化服务机构做过多的理论拔高。切不可因急于改变图书馆社会地位日益边缘化的状况,和目睹现代信息技术与知识整序原理方法结合后的巨大威力,而在理论上对信息时代图书馆的作用作出不切合图书馆特质和能力的误判,进而影响和干扰现实的图书馆活动。

最后,避免陷入伪实证研究的泥淖。伪实证研究是以实证研究为标榜的非科学方法,其表现之一是用主观的理论观念来剪裁客观的经验事实。实例调查是实证研究方法的关键和基础,采用实证研究方法,无论是证实或"证伪"某个现有理论,或者产生一个新的理论,都必须基于客观事实之上。但伪实证研究的调查不是去发现事实,然后从中归纳出理论,而是希望寻找到一些事实材料来证实自己已经在头脑中形成的理论观念。这样的调查获取的不是客观的事实,而是主观的事实——经过“裁剪”或者“过滤”的事实。在这基础上产生的结论显然是没有说服力的。表现之二是研究仅仅停留在确认事实的层面,研究的成果只是材料的堆砌。实证方法的研究目的不应仅仅停留在对个案的理解上,应该通过以小见大,见微知著,得出中国图书馆事业发展的一些带有规律性的认识，所以用理性的思维对材料进行必要的学术整理和表述是实证研究必不可少的步骤。但如果研究者缺少必要的知识积累和理论储备，在研究前没有明确的问题意识和合理的理论假设，在研究中不能对描述的对象有整体的视野和超越具体事实的理论关怀，在成果表述时也就无法全面把握以往的研究资料，难以与同类研究进行交流互动，从而导致研究只能停留在肤浅的观察上，难以作出更有价值的分析。

正确的研究方法是构建学科体系必不可少的催化剂，特别是当学科正以前所未有的速度进入突破的临界期时，研究方法正确能扩展和深化人们的认识能力与认识水平，有助于把零散的科学知识构建成宏伟的知识大厦。当前的图书馆学就处在这样的“临界期”，迫切需要实证研究这一助产士帮助已躁动着的新突破能早日来临。

参考文献

[1]辞海(1999年版)(中). 上海辞书出版社,1999

[2]简明不列颠百科全书. 第7册. 中国大百科全书出版社,1986

[3,27]邱五芳. 扩张与虚化——图书馆学理论研究50年反思. 中国图书馆学报,2000(2)

[4]华薇娜. 中美两国图书馆学、情报学研究方法、主题、对象、分析技术的比较研究. 情报学刊,1997(2)

[5]严文郁. 中国图书馆发展史. 台湾枫城出版社,1983

[6]程焕文. 中国图书馆学教育之父——沈祖荣评传. 台湾学生书局,1997

[7]庄俞. 参观北京图书馆纪略. 教育杂志第六卷第四期//李希泌,张椒华. 中国古代藏书与近代图书馆史料(春秋至五四前后). 中华书局,1982

[8]部向荣等 基层图书馆生存状态忧思录——5省10县图书馆调查纪实谈. 图书馆,2005(1)

[9]程焕文. 岭南模式:崛起的广东公共图书馆事业. 中国图书馆学报,2007(3)

[10]尹岚宁. 托起中国图书馆事业的希望——记中国图书馆学会首次志愿者行动. http://www.lsc.org.cn/CN/2006zyzxd.html

[11]本文的图书馆活动指古代公、私图书收藏与利用活动,与现在通行的图书馆活动的概念不完全相同。

[12](英)里查德·伯利. 热爱图书//袁咏秋,李家乔主编. 外国图书馆学名著选读. 北京大学出版社,1988

[13]隋书·经籍志//李希泌,张椒华. 中国古代藏书与近代图书馆史料(春秋至五四前后). 中华书局,1982

[14,16]阿契·泰勒.《关于创建图书馆的建议》导论//袁咏秋,李家乔主编. 外国图书馆学

名著选读. 北京大学出版社,1988

[15]北京大学图书馆学情报学系,武汉大学图书情报学院合编. 图书馆学基础(修订本). 商务印书馆,1991

[17]宓浩主编. 图书馆学原理. 华东师大出版社,1988

[18,20]范并思等编著. 20 世纪西方与中国的图书馆学——基于德尔斐法测评的理论史纲. 北京图书馆出版社,2004

[19](美)谢拉 H. 图书馆学引论. 兰州大学出版社,1986

[21]同 18,可参阅第 123 页《信息时代的图书馆学基础理论》一节。

[22]郗沭平. 浅论图书馆学、情报学研究方法论体系. 津图学刊,1997(2)

[23]刘兹恒. 我国图书馆学情报学硕士论文的分析与研究. 大学图书馆学报,1993(3);白崇远. 1984—1994 年《图书情报工作》论文研究方法统计分析. 图书情报工作,1996(4);华薇娜. 中美两国图书馆学情报学研究方法、主题、对象、分析技术的比较研究. 情报学刊,1997(2);王玉波等. 武汉大学图书馆学情报学硕士、博士学位论文的统计分析(1990—1997). 情报资料工作,1999(2)

[24]吴慰慈,罗志勇. 新技术革命对图书馆学情报学体系的影响. 河北大学学报(哲学社会科学版),2001(3)

[25,26,28]赖鼎铭等. 中国大陆使用者研究现状——十大核心期刊研究主题分布的例证. 图书情报工作,2007(6)

近二十年中国图书馆学基础理论研究的三次嬗变

杨晓农(郑州大学信息管理系)

1 引言

近二十年,中国社会经历了"文革"后的思想解放、90年代初的二次创业和世纪之交的知识经济3个发展阶段,图书馆学也伴随着这种变化经历了三次嬗变。20世纪80年代中期以前,图书馆学基础理论基本上是建立在以藏书为主的研究之上的,图书整理被认为是图书馆学的研究对象,图书馆学的全部内容就是围绕着图书整理展开的。80年代中期后,文献学成为世纪显学,并很快成为图书馆学研究的热点,这是第一次的变化。90年代初,随着信息技术的飞速发展,图书馆学基础理论发生了第二次嬗变。以信息资源为逻辑起点的图书馆学受到人们的广泛关注,理论研究和实践活动都非常活跃。世纪之交,知识管理的思想引入图书馆学,并与图书馆所固有的知识组织与服务结合起来,形成以知识为中心的研究思潮。

在这里,我们限定了两个"关键词",一个是"近二十年",一个是"中国"。前者设定的是一个时间语境,"近二十年"并非数量上确定的二十年,而是指中国从20世纪70年代末改革开放以来的学术环境,这二十余年是中国图书馆学发展的黄金时期,至于为什么这样说,这个问题涉及到另一个主题——社会转型与中国的图书馆学,不属于本文的讨论范围,故不再赘述。后者"中国",主要强调"中国化"的图书馆学理论,即被中国学者理解和接受的并在实践中得到贯彻执行的内容。

2 以文献为逻辑起点的图书馆学

中国的图书馆学理论研究肇始于20世纪20、30年代,以杨昭悊的《图书馆学》为先。由于图书馆学来自于图书馆工作的实践，图书馆学研究内容就与藏书结下了不解之缘。以“要素说”为例，陶述先、杜定友的三要素（书、人和法），刘国钧的四要素（图书、人员、设备、方法）和五要素（图书、读者、领导和干部、建筑设备、工作方法），图书是第一要素。以“图书”命名的各门学科成为这一时期的一大特点，如图书组织法、图书经营法、图书分类法、图书馆藏书，图书馆目录等等，我们可以把这一时期（20 世纪 80 年代以前）的图书馆学概括为以图书为中心的图书馆学。

20 世纪 80 年代初，文献学研究活跃起来。一方面，以中国历代古籍为主要内容，以目录、版本、校勘为三大支柱的中国古典文献学理论体系成熟起来，对图书馆学产生了重大影响；另一方面，随着图书馆实践的深入，图书馆学也积极扩大研究视野，努力寻找自己的上位类学科，“大文献学”就是一个佐证。

早在 1964 年，袁翰青在《现代文献工作的基本概念》一文中提到：西文中的 Documentation 与中国文献学不同，前者指的是现代文献工作，其范围相当广泛。后来，现代文献工作被演绎为现代文献学。现代文献学是针对大量的自然科学、社会科学领域的文献，采用西方的文献组织方法和管理制度，对文献进行搜集、组织、整理和检索的科学，和图书馆学有大量的重合。

20 世纪 80 年代以来，文献学研究进入了一个兴盛时期。1982 年，谢灼华讨论了“文学文献学”的含义、内容、范围和作用。1983 年周文骏的《概论图书馆学》一文，首先提出“文献交流”是图书馆学的理论基础。1986 年，周文骏又出版了《文献交流引论》一书，积极地为图书馆学寻找新的理论依据。这一趋势在 90 年代达到高潮。1990 年，倪波主编了《文献学概论》，力图勾勒出一个包括古典文献学、现代文献学的新体系。1992 年，黄宗忠的《文献信息学》和朱建亮的《文献信息导论》进一步发展了“泛文献信息论”的思想。1994 年，张欣毅的《现代文献论纲》出版，该书强调运用“现代的科学观点和方法”对古今中外各类型文献作本体范畴上的考察和研究。此外还有卿家康的《文献社会学》、周庆山的《文献传播学》、柯平的《文献经济学》、蒋永福的“文献物理学”、叶鹰的“文献哲学”以及康军的“文献工程学”等。

图书馆学者对文献理论的深入研究，动摇了传统的以图书为中心的图书馆学理论，文献代替图书进入图书馆学基础理论领域就成为顺理成章的事情。同时，通过“大文献学”的探讨，图书馆学、情报学、文献学的上位类学科也日益明显，图书馆学在寻找自己的理论基础方面又迈出了坚实的一步。这一结论就是笔者所概括的以文献为逻辑起点的图书馆学。

3 以信息资源为逻辑起点的图书馆学

20 世纪 60 年代以来,对人类生产方式、生活方式产生重大影响的莫过于以信息为特征的会生产活动,人类的社会活动莫不烙上信息的痕迹。信息在人类社会生产活动中的巨大作用,使得它从各类资源中脱颖而出,成为与自然资源、人力资源并列的三大社会经济资源。

图书馆担负着人类信息资源的收集、整理、保存和服务的社会职能,对信息资源的高效管理是图书馆的基本社会职能。从信息资源的角度来研究图书馆文献,是来自于信息资源管理(IRM)思想的启迪。

信息资源管理兴起于 20 世纪 80 年代的欧美国家,80 年代末 90 年代初传入我国。此时,我国的图书情报学教育和研究正处于低谷,信息资源管理的引入使图书情报学又一次捕捉到发展的机遇。90 年代初,卢泰宏首先介绍了国外的信息资源管理理论,并认为 IRM 是三种基本信息管理模式的集约化,即技术、经济和人文管理的集成。之后,有马费成、胡昌平、孟广均等对信息资源管理理论作了进一步的探讨。

信息资源管理研究的蓬勃发展必然对图书情报学基础理论产生影响。一些学者开始以信息资源为逻辑起点,重新审视图书情报学的理论基础,试图建立以信息资源管理为上位类学科的新体系。1999 年徐引篪、霍国庆出版 了《现代图书馆学理论》一书,把图书馆学理论置于信息资源管理理论的框架内,并明显表示:“图书馆学的研究对象就是动态的信息资源体系。”其基本观点是:(1)图书馆的实质是一个动态信息资源体系。无论是文献信息资源、口语信息资源、实物信息资源或多媒体信息资源,根据用户的需要图书馆都可以收集起来,使之形成一个信息资源体系为用户使用;(2)信息资源体系是一个发展的有机体,它是动态的,有形成、维护、发展、开发 4 个主要阶段;(3)图书馆学研究对象是图书馆,而图书馆的实质是信息资源体系,故图书馆学的研究对象就是动态的信息资源体系。

早在 90 年代中期,在信息资源管理理论的影响下,一些学者主张用“信息资源建设”代替“文献资源建设”,把技术、经济等因素融入传统的文献工作中。这一主张得到了普遍认可,2004 年出版的面向 21 世纪课程教材《图书馆学基础》(吴慰慈主编)把信息资源管理纳入图书馆学基础理论之中,标志着信息资源管理作为图书馆学的理论基础得到进一步的确认。另外,从实践层面上来看,90 年代图书馆学教育的大调整就是信息资源管理理论的直接影响。1992 年,北京大学图书情报系改为信息管理系。这一改革引发了全国图书情报系的改名风潮,几乎所有的图书情报系都改为信息管理或信息资源管理系。在课程设置上也大量开设计算机和经济学课程,并创立了信息资源管理等新的专业。(我系在 1995 年创办了“经济信息管理与计算机应用”专业,1998 年随国家对本科专业名称的调整,改为“信息管理与信息系统”。)

信息资源管理理论对图书馆学理论产生了重大影响:(1)使图书馆学的研究对象从外延进入了内涵,即从图书馆到信息资源体系;(2)由于信息技术的大量引入,图书馆工作多元化,研究方法和学科性质综合化;(3)信息资源的稀缺性,要求对图书馆信息资源实施有效的规划和科学的配置,从经济学的角度来研究图书馆资源,最大限度地提高资源的使用效益,提高信息共享效率。但是,信息资源管理也有其局限性:首先,信息资源管理把信息作为一种物(资源)来看待,重视资源的配置与布局(效率),而忽视了对信息本身(内容)的发现与挖掘,换言之,信息资源管理变成了物流分配管理,而缺乏对信息(知识)的深度了解;第二,信息资源管理是技术狂潮下以效率为中心的旧式管理思想的翻版,缺乏人性化的现代服务思想,忽视个性需求的差异和层次性以及彼此的联系;第三,信息管理或信息资源管理内容宽泛,核心内容不明确。根据肖希明老师的调查,全国信息管理与信息系统专业至少有 500 家,但内容五花八门,有的设在管理学院,有的在商学院,有的在法学院,有的在计算机学院。

4 以知识为逻辑起点的图书馆学

人类认识世界改造世界的数千年历史告诉我们:知识就是力量。早在我国东汉时期,哲学家王充就在《论衡》一书中提出“知为力”的思想,这与 17 世纪英国哲学家培根在《新工具》中指出的“人的知识和人的力量结合为一”的思想是一致的,反映了人们对知识的社会作用有较深刻的理解。

图书情报学家早就注意到知识在文献活动中的重要性。1929 年英国图书馆学家布利斯就出版了《知识组织和科学系统》和《图书馆的知识组织》两部著作,而 20 世纪 60 年代布鲁克斯对知识的研究奠定了现代知识组织思想的理论基础。布鲁克斯认为图书馆中的文献分类是文献组织而非知识组织,知识组织是对文献中所包含的知识内容进行分析，找到相互影响及联系的结点，像地图一样把它们标出来，展示知识的有机结构及内在联系，为人们直接提供所需的知识服务。知识组织可通过建立“认知地图”的方式得以实现，这实际上已经与当代网络信息组织的重要技术（基于本体论和语义网原理及可视化检索等）如出一辙。我国学者80年代开始重视对知识组织的研究，马费成、胡昌平、丰成君等就曾讨论过知识揭示与知识基因的方法问题，丰成君、刘洪波等则认为知识组织是图书情报学面临的主要问题。在图书馆学基础理论领域，华东师大的宓浩等学者指出：“图书馆学要研究社会知识交流在图书馆活动中的特殊过程和特殊规律；研究如何搜集、整理、贮存和传递知识，以促进社会知识的交流；研究在社会知识交流过程中图书馆与图书馆事业自身变化发展的规律。”宓浩等的“知识交流说”是对周文骏等的“文献交流说”的继承与发展。1992年，彭修义在《图书馆学理论研究的知识方向》一文中主张建立知识学。因为20世纪40年代至80年代，图书馆学先后形成以文献信息为中心的学科体系，现在我们应及时转移到知识领域，建立以知识为中心的学科体系。黄俊贵从实践角度提出用知识组织思想改造图书馆工作业务流程，使图书馆工作适应知识服务。此外，黄俊贵还在另一篇中指出：“透过图书馆各种变化现象看它的本质——图书馆以知识为根，以服务为本，图书馆的本质就是知识与服务，或者说，就是知识服务。”

图书馆学回归知识的另一个助推器是知识管理思想的影响。知识管理兴起于20世纪80年代，90年代末传入我国，并很快形成研究高潮。知识管理有以下特征：重视对知识内容的挖掘，重视知识在组织成员间的转化与共享，重视人的隐性知识的开发和利用，以及重视知识创新与再造等。由于这些因素适应了图书馆知识组织与服务的需求，因此成为图书馆学新的学科增长点。2003年之前，图书情报界对知识管理的研究仅限于国外理论的介绍和浅层次的解说，至于如何实现与图书馆工作的结合缺乏可操作性的见解。2005年前后，知识管理研究达到高潮，并持续至今。以我系为例，1998年以来，先后有柯平、付立宏等两位教授拿到国家级的研究课题（知识管理方面），尤其是付立宏博士主持的知识管理语境下图书馆运行模式研究（国家社科基金）还获得了2006年结项项目中的优秀奖，在此类研究项目中实不多见。目前，知识管理的研究正向纵深方面发展，图书馆学与知识管理的融合会更加具体和清晰。

2000年以来，在知识社会化和社会知识化等合力推动下，图书馆学向“知识域”转移的步伐明显加快了。2000年到2003年，王子舟以知识论为立场，提出了“知识集合”等系列观点；图书馆的本质是知识集合；图书馆学研究对象应转移至知识集合，研究客体应是客观知识、知识集合、知识受众及其相互之间的关系；图书馆学的宗旨就是为人们主动获取知识提供最佳工具与方法等。2003年，王子舟以知识为逻辑起点重新梳理了图书馆学基础理论，把上述观点融于新书——《图书馆学基础教程》之中。这是到目前为止在图书馆学基础理论领域唯一的系统的理论成果（以知识为逻辑起点）。其后，有柯平等人的论文《基于知识资源论的图书馆学基础理论体系研究》，李万健的“知识是图书馆学研究和图书馆工作的主要对象”，龚蛟腾等的公共知识管理学等都有较大的影响。2000年以来，图书馆学界两位资深教授黄宗忠和吴慰慈都重新修改了自己在20世纪80年代就已颇有影响的图书馆学理论体系，把知识纳入其中，力图实现知识论与传统图书馆学（以文献信息为中心学科体系）的结合，这在2003年的《图书馆学体系的沿革与重构》（黄宗忠）和2002年的《图书馆学概论（修订本）》（吴慰慈等）等文章著作中都有明显的反映。盛小平在对知识管理的研究中得到启发，在《构建以知识为中心的图书馆学学科体系》一文中，力主构建“一种以知识为中心的图书馆学学科体系”。

综观新世纪以来的图书馆学理论研究，我们不难发现，知识化趋势已十分明显。这种趋势的出现有它的必然性。从外部因素来说，以知识为逻辑起点的图书馆学理论是知识社会和人文社会学科发展的必然结果。从内部因素来说，以知识为基点的图书馆学研究是对以文献、信息资源为中心的学科体系的突破，知识服务比文献服务和信息服务具有更高的要求与价值。但在目前，图书馆学学术体制内（如教科书、教学课程设置等）知识化教育仍未得到应有的重视和体现。“至于把这种面向知识的研究催化到图书馆实践层面，进而得到积极运用，那就更有距离了”。面对图书馆学界认识的“时滞”，王子舟在2007年新年伊始，再次撰文呼吁重视图书馆学的“知识域”研究，以知识为学科基点建立面向知识的图书馆学学科体系。

5 结论

近二十年是中国社会转型的二十年（当然，中国的社会转型是个跨度非常大的时期，近二十年只是这个过程中的一个特殊时期），伴随着这种变化，图书馆学的转型是不可避免的，“知识经济与知识社会的兴起、众多人文学科向知识的聚集,对图书馆学研究重心向知识转移起到了推动作用”。图书馆学在经历了以文献和信息为中心的学科体系的嬗变之后,迎来了以知识为中心的理论时代,“这种演变看似为一种研究范式的转移,其实却是图书馆学对其自身学科逻辑起点(文献)的更高层次的回归”。图书馆学只有跨越“认识时滞”,才能从大量的定性描述转入实证分析,深入到定性与定量结合的研究所段。

参考文献

[1]杨晓农. 文献学及文献学发展的特点. 图书馆学、信息科学、资料工作,2003(6)

[2]徐引篪,霍国庆. 现代图书馆学理论. 高等教育出版社,1999

[3]吴慰慈. 图书馆学基础. 高等教育出版社,2004

[4]李明杰等. 挑战与机遇 传承与创新:数字时代图书馆学情报学教育展望. 图书情报知识,2006(6)

[5]毕天璋,李文库,张鲁阳,董广安. 中国人知识库. 吉林人民出版社,1995

[6]宓浩主编. 图书馆学原理. 华东师范大学出版社,1988

[7]彭修义. 图书馆学理论研究的知识方向. 图书馆,1992(4)

[8]黄俊贵. 明确图书馆本质 体现图书馆本质. 新世纪图书馆,2006(4)

[9]王子舟. 面向知识的图书馆学发展新趋势. 中国图书馆学报,2007(1)

[10]黄宗忠. 图书馆学体系的沿革与重构(下). 图书与情报,2003(4)

[11]盛小平. 构建以知识为中心的图书馆学学科体系. 图书馆杂志,2006(3)

[12]王子舟. 图书馆学基础教程. 武汉大学出版社,2003

三论图书馆学理论研究与建构的方法论问题

——关于图书馆学基础理论建构的反思

陈纪建(福建省图书馆)

本文所谈的方法论,即认识方法论,主要是从哲学的认识论方面来讲的,即调整、改变人的认识方法,达到正确认识存在着的本体。因为如果认识方法不正确,就无法达到客观地准确反映存在着的本体。用马克思主义的哲学语言来讲,就是主观要正确反映客观,如果主观无法准确把握客观实在,发生认知错误,那么所采取的解决问题的方法也必然是错误的。因此,所谓的方法论问题,其实质就是讨论如何运用科学的哲学理论,达到准确把握图书馆学现象的本质。从这个认知层面出发,拙文对图书馆学理论大厦奠基的一些根本性的问题,比如学科理论建构的方法、依据以及由此涉及的两个基本概念,学科的发展程度、属性,图书馆学的研究对象等,作一些探讨,希望对图书馆学理论建构的本质问题,能够有所裨益。

1　学科建构方法涉及的理论基础与基础理论问题

理论基础和基础理论是图书馆学建构过程中所涉及的概念,业界对这两个概念作过较多的探讨,先辈于鸣镝先生还专门就此问题写了一篇述评文章。[1]但是,由于认识上的分歧,对于何为"理论基础",何为"基础理论"并没有作出明确的答复,目前也还没有在业界达成一致的看法。笔者认为,这两个概念是各个学科理论建构的共同概念,也是图书馆学理论建构的首要的核心概念,分清这两个概念的内涵意义重大,只有认真区分了这两个概念,才能在根本的关键的问题上有了正确的认知方法,才能找到在理论范式转型期科学重构图书馆学的正确思路。

1.1 理论基础概念

对一门学科的产生和建构、发展的过程的讨论，显然是科学哲学的研究范畴，由于我们对科学哲学十分陌生，因此对于科学产生的规律没有准确把握。其实每一科学的产生都是从哲学分化出去的，在古希腊，所有的知识都融合在哲学中，所以，哲学是所有科学产生的逻辑起点、是所有科学的理论基础。任何学科建立的首要的、根本的方法，都是用一定的哲学观所规范的认知方法来认识该学科的基本问题和基本概念，确立研究对象，并从该哲学的认知角度，围绕研究对象涉及的基本问题、基本概念予以解释和论证，用这样的方法一以贯之地建立起该学科的基础理论，并按照基础理论的规范拓展开来，建立起该学科庞大的理论大厦。因此"哲学是其他社会意识形式的理论基础，它为其他社会意识形式提供世界观和方法论的指导"。[2]可见，一定的哲学理论就是一门学科的理论基础，失去了一定的哲学理论的全面的准确的指导（注意：不是教条主义的生搬硬套），其学科建设就会陷入"盲人骑瞎马"的危险境地。认清了这个问题，我们在建构图书馆学理论大厦的时候，才会认识到哲学理论对于图书馆学理论建构的重大意义，才会自觉去领会、把握哲学理论，关注这门专业理论之外的关键知识，用以提高我们对专业的认知高度，分辨清楚本专业在科学之林中的具体位置和特殊使命。

由于学界对这个问题的认识不是十分明确，由此产生的结果是"已有的理论成果是远远不够的，这是因为，一旦将研究的视野转向'认知'这一更为广阔的本体领域，问题将变得更为复杂。而对于国内业界基础理论研究领域的人们来说，由于长期缺乏西方'本体论'思想方法训练甚至老祖宗那'道器之辩'、'物我之辩'、'名实之辩'之类思想方法训练，这方面讨论的概念性、理念性障碍可谓夥矣"。[3]所以，在理论建构范式转变时期，图书馆的基础理论科学建构的困难除了人类认知机制存在的历史局限这一根本原因外，另一个重要原因就是业界始终没有熟练运用科学的哲学理论作为方法论的指导，甚至还有排斥哲学理论的认知，认为用哲学理论来建构基础理论是搞繁琐哲学，是故弄玄虚。因此无法把握到图书馆学科运动发展的内在逻辑，并一以贯之地建立起一个比较稳定的合乎逻辑的理论范式，遑论以不同的认知范式形成多个学派，建立起完整的、自洽的、成熟的理论体系。

那么，在以什么样的哲学作为理论基础的问题上，业界也存在着种种认识误区，比较典型的是，要么就是只能用马克思主义的哲学作为理论基础，排斥其他哲学理论的指导，如果在运用马克思的哲学观的同时又吸取其他的西方现代哲学观解释理论问题，那就是搞修正主义；要么就是完全排斥马克思主义哲学，认为凡是用马克思主义哲学来解释图书馆学现象的理论就是陈旧的理论。其实，任何一门进步的哲学，都有其合乎逻辑的科学性，如果我们引用的不是僵化的教条的马克思主义哲学，那它仍然是理论研究和实践的指南。特别是它从黑格尔那里继承、改造过来的辩证法，有很强的生命力，可以帮助我们认识复杂的客观世界。因此兼收并蓄，和西方的现代哲学一起来解释图书馆学的现象世界是科学的、完全符合图书馆学实际的。任何非此即彼的认知方法都是陷入理论误区的教条主义，应该予以克服。

1.2 基础理论概念

同样，业界对于基础理论的概念和基础理论的见解也是莫衷一是，将理论基础和基础理论混为一谈的也大有人在，以致在这个问题上产生认知混乱。笔者以为，有了一种哲学观或综合多种哲学观作为理论基础，就有了观察图书馆活动领域的现象的根本方法，用这样的方法对图书馆领域的各种现象进行分析、归纳、推理、判断、总结、概说，形成对各种现象的本质认识，并产生了系统化的客观理论知识，就形成了图书馆学这门学科的基础理论。并且，这个基础理论就是图书馆学称作概论或导论、引论或直接称为基础理论的课程，以及关于图书馆学中外学术发展史研究的课程。其中概论是基础理论中的基础理论，学术发展史研究是基础理论中的辅助理论。

因为，从系统论的观点看学科知识建构，不同的知识组合决定其不同的社会功能，相同的知识组合，如果视角不同，方法不同，也会发挥不一样的社会功能。因此，如何组织知识是个关键问题。而"概论"的名词解释是"某一学科理论的概括的论述（多用作书名）"，[4] 导论、引论的内涵也差不多同义。可见，概论（导论、引论、基础理论）课程承担着概括、整合、阐释、导向的关键作用，它就是一门学科的基础理论。从"概论"的内涵推出这门课程的内容，其实质是运用一定的哲学方法作为理论基础，按该哲学观的解释力，形成这门学科独特的视角，并从独特的视角出发，整合该学科下属各专门理论及相关学科理论，发挥出异于其他学科的独特功能。因此，在概论课程里，应该在阐明理论建构所依据的哲学观的基础上，概述该学科的研究对象、研究内涵、实践基础、核心概念、学术发展史和相关学科的内在联系以及该学科的历史使命等。而图书馆的实践活动，就是应用这样的经过整合、导向后的学科分支理论和相关学科理论指导图书馆实践的价值取向，使图书馆实践能够很好地完成历史使命。

所以，概论这门课程是与哲学联系最紧密的，是该学科具有奠基作用的理论课程，它就是这门学科的哲学基础理论。一门基础学科的整合功能的大小，基础理论开掘的深浅，决定该学科的社会影响力的大小和社会历史使命完成的满意度。图书馆学概论这门基础理论是图书馆哲学的集中反映，因此它就是图书馆哲学，其他讨论基础理论的学术文章，有助于推进基础理论研究的深入，也都属于图书馆哲学，所以图书馆哲学就在我们身边存在着，并不像一些业界人士所认为的那样，需要再建构一门所谓的图书馆哲学理论课。

那么，中外图书馆学学术发展史这一基础理论课程，包含了古代、近代、现代的图书馆学学术发展史，其建构目的在于为图书馆学的发展提供现实的或潜在的理论参照，以准确把握图书馆学的发展方向和未来趋势。其建构目的仍然在于为理论建构提供参照系，因此它是基础理论。至于预测图书馆学未来的理论，如果有科学合理的理论建构，也属于图书馆学基础理论范畴。

2 图书馆学的学科性质问题

关于图书馆学的学科性质，可以从两个角度进行探讨。一个是从学科发展的成熟程度角度，这是从前科学还是常态科学的意义上来讲的；另一个是从学科分类角度，也就是从从属于自然科学还是人文社会科学的意义上来讲的。笔者是从前一个意义上探讨的，并由此涉及对旧范式下的基础理论内涵的重新认识和学科重新划分问题。

2.1 图书馆学学科发展的成熟程度问题

关于这个问题，吴慰慈先生曾引用科恩的范式理论来加以论证，他说："库恩认为，现代的社会科学也处于前科学时期。库恩的理论如果成立的话，那么图书馆学发展到今天，也仍然处于前科学状态。整个学科尚未进入常态科学的阶段，没有形成一套模式——为图书馆学家普遍接受的一种理论。"[5]笔者是同意吴先生转述的库恩的理论和他对图书馆学的看法的。因为任何科学都是时代精神的反映，因此不可避免地存在历史的局限。随着历史的发展，到了科学革命的时期，科学的范式转换就不可避免。而且同其他社会科学相比，图书馆学的前科学性质则更加明显。其理由如下：

在当前图书馆学研究范式转型期，业界在转换范式的新理论中，提出的诸多图书馆学研究对象，如信息资源论、知识资源论、知识交流论、知识集合论、可获得性论等，都和知识（或者和知识紧密相关的信息）联系在一起。所以，图书馆学的研究对象是知识可以确定，只是如何找准属于图书馆学的“知识”研究的独特角度，即针对复杂的、多维度的“知识”的哪个维度还无法完全确定，因为在人类知识以及和知识无法分开的“认知”行为的研究领域，人文社会科学就有众多学科，如教育学、传播学、文化学、阐释学、符号学、心理学、精神现象学、认知学、交流学、语言学、情报学、档案学等在进行研究。这种现象和自然科学中对“物质”的研究现象相同，比如同是以物质为研究对象，化学研究物质（单质及化合物）的组成、结构、性质及其变化规律；物理学研究物质运动最一般的规律和物质的基本结构，同时物理学的分支学科对物质的研究又有各自的角度，如力学、声学、热学、分子物理学、电磁学、光学、固体物理学、核物理学等学科的研究角度都各不相同。

业界学者从知识集合、知识组织角度确定图书馆学的研究对象，确是图书馆学的视角，但是如何丰富发展知识集合和组织技术，如何和网络通信技术较好结合起来，发挥图书馆学的优势，确实需要认真研究，这是个需要跨学科知识的领域，也有待于自然科学和人文科学新兴学科的深入发展。

当前对于人类自己的认知行为和认知结果“知识”的本质及其运动还没有科学的、比较全面的认识，所以还存在认知对“认知”的盲点。虽然哲学的认识论和专门的认知科学对人的认知规律作了某些方面的探讨，比如科学哲学是以科学为对象的哲学研究，但是那只是针对局部即科学研究领域的认识规律进行研究，其本身发展也远没有成熟，并且没有对整个人类社会的认知活动过程进行考察，所以无法整体把握认知和认知结果——知识在人类社会实践过程中运动发展的本质规律。因此，美国图书馆学家谢拉提出了社会认识论的理论建构构想，“根据谢拉的构想，社会认识论的主要目标是解释社会作为一个整体的‘认知’过程，即一个社会、一个国家、一种文化如何认识其外部环境，如何理解作用于它的各种作用力（stimuli），如何获得和积累知识，如何协调、整序和利用它的知识。在谢拉看来，社会认识论与传统认识论一样是关于知识的知识，它应该成为认识论的重要组成部分。社会认识论的意义在于，它可以弥补传统认识论只注意个体认识过程，而忽略社会整体的认识过程的局限。由于它关注社会作为整体的‘认识’过程，社会认识论与图书馆密不可分——它可以为图书馆学提供理论基础，图书馆学则为它增加有关知识积累、组织传播的新见解”。[6]

笔者认为，谢拉创建的社会认识论，以及舍勒、曼海姆创立的知识社会学可能是各自从不同角度提出的相同的一门新兴学科，它是一级的哲学学科属下的二或三级学科，是众多人文社会科学学科的理论基础。吴慰慈先生在转述这些新兴学科的性质时说："在科学发展史上，一些古老的学科越发展，分支越多，像树的生长一样，先有树干，后出树叶；一些新兴学科则恰恰相反，它们像一座金字塔，先有塔基，然后才有顶部。"[5]社会认识论、知识社会学显然是属于接近居于金字塔顶部的学科。笔者推测，它应该是一门具有概论性质的、统合众多分支学科的认识论哲学，必须从已经存在的众多分支学科的理论中分析、判断、总结、上升为概括性的理论，在此概括性理论的指导下，有的下属学科理论研究需要加强，有的需要重新创建新的下属学科，但要重新明确各自的研究领域。这些学科和分支学科大概研究这些内容：从心理学角度探索人的认知机制；人类社会创造、传播知识的一般规律；知识集合技术；不同文化环境下认知运动的特殊规律；客观知识具有怎样的属性，人类应该如何正确认识这些认识成果；创造知识需要怎么样的人际关系和社会环境；如何创造宽松、自由的环境让个人的创造力得以充分发挥；人类社会应该采用怎样的科学管理制度来管理知识（信息），达到最大化地促进社会进步等等。这样的理论研究，所涉及的范围是极其广泛的，需要自然科学的共同推进，并且随着这些学科理论的发展，必然引起社会制度的根本改革。

所以只有建构科学的社会认识论或知识社会学这一新兴学科，并发展到一定的历史阶段，才能明确其下属各学科的各自的研究角度，也将使图书馆学找准知识研究的角度和准确的学科定位，明确图书馆学在人类知识集合、创造、传播环节中处于哪一个环节。在目前社会认识论对人的认知机制和社会认识规律无法准确把握的情况下，图书馆学的理论范式转型还无法达到常态科学的水平，因此图书馆学的学科性质就只能是前科学。

2.2 旧图书馆学基础理论内涵的重新认识问题

既然图书馆学受到人类认知历史条件的局限而发展不成熟，所以旧范式的图书馆学当然就无法准确把握到学科研究对象和研究内涵的深刻本质。在200年前建立起基本框架的旧图书馆学，是在文献整理保存技术和文献传递、机构组织管理的范畴内寻求真理和建构理论的。组织整理说、图书馆事业说以及其他围绕这样的认知而产生的不脱此种理论窠臼、花样繁多却万变不离其宗的各种各样的理论就是在这样的历史条件下产生的，它们是专业理论和本专业行政管理学理论的混杂。就笔者所见，在国内，王子舟先生的《图书馆学基础教程》已摆脱此种行政管理学理论的纠缠而试图建立图书馆学新范式的理论，而旧的图书馆学基础理论和一些上世纪末创建的理论，还存在着专业理论和行政管理学知识混杂的问题。笔者这样的论点可以从马克思主义的哲学理论中逐步推导出来。

马克思主义认为，人是自然的产物。人的生命存在是依赖于自然而又独立于自然，同一于自然又对立于自然。独立、对立于自然的表现就是必须从改造自然的活动中获取生活资料以进行生命的生产和再生产。所以，人的生产实践活动是人的独特的生命活动。但是，人的生产实践活动并不是单个人之间各自进行的互不干涉的活动，改造自然的实践活动只要一开展，就会立即产生自然关系和社会关系，即单个人必须整合起来形成社会组织才能进行。因此，只要这个组织进行的生产存在，就会产生一方面是生产，一方面是有组织地进行生产的情况，两者是不可分的现实存在。前者反映了一定时代人的征服自然的能力，后者反映了人在生产中的地位和物质利益关系。只要这样的生产必须持续进行下去，作为这两种关系的反映，就必然产生两种知识，即一方面必须研究如何获取更有效率地生产的自然科学知识，以应用于生产；一方面必须研究进行更有效率地生产的组织方法——即形成什么样的生产关系才能使人更有积极性的知识，以用来进行生产管理。这两门知识是紧密相连的，专业知识反映了这门学科的生产力，管理学知识反映了这门学科的生产关系，两门知识是互相依赖又互相独立、互相促进又互相制约的矛盾关系。

以这两种关系为基础，社会在更广泛的范围内，产生了由这两种关系结合而成的生产方式，称为经济结构，并在经济基础（生产关系）之上建立了政治上层建筑和思想上层建筑，前者称为政治结构，后者称为文化结构。任何一个社会的经济、政治、文化结构都有其特点。而作为经济基础（生产关系）的反映的管理学知识，其本身也是这个社会思想上层建筑的组成部分，反映了这个社会建构的政治、文化制度的内涵。也就是说，管理学知识就是社会制度建构、发展的理论反映，它是制度实践的指导思想，属于意识形态领域。

因此，任何一种文化制约下的一个社会、一个民族国家中的任何一门学科，只要它应用于社会实践之中，实际上就必然需要有它的专业理论以及和这门专业理论紧密相连的管理学理论，如医学有医政管理学，教育学有学校管理学，货币银行学有银行管理学、证券市场有证券投资理论和证券市场监管理论等等。如果一门学科没有相互联系又各自独立的两门知识，是由于有的学科因为专业知识没有成熟而和管理学知识混杂在一起，或者是有的虽然专业知识已经成熟并形成独立学科，但由于其管理学知识还在摸索之中，而没有形成独特的反映着本学科特色的理论，只能依靠其上位的管理学知识来支撑着粗放的管理。特别是在我国的人文社会科学研究领域，存在着如何管理知识创造者——“知识人”，以及如何管理“知识人”创造的产品——知识的问题，在这一领域，如何实现科学、民主、自由、法治的管理方式，则是一个须亟须加强研究以形成管理哲学和其分支学科的重大问题。

作为图书馆学，很明显，它并没有两门各自独立的反映专业知识和管理学知识的学科，而只有一门以机构来命名的学科。由此可见，图书馆学的两门知识都不是很成熟，所以混杂在一起。那么，如何重新划分这两门混杂在一起的理论呢？

依照管理学的一般原理，“现代管理是管理者对其组织资源进行有效整合以达到组织既定目标与责任的动态创造性活动。可见，管理的核心在于对现实组织资源的有效整合”。[7]根据这个定义的规定性，那么，图书馆的“组织资源”显然就是人、财、物，它包括图书馆及上级管理机构中的管理者、馆员和分散在社会上的读者，财政经费供给，建筑物和设备。而要“有效整合以达到既定目标与责任”，就必须研究探讨图书馆的历史使命（又称责任、职能），图书馆的价值，管理者、馆员、读者之间的权利义务关系，“研究如何在一定的生产力发展水平上科学地建构图书馆制度，运用最科学的管理方式，调动图书馆人的积极性，达到最大化发挥图书馆职能”。[8]

所以，旧范式中的关于图书馆事业、图书馆职能、图书馆类型、图书馆价值和所谓的图书馆学原理（包括阮冈纳赞的图书馆学五定律）的论述，关于管理者、图书馆员、读者之间的关系的论述，以及当前的论及图书馆权利义务、读者权利义务关系、图书馆职业精神、图书馆制度等问题的知识体系，都属于图书馆行政管理学的范畴。

而剥离了行政管理学知识的图书馆学专业知识，在当前，主要应当围绕客观知识的组织、集合，以寻求客观知识的可获得性而展开，其他的和知识组织、集合的相关的理论也是图书馆学专业理论研究的内涵。

因此，凡是围绕图书馆行政管理学的基础理论建构与围绕图书馆学知识集合、组织的基础理论建构这两门知识的文章，都属于图书馆学基础理论研究的内涵。

以上是笔者的初步的粗略探讨，两门学科的剥离与各自独立问题，动到了图书馆学的根本，所涉及的范围十分广泛，需要以科学的哲学观作指导，进行长期思考与论证，需要渊博的相关学科的知识。笔者学识浅陋，探讨难免存在疏漏，欢迎科学的哲学观指导下的批评指正。

参考文献

[1]于鸣镝．我国图书馆学理论基础研究述评．图书情报工作，2004(1)

[2]吴倬主编．马克思主义哲学导论．当代中国出版社，2002

[3]张欣毅．回眸一个科学本体论的进化史（续）——关于公共信息资源及其认知机制的本体论观照．图书馆，2005(2)

[4]李行健主编．现代汉语规范词典．外语教学与研究出版社．语文出版社，2004

[5]吴慰慈，邵巍．图书馆学概论．书目文献出版社，1985

[6]于良芝．图书馆学导论．科学出版社，2003

[7]张创新主编．现代管理学概论．清华大学出版社，2005

[8]陈纪建．论“图书馆精神”及其“图书馆职业精神”——兼与范并思等先生商榷．图书馆理论与实践，2007(3)

论图书馆学研究的宏观调控

刘兹恒(北京大学信息管理系)

经过百年的发展,我国图书馆学研究已经培育出了一支庞大的研究队伍,从数量上看,这支队伍目前已经成为世界上规模最大的图书馆学研究力量。

但由于我国图书馆学研究还没有被认可为是一项社会化的研究,不像其他一些社会科学研究那样,从中央到地方都建立有超脱于某个高校、某个单位而独立建制的专门研究机构(如中央或省市的社科院××研究所),并有专职的研究人员和专门的研究经费支持其研究的进行,因而我国图书馆学研究大多只能是研究者们根据自己的"业余爱好"自发地分散进行。由此可以认为,我国图书馆学研究所取得的成绩,基本上都是通过研究者们"业余"的努力而取得的。特别是那些工作在基层图书馆的研究者们,一边要完成自己承担的日常工作任务,一边要从事图书馆学研究活动,其困难可想而知。而我国的图书馆学研究却正是凭着研究者们对图书馆事业的热爱和对图书馆学真理的追求,通过不断的努力,在很多方面取得了令人瞩目的成绩。

从目前情况看,我国图书馆学研究队伍的来源主要有两方面:一是来源于高等学校图书馆学系(专业)的师生,一是来源于各级各类图书馆的实际工作者,这使我国图书馆学研究力量形成了两个不同的分支。客观地说,我国图书馆学的这两支研究力量在图书馆学研究中所发挥的作用是不一样的,他们在图书馆学研究的很多方面都存在着差异,表现在研究的选题、研究的目标以及研究的学术要求等方面都有很大的不同,这就使我国的图书馆学研究呈现出了多样化的格局。而与此同时,两支研究力量在研究质量的追求、研究方法的选择、对理论或实践的关注以及对宏观或微观问题的重视等方面也经常会有不协调的情况出现。比如,由高等学校图书馆学专业师生进行的研究,在选题上比较偏重具有一定理论价值的课题,追求理论上的完善和创新,研究方法和程序的采用比较规范,学术上比较注意严谨和科学;而来自于图书馆工作一线的研究者,在研究的选题上偏爱具有应用或实用价值的课题,关注图书馆实际问题的解决,不大讲究研究方法和研究程序的规范,也不大注意学术上的严格要求。这种客观存在的差异不时会引发这两支研究力量之间的矛盾和争论,产生互相批评或指责。这种状况对我们齐心协力推进中国特色图书馆学建设显然有一定的负面影响，也在整体上削弱了我国图书馆学的研究力量。因此，在我国图书馆学研究多样化格局的情况下，如何对我国图书馆学研究进行宏观调控，即如何通过对我国图书馆学研究力量进行整合、协调，以更好地发挥各类研究人员在图书馆学研究中的作用，是进一步繁荣和发展我国图书馆学的一个非常值得重视的问题。

对图书馆学研究进行宏观调控，就是要从整体上对图书馆学研究者的研究行为进行规范，对受研究基金支持的图书馆学研究课题的评审、立项进行引导，对各种图书馆学创新性研究成果给予奖励，还要重点扶持一些有实力的高等学校图书馆学系（专业）和大型图书馆建立我国图书馆学研究的基地等。这种对图书馆学研究进行的宏观调控，有助于克服我国图书馆学研究的分散状态，有利于发挥规模效应，从整体上提高图书馆学的研究水平和社会价值，从而进一步促进中国特色图书馆学的建设。当然，这种宏观调控既可以由各级科研管理部门来实施，也可以由各级图书馆学会等学术团体来实施，但就目前情况看，可能由后者来实施会比较容易。

具体来说，对图书馆学研究实行宏观调控的内容应该包括：

1 建立规范，提高图书馆学研究的整体水平

在图书馆学研究活动中，图书馆学研究者究竟应该奉行或遵守什么样的行为准则？对这个问题，我们过去很长时间并没有给予足够的重视，不同的研究者对它的理解也不一致，这使得我国图书馆学研究活动不时会出现一些偏差，降低了图书馆学研究的科学性和学术研究的严肃性。在这种情况下，为了从总体上提高我国图书馆学研究的水平，非常有必要从宏观上对图书馆学研究者的研究行为进行调控。

笔者认为，由中国图书馆学会学术委员会出面，制定一个《图书馆学研究人员指南》，进而对我国图书馆学研究活动进行宏观指导是完全必要的。前不久，由中国图书馆学会制定的《中国图书馆员职业道德准则》，作为规范图书馆工作人员职业行为的标准，在业内得到了普遍的认同，在规范图书馆员日常行为方面已经产生了很好的效果。这表明中国图书馆学会作为中国图书馆界的全国性学术组织，有着较强的权威性和影响力，它也有能力在宏观调控图书馆学研

究人员的研究活动方面发挥自己独特的作用。

那么,《图书馆学研究人员指南》应该包括哪些内容呢?笔者认为,可以借鉴其他社会科学研究的成果,结合图书馆学研究本身的特点,至少在一些大的方面作出相应的规定。[1]

首先,图书馆学研究者必须明确自己的社会责任。图书馆学研究者的社会责任,无疑是要通过对社会的图书馆现象和图书馆事业发展规律的研究,为图书馆工作和图书馆事业发展提供理论上的指导及方法上的应用,推动图书馆事业的进步。与此同时,也要通过对图书馆学研究本身的经验、教训的总结,不断调整研究方向,改进研究方法,以促进图书馆学的健康发展。简单说来,图书馆学研究者的社会责任,就是要推动图书馆事业不断发展和图书馆学研究不断进步。图书馆学研究者所从事的一切研究活动,得出的一切研究结论,提出的一切意见和建议,都应该以此为标准,否则就是违背了自己的职责。因此,《图书馆学研究人员指南》必须首先强调图书馆学研究者的社会责任,要求图书馆学研究者在研究的选题、论证、研究、总结、建议等各个环节,时刻意识到自己的社会责任,明确自己的研究是否有助于图书馆事业和图书馆学的发展,是否会对图书馆事业或图书馆学产生不利的影响,从而避免出现感情用事、不负责任的随意性"研究"。

其次,图书馆学研究者应该关注我国图书馆事业发展的重大理论和实践问题。由于我们目前是在信息技术不断进步、图书馆事业正在深化改革的背景下进行图书馆学研究的,因此,对于图书馆学研究者来说,应该鼓励他们注意对我国图书馆事业发展与改革过程中的重大现实问题进行研究,努力使他们的研究能够服务于我国图书馆事业的改革,能够适应我国图书馆从传统向现代转变的需要。而要做到这一点,图书馆学研究者必须树立科学的发展观,坚持历史唯物主义和辩证唯物主义,坚持图书馆学研究中的科学精神和人文精神,以保证图书馆学研究的正确方向。

第三,图书馆学研究者应该既主动借鉴国外成果,又自觉弘扬中国传统,努力形成新的研究特色。在我国图书馆学研究中,图书馆学研究者要主动学习国外的图书馆学成果,有选择地、批判地借鉴和吸收其中的合理成分,做到对国外的图书馆学既不一味排斥,也不盲目照搬。同时,图书馆学研究者也要把中国传统的图书馆学思想和图书馆学方法看作是一种重要的学术资源,积极加以开发与利用,以继承和弘扬中国优秀的图书馆学传统。也就是说,图书馆学研究者应该在借鉴国外、弘扬传统的过程中,努力创新中国的图书馆学研究。

第四，图书馆学研究者必须以科学的态度对待自己的研究活动，努力提高图书馆学研究成果的可靠性和有效性。在具体的研究过程中，图书馆学研究者需要注意：①必须坚持实事求是的科学态度，在图书馆学研究的各个环节上都要保证其具有客观性，特别是不能把仅凭自己感觉到的东西作为研究的论据，尽可能减少甚至杜绝个人的主观偏见对图书馆学研究产生的影响；②在包括调查研究在内的各种实证研究中，必须重视研究对象的代表性和研究程序的科学性，避免以偏概全、以局部代替整体等不严谨的研究结论的产生，保证研究成果的可靠性；③必须根据自己的分析判断，真实地、客观地提出自己独立的研究结论，既不迷信前人，也不哗众取宠，更不要提出那种毫无价值的模棱两可的研究结论和不着边际的意见建议，努力使自己的研究具有一定的科学价值或实用价值；④追求图书馆学研究中的创新，除非有新的发现或有新的观点，不应重复别人已经做过并已得出了结论的研究，而应努力从图书馆事业发展实践中去寻找新的研究课题，以创造图书馆学的新理论、新方法和新应用。

笔者认为，以上这些宏观的规定作为图书馆学研究人员研究活动的指南，能够帮助他们规范自己的研究行为，从而从整体上增强我国图书馆学研究的科学性、有效性和可靠性。

2 从研究课题评审、立项角度来调控图书馆学研究

如前所述，从我国图书馆学的研究情况看，大多数研究都是研究者自发的行为，研究选题大多也是由个人的研究兴趣所决定，也就是说，我国图书馆学研究基本上是处于一种缺乏组织的分散、自由状态，且应用研究，包括应用技术研究的数量远远多于理论研究、特别是基础理论研究的数量。故尽管多年来我国图书馆学研究成果数量巨大，但真正产生影响的重大成果却并不多。在这种情况下，除了中国图书馆学会和各级地方（行业）图书馆学会要加强对图书馆学研究进行组织和协调外，由国家有关部门或各省市设立的各种研究基金，通过研究项目的评审和立项，对我国分散的图书馆学研究活动进行组织、导向和调控，就更应该得到重视。这是因为，虽然我国目前由各种基金资助的图书馆学研究课题在全部图书馆学研究中只占很小的比例，但由于其研究项目的立项是经过了严格的评审，理论价值或应用价值一般较高，且研究得到了经费的资助，通常还组成了一个研究集体共同来完成这项研究，这就保证了其研究成果具有较高

的科学性、实用性甚至权威性，往往成为同类研究的示范，对于一定时期的图书馆学研究自然会产生明显的导向作用。因此，各种研究基金在资助图书馆学研究课题的时候，如果能够从评审、立项的角度对理论研究和应用研究进行协调和平衡，则必然会引导图书馆学研究力量对图书馆学研究不同方面的关注，从而全面提高图书馆学研究的整体水平。

目前，我国对图书馆学研究给予资助的基金以国家社会科学基金的影响最大，它与国家自然科学基金资助的图书馆学情报学研究项目一起被称为国家级研究项目，只是后者资助的研究项目数量相对较少。近年来，由于国家开始重视哲学社会科学研究，国家社科基金资助的研究课题数量和资助的金额都有了很大的增加，每年资助的图书馆学研究项目已经达到了40个以上，基本上能够涵盖当时我国图书馆学研究领域中的热点问题。[2]但是，我们也不难发现，由国家社科基金立项的图书馆学研究课题比较偏重应用研究，而图书馆学理论研究，特别是基础理论研究却没有得到应有的支持，这不能不使我们感到有些遗憾！

从近年来全国哲学社会科学规划办公室发布的《课题指南》看，也是过多地注重了应用性研究，存在着忽视基础理论研究的倾向，这是应当注意并改变的，因为它不利于我国图书馆学的长远发展。我们知道，应用性研究容易出成果，有立竿见影的实用价值，但它们却大多具有时效性，难以形成长远的或永恒的学术价值。长此以往，如果不重视、不进行基础理论的研究，学术就变成了技术，图书馆学的人文精神就会丧失，还会导致理论的贫乏。而没有理论做指导的研究是不能算作真正研究的。在这种情况下，图书馆学就只有借助别人的理论来“说事儿”，这也许就是为什么当前我国许多图书馆学研究者在研究中几乎言必称“国外”或“西方”如何如何的一个重要原因。而作为权威性、指导性的《课题指南》，它所倡导的图书馆学研究选题的倾向性，对于我国图书馆学的研究无疑具有导向作用。特别是在我国图书馆学研究急功近利风气日盛的情况下，《课题指南》如果仍然只是一味倡导应用性研究而忽视基础理论研究，那无异于是火上浇油。因此，笔者认为，国家哲学社会科学规划办公室在制定《课题指南》及其在最后确定社科基金资助项目时，在应用性研究与基础理论研究的安排上，应该保持一个适当的比例，而不应有所偏废。

为此，笔者建议，为了对我国图书馆学研究进行宏观调控，各种研究基金在对图书馆学研究课题进行评审和立项时，一定要把真正对中国图书馆事业发展有重大理论意义和实践意义的项目放在优先的位置给予支持，尤其要注意对中国特色图书馆学的理论研究给予重点支持。

此外,由于各种研究基金资助的图书馆学研究项目大多不能依靠一个人的力量独立完成,往往需要一个研究团队共同参与,因此,我们应该鼓励不同学术背景、来自不同工作岗位的研究者联合组成研究集体,共同承担图书馆学研究项目的申报和研究工作,打破过去高校图书馆学专业教师与图书馆实际工作者之间在图书馆学研究活动中的隔离与平行,互相取长补短,从而取得理论上有较高水平、实践上有较强操作性的图书馆学研究成果,提高研究基金的使用效益。

3 制定科学评价标准,对图书馆学创新性成果予以充分肯定

对广大图书馆学研究者来说,以什么样的标准来评价他们的研究成果,将对他们的研究取向产生重要的影响,并可能直接影响到他们从事图书馆学研究的积极性。因此,作为一种对图书馆学研究进行宏观调控的方式,评价标准也可以成为激励、引导图书馆学研究者选择具有重大现实意义的理论和应用课题进行研究的手段。为了进一步推进中国特色图书馆学的建设,我们有必要制定科学的评价标准,把图书馆学研究是否具有重大现实意义、能否解决图书馆事业发展中的重大问题纳入图书馆学成果的评价体系,即凡是以当前我国图书馆事业发展中各种急需解决的重大问题为基本研究客体而进行的研究,都应该给以充分的肯定;在对图书馆学重大理论问题和实践问题研究中取得的创新性研究成果,则应该予以适当的奖励。只有这样,才能激发广大图书馆学研究者从事图书馆学研究的主动性,努力追求理论和方法的创新,减少研究内容的低水平重复。

图书馆学研究者以当前图书馆事业中亟须解决的重大问题为研究对象而取得的研究成果,既可以是理论性的成果,也可以是应用性的成果。通常,应用性成果的评价标准比较容易制定,主要是看这一类成果是否能为解决我国图书馆实践中的具体问题提供有效的技术和方法,是否能够产生有益于我国图书馆事业或图书馆工作运行与发展的效应,以及由此带来的社会效益与经济效益的程度与范围等。而对于与应用性研究取向不同的理论研究成果的评价标准的制定,则相对比较复杂。但笔者认为,作为图书馆学研究理论成果的评价标准,最重要的就是看它是否具有创新性,因为图书馆学理论研究本身应该是创新性

研究。这样,理论性研究成果的评价标准至少就有了三方面的内容[3]:第一,研究成果在理论上是否有新的贡献,是否形成了具有中国特色的、能够解释中国本土图书馆现象的新观点和新理论。即研究成果是否能够对已经出现或将要出现的图书馆现象的萌芽、变迁过程的原因、后果等作出以往理论难以作出的本质性解释,并据此为中国图书馆事业的发展提出正确的建议。第二,研究成果是否提供了新的研究方法,即是否形成了符合中国图书馆实际和符合中国社会文化心理特征的新的有效的图书馆学研究方法和技术。尽管这样的研究成果本身并不一定能够直接用来解释图书馆现象,但它却提供了新的符合中国图书馆实际的研究方法,它能够提高图书馆学研究的效率,增强图书馆学研究成果的可靠性和有效性。第三,研究成果是否提供了有关中国图书馆学发展历史的新材料,即研究成果是否有对中国图书馆事业、中国图书馆学发展史的新发现,可以修正以前的研究结论,或者为后人的研究提供新的论据或资料。显然,只要具备其中之一的研究成果,我们都可以说它具有创新性。

总之,科学的图书馆学研究成果的评价标准,应该以是否具有对我国图书馆现象的解释价值和对我国图书馆事业发展的预测价值为依据,以是否能够解决我国图书馆事业发展中的现实问题为目的,以是否对中国特色图书馆学的建设有促进作用为核心。建议中国图书馆学会学术委员会研究制订中国图书馆学成果的评价标准,并定期分级对图书馆学研究成果进行评奖。有理由相信,通过对创新性图书馆学研究成果的肯定与表彰,必将对我国图书馆学研究者的研究活动起到非常好的导向作用。

4 重点扶持若干研究机构,形成图书馆学研究基地

目前,我国从事图书馆学研究的机构主要有高等学校的图书馆学系(专业)和一些大型图书馆中相应的研究部门(如国家图书馆的“图书馆发展研究院”)。虽然这些机构不是具有法人地位的独立建制的研究院(所),但它们仍然成为了我国图书馆学研究的主导力量,代表着我国图书馆学研究的较高水平。不过,我们也必须承认,即使是在这些机构之间,由于各方面的原因,它们在研究力量、研究取向、研究水平等方面都还存在着不同程度的差异,取得的研究成果及其在社会上的影响也各不相同。因此,为了进一步推进中国特色图书馆学的建设,更好地发挥图书馆学研究机构的群体研究效应,我们应该在科学

评估的基础上，择优重点扶持若干个研究力量雄厚、学术水平较高、原创性取向明显的机构，给予一定的人、财、物力支持，使它们尽快成为我国图书馆学的研究基地，承担起我国图书馆学研究“国家队”的任务。

这样做的好处是，有助于形成我国图书馆学研究的规模效应。过去，我国图书馆学研究的分散化，使得有限的研究资源无法集中，研究力量各自为政，削弱了整体研究的实力，一些大型的、有影响的研究项目无法开展，同时还造成了许多研究者低水平重复进行同样的研究，使我国图书馆学研究效益很低。如果我们重点扶持起几个力量雄厚、水平较高的图书馆学研究机构，则可以迅速改变图书馆学目前这种分散的研究状况。在这些图书馆学研究机构中，我们可以集中人力、财力、物力，选择对我国图书馆事业发展有重大影响的理论问题和实践问题，利用集体的智慧协同攻关、深入研究；而这些机构中的研究人员在知识结构、专业结构、年龄结构等方面的互补性，又可以保证高水平的图书馆学研究成果更加容易取得，由此产生的图书馆学研究规模效应，对中国特色图书馆学的建设无疑会起到极大的推动作用。

另一方面，这样做还有助于形成具有中国特色的图书馆学学派。我们知道，我国图书馆学发展的目标之一，是要形成具有中国特色的图书馆学学派，使我国的图书馆学能够在世界图书馆学领域中占有一席之地。[4]但图书馆学学术流派的形成，从来不是靠某一个人的努力，单枪匹马就可以实现，而是要有一群在研究兴趣、方法、观念、范式等方面具有相似性或相近性的图书馆学研究者，为了同一个目标，通过前赴后继、长期不懈的理论研究和应用研究才能完成。美国的图书馆学之所以从20世纪二三十年代开始就在世界图书馆学研究领域牢牢地占据了主导地位，一个重要原因就在于它连续出现了几个在世界上很有影响的、具有鲜明美国特色的图书馆学学派，如芝加哥大学图书馆学院就产生了著名的“芝加哥学派”等。[5]因此，在我国高校图书馆学院系和大型图书馆中，有选择地重点扶持若干个专门的图书馆学研究机构，无疑有助于从人力、物力、财力等方面保证这些机构持续不断地将它们有特色的研究进行下去，并保持它们独特的研究风格，最终形成有一定影响的具有中国特色的图书馆学理论、方法和学派。

参考文献

[1]刘兹恒．也谈图书馆学的研究规范．图书与情报，2005(5)

[2]黄晓斌．我国图书馆、情报与文献学研究热点的发展——近年来国家社会科学基金立项

项目的分析. 情报资料工作,2003(1)
[3]郑杭生, 王万俊. 二十世纪中国的社会学本土化. 党建读物出版社, 2000
[4]吴慰慈. 图书馆学学科建设要本土化. 图书情报工作,1998(1)
[5]黄纯元. 论芝加哥学派. 图书馆,1997(6),1998(1)(2)

图书馆界学术研究问题之我见*

邹荫生(广东省立中山图书馆)

图书馆界的学术研究和图书馆事业的发展紧密相关。改革开放以来,随着图书馆事业的快速发展,国家、各部委及各省市有关图书馆学、图书馆事业等方面的科研课题、项目数量逐年增加,学术刊物现已有四十多种,每年发文一万多篇,近些年出版的学术著作、教材数量之多也前所未有;学术思想、学术观点、学术气氛异常活跃,呈现出百花齐放、百家争鸣的景象;区域性、全国性、国际的学术交流活动此起彼伏;学术研究队伍不断扩大,不少中青年已成为学术骨干,有些人已成为学科、学术带头人;学风建设也取得一些成效。近年从头至尾抄袭全文现象大大减少,因学术争鸣而伤和气的现象也较为罕见,业界一些科研课题的研究成果,涌现的某些新理念、新观点、新举措,对活跃学术研究气氛、引导和促进我国图书馆事业的深入发展起到了不小的作用。

我们在充分肯定近几年我国图书馆界学术研究和学风建设取得长足进步的同时,也应当清醒看到并认真对待在此方面存在的一些问题,这些问题若不引起上级有关部门领导和业界同仁足够重视并尽早解决、改正,将很不利于图书馆事业的健康发展。

笔者虽在业界从业多年,但学术功底很薄,对图书馆学的研究甚浅,对业界学术研究问题的看法也不全面,有些意见甚至可能有错误,本着"言者无罪,闻者足戒"和抛砖引玉的想法,对此问题实话实说,谈谈个人的一孔之见,请业内同仁对所指问题勿对号入座,恳请专家、学者指正。

1 业界学术研究存在问题及克服路径

1.1 业界学术研究存在的一些问题

关于业界学术研究存在问题,近几年业内已有不少有识之士发表过很多很

---

* 本文系作者从《全国新书目》2007 年第 18 期"直言图苑学术研究问题——兼谈人生感怀"一文删改、整理而成。

好的意见，著名图书馆学家、原南京图书馆馆长卢子博研究馆员发表在《图书馆论坛》2003 年第 6 期的《直面图书馆界学术研究诸现象》一文，对此问题又作了较为详细的阐述和分析。我非常赞同卢子博老先生的观点和意见，在此再作些补充。一是一些研究者的研究内容有些脱离实际，有的可说是“无病呻吟”、“隔靴搔痒”或无的放矢，对图书馆实际工作很难具有指导价值。二是有些研究者的研究方法有问题，常常是坐在书斋里，主要依赖于资料来进行研究，未深入图书馆的第一线，未作调查研究，所以写出的论文缺乏真知灼见。三是有少数一些学术论文作者故弄玄虚，玩文字游戏，字句虚幻抽象、云山雾罩，文章中出现的一大串数学公式、图表、符号、外来语、其他学科的名词术语等叫人看不懂。有的长文洋洋一两万言，空话、虚话、洋话、古话不少，让人很难看下去。不久前我在电话中与原甘肃图书馆老馆长潘寅生研究馆员谈到自己可能是学术水平低，有时很难看懂，所以很少看完某些过于高深、虚幻的长文。不料著名图书馆专家潘先生亦有同感。四是业界有些学者的学术思想、学术观点过于前卫，过于超前，有些字句欠推敲，有点绝对化。五是有时学术气氛欠和谐。学术争鸣时对学术观点进行热烈争论，以理服人，这是正常现象，但业界亦偶见一些学者在学术论辩时，有时情绪偏激，有损双方的和气。六是业界有些人学风不够纯正。科研课题、项目研究成果和学术论文署名欠真实，挂名现象并不鲜见；学术论文的引用文献不够规范，不够真实，有的引了未注，有的注了未引。七是有些科研课题成果鉴定会和学位论文答辩会流于形式。有些科研课题成果鉴定会，硕士、博士学位论文鉴定和答辩会的参会人员，一些是与举办方联系较密切的专家、学者、熟人。一些科研课题成果的鉴定意见，对研究成果的评价偏高。八是有些学术会议重形式，轻内容，收效不是很大。近几年某些系统或省召开的一些学术年会，论题较大，内容较宽，名人讲得较多，年青人和来自图书馆第一线的参会者说得较少，会期天数不多，又要安排其他活动，所以真正学术研讨的时间不是很多。

1.2 克服业界学术研究存在问题的路径

冰冻三尺非一日之寒。要克服上述存在问题也非一日之功。对克服业界学术研究存在问题，业内早已有不少专家、学者、有识之士提出过一些良策。本人认为：一是要不断提高业界学术研究者的思想品德、学术素养，端正学术态度，克服名利思想与浮躁情绪。二是业界有关部门领导和业内同仁要克服科研课题、学术论文重数量、轻质量，重学术价值、轻应用价值等倾向。三是科研课题内容确定与研究人员选定、科研成果鉴定等要增强科学性,增加透明度。科研课题的选题应多选取来自图书馆第一线亟待探讨的课题,注意克服科研课题研究者有时过于集中在某几个单位,而不少多年在图书馆第一线工作并具有较强学术研究能力的人,却很难拿到国家或省、市一级的科研课题的现象。我认为应适当增加国家级和省、市级科研课题的数量,每年应有一定数量的科研课题,向这些在易被遗忘的学术研究角落工作的研究人员倾斜。四是加强学风建设,大力提倡理论联系实际、实事求是的学风。另外在学术活动、学术论文审读和编辑出版时,要注意识假、打假,对一些违反学术道德的丑陋行为,进行适度曝光。五是改革现有的学术研究成果、硕士及博士论文评审机制,有条件的省、市和部门,最好能尽早实施异地、异校评审,实行评审专家匿名评审。

2 图书馆学刊物稿件质量问题和克服存在问题的"药方"

2.1 图书馆学刊物稿件质量存在的一些问题

笔者于1994年8月起任《图书馆论坛》编辑部主任兼常务副主编,2005年11月退休返聘,现仍任该刊常务副主编。13年来看过的稿件不少,其中看过的好稿不下几千篇。总的印象是质量很高的稿件不多,质量一般和质量不高的稿件较多。稿件质量主要存在如下一些问题。

(1)选题不好。选了一些现已过时的选题,例如:"图书馆与信息高速公路"、"知识经济与图书馆"等;选了一些脱离图书馆实际的选题;选了自己不熟悉或专业知识缺乏的选题;选了内容范围过宽或过窄的选题。

(2)题名不妥。题不对文,张冠李戴,题目名称与论文内容不相符;题目太大或太小。例如:"中外信息资源开发利用探讨"、"对我馆信息部剪报工作的思考"。

(3)内容空洞。有的稿件作者写的很多是空话、套话、虚话、旧话,别人已说过数百次甚至数千次的老话,内容缺乏新意和深度,很多内容看来是来稿者从网上链接过来,东拼西凑而成的。

(4)论点与论据脱节。例如:论点是人才资源是图书馆的第一资源,而在文中却未论证此论点,而大谈信息资源的重要性。

(5)前后脱节。论文前言阐述的内容与后面的内容无逻辑关联,反之论文后面的结论又与论文前面的内容脱节。

(6)本末倒置。应该写的东西写得很少或未写，可少写或可不写的东西却写得很多。

(7)不是论文稿件。有的稿件题材、格式不是论文稿件，而是工作总结、工作体会、通讯报道、内容简介、教材节录等。例如："我馆借阅部2006年工作总结"、"我馆在馆藏文献资源数字化的道路上大步前进"等等。

(8)文句不通。有些稿件的一些文句不通顺，标点符号用得不当，甚至有不少错字、漏字、病句，叫人看起来很费神。

(9)格式欠规范。有不少稿件的打印格式欠规范。有的缺摘要、关键词，有的未列参考文献或缺某些项目。

(10)请人代写，一稿多投。有个别来稿者的稿件多半是托人写的，编辑叫他修改某些内容时，一问三不知。也有一些作者为使稿件能尽早被刊物录用，采取一稿多投。

还有托熟人在其稿件上挂名，找名人排名，找关系推荐稿件，为评职称而急就章等现象。因时间所限，在此就不赘述了。

2.2 图书馆学刊物稿件质量存在诸多问题的原因

一是由于有些来稿者缺乏图书馆学论文写作的知识；二是由于有些来稿者缺乏学术研究应具有的严肃认真、刻苦钻研、精益求精的精神，对稿件内容、字句等未反复推敲，多次修改；三是为评职称等，为了达到规定所需发表论文数量而急就章（有相当数量的来稿都是为评职称而写的）；四是由于目前业界学风还不够纯正，对代写稿件、挂名、变相抄袭等丑陋行为，尚未形成老鼠过街人人喊打、群起而批的局面；五是由于图书馆界有些刊物对稿件的审定时间过长，未及时与稿件作者沟通有关信息。

2.3 克服稿件质量存在问题应采取的对策措施

要克服来稿中上述种种存在问题不是指日可待的事。要逐步克服上述存在问题，我认为可采取如下一些对策和措施：一是在业界普及图书馆学论文写作的知识和写作技巧，在图书馆学刊物或在各图书馆举办论文写作讲座。二是在政策层面上克服重论文数量轻论文质量的倾向。对申评中级职称者的论文要求，不一定非要在正式刊物上发表，只要在本馆学术研讨会上宣读有一定质量的论文即可；对申评副高职称者的论文，不一定非要在核心期刊发表多少篇论文，只要求写出几篇理论联系实际的论文，在馆级以上学术研讨会上宣读1

篇论文并在正式刊物上发表2篇以上论文即可。对申报研究馆员职称者的论文要求则应高一些,应在核心期刊上独立发表数篇具有较高学术价值和应用价值的论文。三是提高业界从业人员的思想道德品质、学术素养;大力提倡理论联系实际,说实话、真话,做实事,写实文的学风。四是业界刊物除了录用有较高学术价值的理论研究稿件,还应多录用有关实践研究并具有一定应用价值、参考价值的好稿。编审人员应急作者之所急,想作者之所想,提高工作效率,尽量缩短稿件审定时间,加强与作者的信息沟通,及时告知稿件处理意见。五是为了克服一些人因评职称而急就章,以致不少稿件质量不高,建议图书资料专业职称搞两个系列。一个系列是现有的助馆—馆员—副研究馆员—研究馆员系列。少数在大中型图书馆学术性较强部门工作并具有一定学术素养的人,申评职称可走此职称系列。另一系列是助馆—馆员—高级馆员—资深馆员系列。业界大部分从业人员,特别是中小型图书馆的大部分员工,在图书馆主要是从事实际工作,他们中有相当数量的人,由于工作岗位性质、年龄、学术、外语、学术水平等原因,申评现有的研究系列职称确有困难,建议这部分从业者走助馆—馆员—高级馆员—资深馆员职称系列。评此职称系列的相应职称,应主要看实际工作能力和工作业绩,对学术和外语水平的要求应适当降低,发表论文的数量评职称时只作参考,不作硬性要求。

图书馆工作是干出来的,不是写出来的。评职称应主要看业绩,而不应主要看论文的学术质量。近年来上级有关单位和不少有识之士对此的认识和看法逐渐趋于一致。据2007年9月11日《广州日报》报道,日前深圳市人事局向媒体宣布:深圳今年在创新型人才专业技术资格认定上将面临重大改革。以前诸多对评定职称的硬性要求取消或被修改。此次改革首先对论文、著作要求采取了实事求是的处理方法,评职称不强求发表论文,也可用专项技术分析报告代替。新办法规定创新型专业技术人员可以提交公开发表的论文、著作,也可以提交两篇以上本人撰写、与工作岗位相关且由单位作出鉴定意见的专项技术分析报告代替论文。职称评审搞两个系列,一是切合目前图书馆工作和现有从业人员的实际状况,对广大从业者和图书馆事业的发展都有利和有益;二是从根本上克服了图书馆界刊物目前来稿数量过多和稿件质量存在的诸多问题。

参考文献

[1]卢子博.直面图书馆界学术研究诸现象.图书馆论坛,2003(6)
[2]刘兹恒.强化图书馆学研究者的主体意识.图书馆论坛,2005(6)

[3]谭祥金.联合图书馆模式的创新之路.图书馆论坛,2007(5)
[4]李昭醇,邹荫生.图书馆论坛"从业抒怀"选集.花城出版社,2006
[5]邹荫生.对图书馆界若干问题的思考.图书馆论坛,2001(6)
[6]刘君达,欧阳坚.评职称不强求发表论文.广州日报,2007-09-11(A22)

图书馆学基础理论研究的开拓与创新

尹鸿博(河南大学文献信息研究所)

图书馆学基础理论研究十分重要,它关系到图书馆学科的前途和命运。在新的世纪,对图书馆学未来的发展进行开拓与创新是很有意义的。本文拟就以下几个方面的问题谈一些看法。

1　图书馆学的研究对象、定义和性质

研究对象问题一直是一个敏感的问题,对于它的探索和争论贯穿于图书馆学发展的全过程。对于研究对象的确定,决定着学科的发展方向。

"科学研究的区分,就是根据科学对象所具有的特殊的矛盾性。因此,对于某一现象的领域所特有的某一种矛盾的研究,就构成某一门学科的对象。"毛泽东的这段话为我们认识图书馆学的研究对象指明了方向。

什么是图书馆的主要矛盾,同时又是图书馆特有的矛盾呢?我们还得从图书馆的基本职能入手。图书馆的基本职能是对记录着文化知识的各种物质载体进行收集、整理、保存和传播。图书馆的基本职能可以概括为图书馆的文化知识功能。图书馆的文化知识功能发挥的过程中,必然遇到各种阻力,出现各种问题,也就是说图书馆在对文化知识的收集、整理、保存和传播的过程中,必然会出现各种矛盾冲突,这才是图书馆的主要矛盾,也是图书馆的特有矛盾。因此,图书馆学的研究对象是图书馆的文化知识功能,是图书馆对文化知识的收集、整理、保存和传播。图书馆是一个收集、整理、保存和传播文化知识的系统。由此可以导出图书馆学的定义:图书馆学是一门研究图书馆文化知识功能的科学。进一步可以导出图书馆学的学科性质:文化知识的收集、整理、保存和传播是一种社会现象,因此,图书馆学隶属于社会科学。

当然,图书馆学也可以逐渐扩大或变更它的研究领域和研究内容。也许真有那么一天,图书馆学会把数字图书馆、甚至因特网整个收入它的囊中。不过,到那时恐怕我们真得把图书馆学更名为别的什么学了。但愿,图书馆学不会因

此失去了自我。

2 图书馆学的体系结构和分支学科

图书馆学可分为两部分：理论部分和技术部分。

- 图书馆学
  - 理论图书馆学
    - 图书馆学导论
    - 图书馆学史
    - 比较图书馆学
    - 图书馆文化学
    - 图书馆知识学
  - 应用图书馆学
    - 藏书学
    - 目录学
    - 读者学
    - 检索学

图书馆文化学的内容主要包括图书馆文化保存学、图书馆文化传播学、图书馆文化教育学、图书馆文化娱乐学等。

图书馆知识学研究知识的收集、整理、保存和传播。

藏书学包括3个部分的内容。第一个部分是藏书学基础理论，主要有：①藏书、藏书建设、藏书学的概念；②藏书学的研究对象和体系结构；③藏书学的性质与相关学科；④藏书学的研究方法。第二部分的内容是藏书史和藏书思想史。分为中国藏书史和世界藏书史，中国藏书思想史和世界藏书思想史。第三部分是藏书学的分支学科，包括图书采访学、藏书组织学、藏书保护学、藏书利用学和虚拟馆藏学。

藏书是指由图书馆、社会及家庭所收集和保存的图书。这里图书的概念是广义的，包括记录着知识的各种物质载体。藏书包括电子版图书、计算机磁盘、光盘等。藏书分为图书馆藏书、社会藏书和家庭藏书。图书馆藏书是指图书馆和情报机构等信息系统收集和保存的图书。社会藏书是指国家机关、社会团体和企事业单位收集和保存的图书。家庭藏书是指公民个人收集和保存的图书。

藏书建设或文献资源建设，是指长时间、系统地对图书进行收集、加工、整理和保存的活动。

藏书学是研究图书收藏、管理和利用的科学。藏书学的研究对象是图书馆、社会和家庭对于图书的收集、整理、保存和利用。

藏书学不仅研究“藏”,而且研究“用”。它的分支学科藏书利用学,就是专门研究藏书利用的学问,研究怎样把藏书组织成便于利用的形式。“藏”是为了“用”,“藏”是为了更好地“用”。“藏”是“用”的物质基础,没有“藏”何“用”之有?“藏”的问题搞好了,“用”就呼之欲出了。

藏书利用学还要研究藏书的揭示,藏书内容的检索和导读工作。与读者学的部分内容相交叉,但侧重点各有不同。藏书利用学的侧重点在藏书方面,而不在读者方面。藏书学是“为书找人”,而读者学是“为人找书”。

虚拟馆藏学主要研究怎样建立图书馆的“虚拟馆藏”,以及怎样在网上获取并长期有效地保存信息资源。

藏书学是一门技术性、实践性很强的应用学科。它产生于图书馆学内部,并隶属于图书馆学,但是它对于社会藏书和家庭藏书的研究,又超出了图书馆学的范围,显示出它将是一门独立学科的特性。

检索学研究信息的查找方法,包括文献信息和网络信息等。

3 图书馆学方法论

图书馆学的研究方法主要有调查法、观察法、实验法、统计法、假设法、比较法、分类法、类比法、分析法、综合法、归纳法、演绎法、数学法、历史法、系统论法、控制论法、信息论法和移植法等等。

我看了一些图书馆学的专著和一些谈研究方法的论文,我觉得大家谈的研究方法很多,也很好,在进行图书馆学研究时也很管用。可是认真想起来,这些研究方法都不是图书馆学特有的方法。有的是各门学科通用的方法,如数学法和比较法。有的是别的学科特有的方法引进图书馆学的,如控制论方法、信息论方法等等。

什么是图书馆学特有的研究方法呢?研究图书馆学最好的方法,是到图书馆去实际工作一段时间。这种研究方法,我把它叫做“馆内考察法”。它不同于社会学的“调查法”,采取填表、问卷等方式,也不同于人类学的“田野调查法”,住进土著人的部落,完全是一个观察者的身份。它是实际参与图书馆的工作,用几个月甚至更长的时间,亲身感受图书馆员的生活,不是做“观众”,而是做“演员”,要真正参与进去。这样图书馆学研究者会收集到大量有用的资料,会发现许多亟待解决的问题。这样研究出来的理论才不会脱离实际,才是真正有用的理论。

4 图书馆观

图书馆观,是图书馆学的理论基石。图书馆观,体现出办馆思想和办馆理念,决定着图书馆的前途和发展方向。图书馆观是动态的,与时俱进的。新时期,应该有新的图书馆观。

我们的图书馆观是:

图书馆应注意馆藏质量和特色,重视虚拟馆藏的建设;尽量满足读者的信息需求,自由、平等、免费使用图书馆;科学、有效、充满人文关怀的管理;高素质的馆员群体;设计合理的馆舍,功能齐全的设备,绿化、美化和人性化的环境;加强馆际交流与合作,不局限于一馆的藏书与服务,努力实现资源共享,消弭数字鸿沟。

好的图书馆应该在本国或本地区的发展中起到积极的促进作用,在社会政治、经济、科学、文化、教育等方面有效地发挥收集、整理、保存和传递文化知识的作用。由于该图书馆的存在,加速了该国或该地区的建设和开发,促进该国或该地区以人为本,全面、协调、可持续发展,为社会和谐作出贡献。

我们应该重视图书馆观的形成和发展,加强这方面的研究,丰富图书馆学的基础理论。

5 图书馆的文化功能

文化是一个外延十分广泛的概念,包括了人类创造的一切成果——精神财富和物质财富。文化的定义有三百种之多,迄今没有定论,可见文化是一个十分复杂的研究领域。笔者倾向于文化是精神财富和物质财富的总和这种说法。

文化交流是人类每日每时进行的活动。学校、广播电视、科研机构、企事业单位、政府机构、民间团体等等,无一不在进行着文化的交流。

人类创造了灿烂的文化,但文化的保存和传播却是一件困难的事情。文化具有失传性和封闭性。为了使文化能够得到保存和传播,就必须使之物化,使之客体化。也就是说文化的保存和传播要借助一定的物质载体。譬如,我们考古发掘出土的各种文物，如瓷器、青铜器、丝织品和文献等，均反映出一个时代的文化。又如当前我们引进西方的各种技术设备和各种文献资料，均反映出西方现代文化的面貌。文献是人们保存和传播文化的主要方式，而大量文献的收集、整理、保藏和利用导致图书馆的产生和发展。图书馆是人类为了解决文化失传和封闭问题而创造的一种工具。

5.1 图书馆是人类记忆的工具

由于人类有记忆的工具，才使知识得以保存。从结绳记事到文字、图书的产生，人类记忆的物质载体不断发展，最终产生了图书馆这一人类体外的记忆装置。

图书馆在古代担负着保存文化载体的职能。人类在文化交流中有两种形式：一是口头交流，一是实物交流。这两种形式后来被称为非正式的交流形式。口头的交流是信息、知识、思想的交流。实物的交流是产品和商品的交流。而这种产品和商品是人类文化的物化。这种口头和实物的交流虽然具有迅速直观、简明等特点，但是也具有不易保存、容易失传等特点。

人类为了使自己创造的文化得以永久的、有效的保存，发明了文字和载体，产生了文献。文献是由知识内容、记录载体和记录符号三要素组成。

文献的产生使人类的文化得以世代相传，文化交流有了正式的方式。由于文献的大量产生和积聚，就使得必须建立收藏文献的场所和专门从事文献工作的人员。因此，图书馆就应运而生了。

图书馆从其产生起，就是作为人类记忆的工具而存在的。图书馆在文化交流中的作用，主要表现为克服遗忘。

5.2 图书馆是人类文化遗产的保存基地

人类祖先创造的精神财富和物质财富被世代相传，成为一种文化遗产。这种文化遗产以文献的形式被保存了下来，主要在图书馆里。

几千年来，人类在改造自然和社会的斗争中积累了丰富的经验和知识，这些经验和知识完全靠记忆和口传是不可能保存下来的，只有将它们用文字记录在一定的物质载体上，才能永久保存下来。正是人类保存文化的需要，才产生了图书馆。图书馆广泛、全面地收集各种记录人类经验、知识的载体，并且进行加工、整理，使其能长期地、系统地保存下来。因此，图书馆保存人类文化的职能是很明显的。假如没有图书馆，我们绝不可能继承我们祖先五千年的灿烂文化。甚至于,如果没有图书馆及其文化职能,五千年的文化本身也是难以想象的。人类只能长期处于不发达的原始状态中。没有图书馆,就不可能有人类文化的继承,人类就永远无法摆脱文化遗忘、文化失传和文化封闭。

图书馆在人类社会发展史上和科学技术发展史上,有着不可磨灭的伟大功绩。由于有了图书馆保存文化,人类历史上的每一代人才能利用前人已取得的成就,并在此基础上再前进一步,又将取得的新的经验、知识,添加到人类知识宝库中去。人类社会就是这样一步步发展到今天的。现在高度发达的科学技术,就是不断吸取前人的知识、经验,经过不断实践,一步步发展起来的。

图书馆是保存人类精神财富的宝库,它在整个社会系统中占有任何其他社会机构所不能代替的重要地位。图书馆的这种最广泛、最完整地保存人类精神财富的职能,是任何其他社会机构所没有的,是图书馆特有的。各种图书馆尽管所处的年代不同,社会制度不同,性质不同,收藏文献的范围和方式不同,但总的来说,对人类精神财富都有收集、保存的任务。

图书馆的这一职能,是图书馆其他一切职能的物质基础和工作前提。没有这一职能,图书馆的其他职能就不可能得到发挥。

图书馆文化保存学的任务,就是要研究图书馆怎样经常全面地搜集、积累,妥善地整理、保存本国的和别国的文化典籍、革命文献、科学著作,以及一切有价值的图书资料,使人类文化遗产能够永久地被人们所利用,最终避免一切有价值的文化财富的失传和埋没。

5.3 图书馆是人类文化交流和文化建设的重要机构

文化传播即文化交流。文化交流是图书馆的另一重要职能。图书馆保存文化的目的是为了利用,利用就产生了交流。交流包括横向与纵向两种形式。横向的交流是空间意义上的交流,包括各地区、各民族、各国家之间的交流。纵向的交流,是一种时间意义上的交流,指后人继承前人的交流。

图书馆文化交流,在古代多表现为经验和知识的交流,在近现代多表现为科学技术信息的交流。

综观中外图书馆发展的全过程,我们可以清楚地看到,图书馆在社会文化交流中有着多么重要的地位和作用。以上论述的三方面是中外图书馆的共同之处。当然,在人类发展的各个不同时期,中外图书馆也有着各自不同的特点,然而图书馆的文化功能却基本上是相同的。

5.4 图书馆文化系统工程

图书馆是社会文化生活中不可缺少的文化设施,是文化建设的重要组成部分。图书馆是文化大系统的一个子系统。所以,图书馆事业的建设与发展,与文化建设有着十分密切的关系。

系统工程是与发展和改进一种复杂系统相联系的工程程序,着重于新系统的设计,使原有作业得到改革或开辟新的作业和服务。它必须在系统哲学和系统分析这两种方法的基础上进行。它包含初步设计、详细设计和系统的运行计划等3个阶段。初步设计阶段主要是评价并选择设计方案,拟定初步设计和测试说明。详细设计阶段主要是拟定详细说明、准备图纸、建造原型、子系统整体化、测试制度等等。系统的运行计划阶段主要是培训人员、制订计划、设备维修保养、物质和生活供应以及现场修正等。

图书馆文化系统工程,就是从整体上规划一个地区、一个国家,乃至国际的图书馆文化建设。有利于统一指挥与管理,便于实现国际书目控制和实现国际文献资源共享,有利于国际文化交流的开展。

5.5 图书馆文化教育

图书馆是一种重要的教育手段,是社会化教育的基地,是自学的场所,是教育终身化的必要物质条件。要极大地提高全民族的科学文化水平,仅仅依靠学校教育是不够的。图书馆使文化教育事业的范围得到扩展。图书馆的文化教育作用,主要是通过向读者提供图书的方式实现的。

5.6 图书馆文化娱乐

图书馆是社会文化娱乐中心。图书馆藏有大量优秀的文化艺术作品,美术、摄影作品,各种通俗读物、科普读物、儿童读物,科学、艺术电影片和录像片,音乐唱片,录音磁带,软盘和光盘等各种载体的文献资料。这些文献资料一旦提供读者充分利用,便可起到文化娱乐的作用。这种文化娱乐能使人们在紧张的劳动之余,得到休息和满足,获得生活的乐趣和发奋工作的热情,在美的享受中陶冶性情,增长科学文化知识,更加热爱科学和艺术,热爱生活和劳动。

本文从以上5个方面论述了图书馆学基础理论的部分内容,由于篇幅所限和本人水平所限,难免挂一漏万,错误和不当之处,欢迎批评指正。

参考文献

[1]毛泽东. 毛泽东选集(一卷本). 人民出版社,1964
[2]黄宗忠. 试谈图书馆的藏与用. 武汉大学学报(社科版),1962(2)
[3]黄宗忠. 图书馆学导论. 武汉大学出版社,1988
[4]陈锡岳,林基鸿. 名人与图书馆. 天津人民出版社,1993
[5]徐引篪,霍国庆. 现代图书馆学理论. 北京图书馆出版社,1999
[6]黄宗忠. 文献信息学. 科学技术文献出版社,1992
[7]孟广均等. 信息资源管理导论. 科学出版社,1998
[8]王文举. 信息学概论. 中国商业出版社,1995
[9]袁咏秋,李家乔. 外国图书馆学名著选读. 北京大学出版社,1988
[10]文化部图书馆事业管理局. 列宁论图书馆事业. 书目文献出版社,1984
[11](印)阮冈纳赞. 图书馆学五定律. 书目文献出版社,1988
[12]尹鸿博. 怎样评价图书馆. 图书与情报,1991(2)
[13]王涛. 寻找图书馆学的灵根——图书馆哲学初探. 情报资料工作,2003(4)
[14]谢灼华. 中国图书史与中国图书馆史. 湖北高校图工委,1985
[15]华东师大图书馆学系. 美国和世界其它地区图书馆事业. 书目文献出版社,1983
[16]王子舟. 图书馆学基础教程. 武汉大学出版社,2003
[17]于良芝. 图书馆学导论. 科学出版社,2003

莫让规范化的实证研究在当今图书馆学研究中缺位

——“当代图书馆员快乐指数”研究的启示

徐建华　李　超(南开大学商学院信息资源管理系)

1　一次成功的实证研究经历

自2006年4月开始,历时一年多,我们结合国家社科基金项目“图书馆事业发展中的科学发展观研究”,在全国范围内开展了“当代图书馆员快乐指数”的实证研究。

“当代图书馆员快乐指数”研究采用的是实证研究中的问卷调查方法。整个问卷分为5个部分,依次为:个人基本信息、快乐指数、工作满意度、组织承诺水平和快乐感受的时间历程。[1]其中快乐指数、工作满意度、组织承诺水平3个规范性的分问卷,是我们在借鉴其他领域以往研究成果的基础上,结合图书馆行业自身特点,作出相应改进而成。为了保证质量,问卷编好后,我们在南开大学图书馆随机选取了22名工作人员进行预测量,对所得数据利用统计软件SPSS13.0进行分析。在此基础上,对题目进行调整,形成正式问卷。

问卷修改成型后,我们利用各种机会,在全国范围内进行偶遇随机抽样。问卷发放采取直接发放、当场填写、当场收回的做法,共发放问卷1400份,回收问卷1234份,回收率达88.1%。从采样的分布区域来看,基本覆盖了北京、东北、东部及东南沿海、中部、西部等不同地域;从图书馆的类型来看,涵盖了公共馆、高校馆和其他馆的所有类型;从被调查馆员的职称来看,包括了助理馆员、馆员、副研究馆员、研究馆员;从职务来看,有普通员工、中层管理人员和高层管理人员三大类,尤其是高层管理者样本量较大,这在其他同类研究中很少见。由于样本量的庞大,整体而言,本次问卷调查的样本基本达到分层抽样的效果,具有广泛的代表性。

问卷回收后，剔除了一部分无效和空白的废卷，将问卷答案编码并录入，然后利用 SPSS13.0 统计软件，采用主成分提取因子法和标准化斜交旋转法进行探索性因素分析，提取了符合要求的相关因子。[2] 同时，对问卷的信度和效度进行检验，结果表明，问卷具有良好的一致性、可靠性和真实性。进而以这些可靠的数据为前提，得出了一系列具有说服力的研究结论。

在此基础之上，我们先后形成了 3 组系列研究成果和一些零星研究论文，已发表两组。第一组以“快乐指数”为中心，6 篇文章，包括主报告，快乐感受，快乐指数，快乐源、痛苦源排序，构建快乐指数回归分析模型，调查问卷规范化，发表于《图书情报工作》2007 年第 6 期；第二组以“工作满意度”为中心，也是 6 篇文章，包括快乐指数对工作满意度影响、工作满意度对组织承诺影响、工作满意度对快乐指数的影响、收入水平对工作满意度影响、不同类型图书馆员工作满意度分析、工作满意度回归分析模型的构建，发表于《图书情报知识》2007 年第 5 期。

我们的这次问卷调查，可以说是图书馆学界近年来第一次从实证角度，运用心理测试手段，大样本量地探究我国图书馆从业者的主观生活质量和职业感受，进而测算我国当代图书馆员“快乐指数”，并努力使整个研究在研究方法上具有示范意义的尝试。因此，在问卷编写、样本取样以及数据分析过程中，努力做到以科学、规范的方式进行。

2 从实证研究的视角看当今的图书馆学研究

一年多的研究是艰苦的，但我们仍乐此不疲，因为我们知道，我们是尝试在图书馆学界开辟出一条规范化实证研究的道路，是有意义的。反观当今图书馆学界的大部分研究，往往带有非常明显或浓厚的主观感悟色彩，普遍缺乏规范性和科学性。大多数文章，仅限于空泛的议论，没有科学而准确的数据作为依据，致使整个研究长期以来一直处于一种等待学术超人，而超人不至，则整体流于低水平重复和徘徊的状态。

尽管实证研究的方法已得到了越来越多研究者的关注，所谓的实证研究文章时有所见，各种各样的问卷也常能看到，然而仔细深究一下，现阶段的研究中，能够做到标准化、规范化的却凤毛麟角。由于研究者专业背景的限制，理论深度不够，操作不规范，技术水平较低，经常会出现错误而随意地使用各类研究方法的情况。如实证研究中的问卷调查，不仅问卷设计不规范，题目组织不标准，样本取样无计划，样本量不足，对于调查所得的数据，也缺乏科学的分析手段，得出的结论自然难以使人信服，研究成果也就无法保证科学和可靠。

实证研究作为一种在科学研究中的普适方法，必有其一定要遵循的基本准则和规范。对于当今图书馆学来说，规范化的实证研究，从某种意义上说，是提升自身整体研究水平的必由之路。只有通过实证研究，用大量真实而可靠的数据来反映当今图书馆的现实，来验证我们所感受到的问题，并在此基础上，提出切实可行的解决方案，才是保障图书馆学研究可持续发展的不二法门。然而，由于实证研究的难度较大，对研究者的要求较高，不仅难以找到一个值得进行大规模调查的合适的领域或议题，同时在问卷设计、样本选择、信度和效度检验、分析工具、分析深度、联通推广、专业水准、合作沟通、体力意志、经费保障等方面，尤其在规范化方面，都有较高的要求，这也就阻碍了实证研究在图书馆学界的规范开展。要解决这个问题，认真、踏实的学习态度，友善、谦恭的合作精神，是十分必要的。

3　实证研究的内容与要求

实证研究的方法，主要包括问卷法、观察法、谈话法、测验法、个案法、实验法等，每一种方法之中也有一些具体的差别。在这些方法之中，问卷调查是使用最普遍的。美国社会学家艾尔·巴比在《社会研究实践》一书中明确强调："问卷是调查研究的支柱。"可以这么说，问卷调查为社会科学研究从定性走向定量，从思辨走向实证，提供了十分关键的实现手段。下面，我们结合本次研究的具体操作，来探讨一下如何进行规范化实证研究中问卷调查的具体要求。

3.1　问卷设计与编制

标准化的调查问卷，必须保证格式的规范化和题目的标准化。标准化的调查问卷，一般由指导语、问题、选项答案、编码及其他资料几部分内容构成。在问卷的编制中，研究者需要严格遵循问卷格式的标准化，以保证在对不同样本的调查中达到调查形式、内容、操作流程的一致性，从而最大限度地降低随机误差的影响，保证调查数据的真实性和代表性。

然而，编制一个标准化的调查问卷，需要耗费大量的时间和精力。自己编制一个全新的量表，是一项耗时、耗资巨大的独立研究任务。因此，在心理学、社会学、管理学的研究中，通常是借鉴别人相关研究的已有问卷，结合自己的需要，加以修改、补充，这样，基本就能保证问卷的质与量。

我们在研究中主要使用了3个分问卷，其中，快乐指数问卷属于自编，工作满意度问卷和组织承诺水平问卷属于借鉴和引用。快乐指数问卷是在对当代图书馆员进行一系列的考察和探讨后设计出的针对图书馆行业从业者主观生活质量的问卷；工作满意度问卷主要借鉴和参考了斯佩克特（Spector，1985）编制的“工作满意度问卷”；组织承诺问卷则借用了 Z. X. Chen 和 A. M. Francesco（2003）编制的针对中国员工的调查问卷。题目的回答方式采用6分评定法：①=非常同意；②=同意；③=有点同意；④=有点不同意；⑤=不同意；⑥=非常不同意。

3.2 题目的标准化

标准化的调查问卷，必须保证题目的标准化。对于题目是否达到标准化，通常要通过信度和效度来检测。信度（reliability）是指测验结果的可靠性和稳定性，即测验结果是否反映了被测者的稳定的、一贯性的真实特征；信度的主要指标包括评分者信度、一致性信度、重测信度三类。效度（validity）是指所测量到的结果是否反映了所想要考察的内容，即该测验所测的是不是它想要测的东西；效度的主要指标包括内容效度、结构效度、效标关联效度三类。

我们对所用的3个问卷，利用 SPSS 13.0 进行探索性因素分析，采用主成分提取因子法和标准化斜交旋转法进行测度，信度与效度上均达到了测验问卷标准化的要求。快乐指数问卷虽属于自编，但其因素分析结果及其信度和效度指标最理想，而工作满意度问卷和组织承诺水平问卷是直接借鉴和引用已经标准化的问卷，经过我们的调整和修改后，其信度和效度指标良好，能够满足本研究的需要。[3]

3.3 调查样本的取样

问卷调查一般是采取抽样调查的方法。抽样是从组成某个总体的所有元素的集合中，按一定的方式选择或抽取一部分元素的过程。抽样方法主要有偶遇抽样、判断抽样、定额抽样、雪球抽样、简单随机抽样、系统抽样、分层抽样、整群抽样和多段抽样等多种。其中，分层抽样的代表性最好，运用也比较普遍。

要保证研究结果对总体解释的客观性和真实性，就必须首先保证样本对总体的代表性。样本的代表性体现在质和量两个方面。质主要反映样本的典型性，而量则是对样本数量的要求。一项可信度为95%的社会调查，要想使调查中的抽样误差不超过5%，那么，其样本量就不能少于400人。

本研究的有效问卷达到1234份，抽样误差不超过3%，充分保证了调查结果的有效性。我们在调查初期采取的是偶遇抽样的方式，但由于大样本的随机取样，减低了各种随机误差的影响，汇总而成的总样本就具有广泛的代表性。调查地区基本包括北京、东北、东部及东南沿海、中部、西部等各个区域，图书馆类型包括公共馆（国家馆、省市馆、地市馆、区县馆）、高校馆和其他馆（科学院、社科院、农科院、党校、中直机关、医院、军队、警察、中小学等）的所有类型。由于样本的代表性较好，从而保证了研究结果对图书馆行业的综合概括力。

3.4 调查资料的统计分析

调查所得的原始资料经过审核、整理与汇总之后，还需要进行系统的统计分析，才能揭示出调查资料所包含的众多信息，得出科学的调查结论。调查分析主要运用相关的统计分析软件，对数据进行方差分析、相关分析、因子分析和回归分析等统计操作，最终得出研究发现。

我们在完成了数据的编码、录入等操作之后，运用SPSS13.0统计软件进行了一系列相关的分析。对“快乐指数”进行了量化的研究，并测算出当代图书馆员“快乐指数”为7.34（10分为满分），得出当今图书馆从业人员的整体快乐水平偏上，整个行业处于比较快乐的心态体验之中的结论。[4][5]此外，我们还探讨了影响图书馆员“快乐指数”、工作满意度的相关因素，分别建立了回归模型，用来进行深入的分析和对发展趋势的预测。

当今图书馆学界，研究者多、名家多、核心期刊多，使得整个理论研究看似热闹。但仔细考察就会发现，这些研究，相当部分的内容都是一种感悟性的，研究方法过于随意，研究结论缺乏实证性的数据支持，致使图书馆学界的学术研究，长期游离于现代学术之林之外，一直处于自拉自唱的尴尬境地。要想改变这种状况，在当今学术的研究中，赢得其他学科在学术上的关注、重视与尊重，学术研究的标准化、规范化，以及在研究方法上与其他学科的接轨，是非常必要的。也就是说，规范化的实证研究是不可缺位的。

对于当今的图书馆学界来说，空谈无益。要想真正解决当今图书馆界存在的问题,切实发展我们的事业,掌握真实的情况,了解准确的消息,除规范化的实证研究之外,别无他途。当然,通过实证研究得出的结论,也有可能并不能使人眼前一亮,有些也仅仅是对现有状况的描述,但我们仍然应该珍视。因为这反映的是真实的现实,是有实证数据支撑的,是可靠的,是能够使大家知其所以然的。

当今的图书馆界,已经到了切实落实胡适之先生所提倡的"多研究些问题,少谈些'主义'"的时代,尤其是以规范的实证方式研究问题的时代。我们真诚地希望,当今图书馆学研究的同仁们,都能够自觉地加入到实证研究的行列中,范围可大可小,领域不拘多少,最重要的是规范。只有这样,方能在可预期的时间内,使我们的事业得到切实的发展。

参考文献

[1]李超,徐建华,霍丽敏,田立忠. 当代图书馆员"快乐指数"调查主报告. 图书情报工作,2007(6)

[2]杜林致,宋颖,秦阳. 当代图书馆员"快乐指数"调查问卷规范化分析. 图书情报工作,2007(6)

[3]霍丽敏,徐建华,张丹. 不同类型图书馆员工作满意度分析. 图书情报知识,2007(5)

[4]符艺,李超,赵宏艳. 当代图书馆员快乐感受比较分析. 图书情报工作,2007(6)

[5]徐建华,霍丽敏,赵睿. 当代图书馆员"快乐指数"的实证分析. 图书情报工作,2007(6)

论现代图书馆学的人文取向及其价值实现

郭绍全(江苏镇江市图书馆)

20世纪是现代图书馆学迅速发展的一个世纪。在这一个世纪中,现代图书馆学从它的萌芽状态起步,沿着19世纪中后期形成的图书馆学的人文精神和实用性技术这两条路线艰难发展,创造了数不胜数的极为丰厚的理论遗产。图书馆学是科学特质与人文特质的统一,如果仅仅将图书馆学视为科学,就是科学主义的理解,必将使图书馆学缺乏人文性;如果仅仅将图书馆学视为人文,就是人文学主义理解,必将使图书馆学缺乏科学性。马克思、恩格斯认为科学理论的作用不仅是为了解释世界,而更主要是为了"改变世界"。"解释世界"是科学的任务,"改变世界",即"实践",实践当然包括了科学,但实践还需要"人文"的规范。图书馆学就其最高境界来说,是科学与人文的统一,是在"人文"导引下的"图书馆科学"。因此,树立起"科学精神"与"人文精神"相统一的"图书馆学精神",是保证当代图书馆学健康发展的基本条件。

1 现代图书馆学的定位

中国现代图书馆学的形成起始于20世纪初,至今已有近百年历史。新中国的建立,为图书馆事业和图书馆学研究开辟了广阔的发展空间,图书馆事业突飞猛进,图书馆学研究取得丰硕成果。近五十年来,我国的图书馆学研究,大致可以分为两个时期,即新中国成立至改革开放前为第一时期,改革开放至今为第二时期,内容涉及图书馆学研究的各个方面,并在不同发展阶段形成相对集中的研究重点。此外,学科之间的交叉渗透和新的研究方法的导入,又使图书馆学研究出现了一些新的分支学科,如图书馆社会学、图书馆经济学、读者心理学、比较图书馆学、图书情报学、图书馆统计学等,扩大了图书馆学的研究领域,丰富了图书馆学的研究内容。对于图书馆学学科性质的界定,谢拉在其《图书馆学引论》中指出:"说图书馆学是人文的,是因为从根本上讲,它研究的是人类思想和伟大探索的文字记录之间的那种微妙的、难以捉摸的关系。把图书馆学划分到社会科学,是因为图书馆作为一个部门是社会的产物,它的目的是通过帮助个人了解他自己和他所处的环境来改良社会。”我国学者对图书馆学学科性质的认识主要有两派意见,一派认为图书馆学属于社会科学,如郭星寿的《现代图书馆学教程》;另一派认为图书馆学属于综合性学科,如黄宗忠的《图书馆学导论》。图书馆学界对图书馆学的学科界定不断探讨的意义在于弄清图书馆学的本质特征是什么。笔者认为,在图书馆学的学科界定的讨论中,其争论的焦点在于图书馆学从宏观上研究的是由于社会需求作为社会的机构而存在的图书馆,而在微观上研究的是一个人类认知经验与社会实践交互的机制。

现代图书馆学研究应归纳为三大课题。

(1)图书馆事业建设研究。图书馆学的出发点和归宿需要以图书馆事业发展过程中的实践经验为基础,以图书馆事业发展过程中的实际问题为导向。这就要求图书馆具有打破条块分割和地域、时空的限制,以问题为导向进行图书馆合作和图书馆人力资源的共享,这种问题的明朗,也是图书馆学不断需要研究的现实问题。而正是这种问题的层出不穷使得图书馆事业和图书馆学得以持续发展,始终是社会体系和社会科学系统中现实的组成部分。

(2)图书馆事业体系研究。图书馆的发展受到国家政治体系结构的影响和制约。图书馆学一方面需要研究如何建立针对问题的图书馆联盟,争取国家政策的扶持,建立共同口径的权益,解决单个力量无法解决的问题,作为利益群体在政策和法规上寻求倾斜;另一方面需要研究建立图书馆联盟内的利益平衡机制,消除隔阂,建立对话,这样图书馆事业才能适应动态的环境,并逐渐由不平衡走向平衡。

(3)图书馆人文精神和技术理性研究。图书馆学研究将遵循人文精神和技术理性并重的发展原则。以网络和计算机技术为典型特征的信息社会的到来,使得技术进步成为生产力变革和生产关系转变的先导力的特征日益明显。这种变化曾经对原先一直重视人文主义的图书馆产生了一定程度的误导,图书馆学在研究技术在图书馆应用的同时,越来越认识到技术本身的双刃剑效应。对于技术的盲目追随必将导致人文的迷失,仅仅理性的技术运用无法替代人文的价值导向。例如数字图书馆的提出和实现过程就证明,在数字图书馆建设的初期,所关注的焦点是如何有计划地用技术建立数字资源库、搭建数字图书馆服务的平台和界面,而后数字图书馆的重心开始转移,概括来说经历了由以实现技术为中心到信息资源为中心、到信息服务为中心、到集成服务为中心的4个阶段,这是一条由技术回归人文的道路。包括目前正在讨论的第二代数字图书馆的探讨,围绕着信息的可获取已经转向了知识的获取和创造来展开的,也充分证明了图书馆学的发展坚持人文精神和技术理性并重的发展的原则是遵循图书馆学发展规律的必然选择。

2 图书馆学的人文取向

人文精神是以人为主体、以人为对象的精神,是人对自身命运的理解和把握。人文精神关怀个体的自我价值的实现与弘扬,追求人与人的平等、人与自然的统一。

2.1 图书馆学的人文特质

图书馆学的人文特质主要体现在两个方面:

首先,从逻辑角度来看,图书馆学是关于人的学问。主要理由是:①人类的信息需求是图书馆活动产生与发展的逻辑起点,图书馆是人类人文进化需要的产物。人的进化区别于其他动物的进化,就在于人类不仅需要进行生物进化以保持其自然属性,还要进行人文进化即文化进化,以保持其社会属性。人的人文进化,实际上就是人文信息(或称文化信息)的不断创造、积累和延传的历史过程,而图书馆是人类对人文信息(主要载体为文献)的有序化存贮、传递和利用之需要的产物。②人是图书馆活动的主体。人类的信息需求只有通过人的信息活动才能得到满足。③人是图书馆活动的目的。蒋永福指出,"满足用户需要是图书馆的最高宗旨","用户需要是图书馆组织一切内部活动(如文献资源组织、机构设置、规章制订、人员配置、资金分配等)的基本依据和制导因素","用户的数量及其需要的满意程度,是衡量图书馆管理效果的基本标准"。④人是图书馆学研究的主要内容。图书馆学的研究内容大体可分为物的层面和人的层面,物的层面主要包括图书馆、文献、技术等,属于手段的范畴,人的层面主要指人的需要、人文环境等,属于目的范畴。目的决定着手段,手段服务于目的,说明图书馆学是以人为核心对象的科学。

其次,从实践的角度看,图书馆学具有道德特征。主要体现在:①人类在不断消费自然和社会信息资源的同时,又在不断地创造积累信息财富。人类正是依靠对信息的生产、搜集、加工、存储和传递活动,才能卓有成效地征服自然和改造社会。所以,包括图书馆在内的信息活动是人类不断进步的基础和保证,是人类走向和谐与繁荣的前提,它本身就具有重大的社会价值和伦理价值。②围绕着图书馆文献信息的搜集、组织、加工、处理、选择、传递等职业活动,包含了诸多的社会道德关系。图书馆职业实践只有在有关道德问题的学说——伦理学的指导下,才能形成本职业的"是"、"非"、"善"、"恶"等问题的基本准则。同时,图书馆职业对于伦理学知识的运用,在很大程度上将决定着图书馆员对知识、文献及用户的态度,如向用户提供的文献信息是否应该经过审查,用户的借阅记录是否可以公开,图书馆员是否应该对用户的文献选择进行干预(包括在阅读指导下的干预),应怎样对待主流文化产品和非主流文化产品等。

2.2 图书馆学的人文价值

图书馆学中的人文价值表现出以下三方面的特征:①"从研究范畴上看,图书馆学不仅研究知识,也将会加强知识受众,学科价值将构建于知识世界与知识受众之间的关联上。"②"从研究方法上看,图书馆学在努力从经验化向科学化提升的过程中,更会注意从科学化向人文化提升。"③"在学术检验标准上,社会人群的知识和信念是否能得到协调发展、公平发展,将成为未来学术研究成果的基本衡量尺度。"蒋永福从1993年起连续撰文多篇呼吁构建人文图书馆学理论体系,并初步提出了人文图书馆学的内容框架。此外,一些学者则借鉴了现象学、解释学等人文科学方法来研究图书馆学中的基本问题。如伊斯尔(W. Iser)尝试用现象学理论来研究阅读过程,莱备福德(G. P. Radford)运用现象学理论研究了图书馆的目的及其存在理由,傅清波和周庆山运用现象学、解释学等哲学理论分别研究了文献揭示原理和文献传播的微观过程等。近年来,更有一些学者关注图书馆学中的人文主义思想和图书馆的人文精神问题,以至有人将这一系列论文称之为"人文系"。所有这些,都体现出图书馆学界探求图书馆学人文研究方向的努力。

3 图书馆实践中的人文价值实现

图书馆的人文精神就是图书馆在整个运行过程中所蕴含的承认、尊重和实现人的价值的精神,是具体化了的人文精神。它强调在图书馆工作实践的过程中所体现的以人为本的思想,以满足人的需要,实现人的价值,追求人的发展,体现人文关怀,创造美与和谐作为图书馆活动的宗旨。其实,图书馆的出现本身就是人文精神的一种体现。从为上层贵族服务的封闭式藏书楼走出来，图书馆面向各阶层大众，饱含着深厚的人文意蕴，使图书和知识成为全人类的财富。在图书馆的发展进程中，逐渐形成了以人文主义为主要内涵的图书馆精神。

3.1 图书馆实践中人文精神的必要性

人们对于现代图书馆有着许多美好的期望和设想,但是,如果只是为了现代化而现代化,忘记或者说忽略了“人”,那么,引入这些技术手段的根本目的和价值何在？忽略了图书馆所蕴含的人文精神——推动图书馆发展、实现现代化的真正原动力,那么,再好的技术也失去了它的意义。在大量应用信息技术的现代图书馆,传统的人文精神不但不能摒弃,反而比任何时候更有其独特的价值,更值得强调和发扬。

发扬人文精神是现代图书馆实现自身价值的需要。图书馆肩负着保存人类文化遗产、开展社会教育、传递科学信息、开发智力资源、提供文化娱乐等社会服务职能,是社会需求的产物。现代图书馆发扬人文精神是社会进步的要求，是现代图书馆实现自身价值的需要。图书馆把人类根本价值的实现作为自身价值的源泉和基础,离开了人类的价值,图书馆的价值就无从谈起。图书馆的价值观应充分体现人文精神,而人文精神作为图书馆发展的内在动力和精神内核,在图书馆步入现代化阶段时仍将发挥其重要作用。

发扬人文精神是适应社会的发展需求。由于图书馆不再是孤立的、单一的传统图书馆概念,而是网络的、多维的现代图书馆概念,是与整个社会的发展密切联系在一起的对全社会负责的子系统,社会的发展就要求图书馆发扬人文精神。而社会发展的进步体现在以提高人的认识和实践能力为目标,使人的身心得到全面自由发展。这种进化观使传统的人文精神重新为人们理解和重视,在注重技术发展的同时,人的自身价值也得到越来越多的尊重和关注——人文精神的核心正在于此。从这个意义上讲,发扬人文精神是适应社会进步发展的要求。

3.2 弘扬图书馆人文精神的策略

先进的技术手段在现代图书馆的管理中虽然占有重要地位,但技术毕竟是手段,是图书馆用来行使其职能,实现其价值和目标的必要工具。支撑和推动图书馆不断向现代化方向迈进的,最根本的是其内在的精神源泉与价值观念,即传统的人文精神。现代先进的信息技术与图书馆传统的人文精神，两者是相辅相成、共同推进图书馆成长和发展的因素，因为人文精神本身就蕴含了不断反省自我、不断求新求进的成分。在现代图书馆中弘扬人文精神的策略可以分为以下几个方面：

3.2.1　摆正现代科学技术服务于人的思想意识

图书馆的整体运作是以技术手段为中心还是以人为中心的问题是现代图书馆管理思想出现的新问题。现代科学技术在图书馆的广泛应用，及其由此带来的图书馆工作的显著进步，使图书馆崇尚科学、重视技术蔚然成风，然而，技术学派片面强调图书馆技术的实用性，甚至相信现代技术的应用必然给图书馆带来彻底的解放，图书馆只要用电子计算机武装起来，一切问题就会迎刃而解，在图书馆学研究和教育中技术成为炙手可热的领域，写文章言必谈技术谈计算机，图书馆教育几乎成了计算机教育。许多图书馆对信息技术的重视和狂热使他们把工作和管理的重点放在对文献信息资源的数字化和网络化上，忽略了读者对精神服务的需求，现代图书馆乐于追求技术手段而漠视人的主体需要和价值，其结果必然导致图书馆人文精神的发展出现滞后，甚至不断滑落。由于人文精神的缺失而背离了图书馆的宗旨和目的的矛盾现象，实质上反映了在图书馆科学精神和人文精神失衡和分离。

弘扬人文精神必须从图书馆管理的最高层提高意识，在管理思想和管理方式中贯彻以人为本、读者至上的人文精神，树立人本位的管理思想。另外，图书馆职能的扩展也使得图书馆员的角色发生了变化。他们不仅是传统意义上的目录指导者，更应该是一位信息导航员和教育者。图书馆员在未来担负的责任不仅仅是信息处理、再现、分析和组织工作，更重要的是教育和引导读者查找和利用信息。因此，对于图书馆员素质的要求必然是科学技术与人文精神并重，在对读者的科学教育中充分体现出图书馆的人文精神。

3.2.2　建立人文关怀制度和加强人文精神教育

在具体业务上积极推行人文关怀，建立一个有利于人才培养，有利于科学管理，有利于服务创新的、科学的人文关怀制度是当务之急。该制度不仅要在业务规范中对馆员的行为、举止、服务程序加以规范，还应明确其职业道德准则、读者服务规范以及读者的权利。从读者的利益和需要出发，使人文关怀成为图书馆员工的行为准则和自觉行动。但是，任何制度都不是万能的，还必须进行人文精神的宣传教育，使图书馆员从思想深处认识到营造一个彬彬有礼、耐心、亲切的人文环境是图书馆工作者的己任，把发扬人文精神，给予读者充分的关怀形成一种共识和习惯。

3.2.3 强调科学精神与人文精神的融合

对图书馆来说,科学精神就是崇尚科学,尊重科学,积极研究并利用各种先进的技术设备与手段来提高图书馆的工作效率,而人文精神则是在图书馆工作实践和理论研究中体现以人为本的思想,以满足人的需求,实现人的价值,追求人的发展,体现人文关怀,创造美与和谐作为图书馆活动的宗旨。对图书馆人员来说,不仅要发扬科学精神,努力学习和熟练掌握先进的技术,更重要的是牢固树立读者第一的思想,以满足读者需求为己任。只有使科学精神与人文精神相融合,才能把图书馆的工作做好。

3.2.4 创建人性化的服务环境

良好的图书馆环境通常是经过精心设计和营造的,人性化的图书馆环境不仅可以提高读者利用图书馆的兴趣和效率,还能成为一种对读者施以教化的审美的文化环境。且不说建筑环境,单从服务环境来讲,图书馆员的服务态度、服务行为、服务语言等就对读者的阅读心理有很大的影响。如果图书馆员彬彬有礼、工作热情、服务耐心、举止亲切,读者很自然地会被这种良好的人际氛围所感染,不仅心情舒畅,自己的价值也得到了体现。

注重开展个性化的服务。图书馆的个性化服务,就是由于读者的社会地位、职业、知识层次、研究范围、兴趣爱好等均不相同,所需获得图书馆帮助的内容及方式各不相同。现代图书馆提供个性化服务,注重这种为特殊读者提供个性化服务的理念,确保因为各种原因不能正常使用图书馆的读者能够得到平等获取图书馆服务的机会,这充分体现了图书馆的人文关怀。21 世纪提倡人文精神,社会日益宽容温和,图书馆更应该弘扬人文精神。

总之,从图书馆的发展历程来看,人文内涵以不同形式表现出来。在现代图书馆工作中人文与科技的完美结合而形成的人文品位是图书馆在信息时代不断发展的生命源泉。现代图书馆学研究应有较高的认识,重视学科理念与事业理念的统一。

参考文献

[1]蒋永福. 人文图书馆学论纲. 中国图书馆学报,2002(4)

[2]肖希明. 图书馆呼唤科学精神与人文精神的融合. 图书馆,2000(1)

[3]刘君. 走向科学与人文统一的图书馆学. 图书馆,2006(1)

[4]徐引篪,霍国庆. 现代图书馆学理论. 北京图书馆出版社,1999

[5]黄宗忠. 图书馆学导论. 武汉大学出版社,1988

[6]孟广均,徐引篪.国外图书馆学情报学研究进展.北京图书馆出版社,1999
[7]周彤.论图书馆人文精神.高校图书馆工作,2005(2)
[8]李明杰等.图书馆学的理性回归之路——关于21世纪图书馆学发展的思考.中国图书馆学报,2001(6)
[9]程亚男.图书馆服务新论.图书馆,2000(3)
[10]卞敏.终极关怀:科学精神与人文精神的统一.江苏社会科学,2005(5)

系统理论与图书馆

温新瑞(中北大学图书馆)

近几年来,从社会学的视角研究图书馆学以及图书情报建设已经悄然开始了,有朱震远先生从科学知识社会学来探讨图书情报研究方法论,[1]也有学者从社会学概念切入研究的,如王素芳关于图书馆服务弱势群体问题的研究等,[2]这些研究都具有很高的学术价值。作为一名图书馆工作人员,笔者则结合自己具体的工作经验和现实情况,运用当下国际关注的社会学最新成果,以现代性为理论基点,对于图书馆的系统理论作进一步的探索。

1 系统理论简介

德国社会学家鲁曼以其系统论而著称,它通过发展功能主义的方法来分析现代社会各种系统,从法律到经济,从传媒到艺术等各社会系统。鲁曼继承了韦伯的分化思想,又吸纳了功能主义的观点,在他的老师帕森斯社会系统理论的基础上创立了他自己的社会系统理论。“鲁曼社会系统理论所集中分析的问题,就是现代性的社会系统的特征”。[3]

在鲁曼的系统论中,按照帕森斯系统功能论的基本观点,将对于社会系统的研究分为三大层次:关于社会系统的理论、关于演化的理论以及关于沟通的理论。但是,鲁曼并没有就此满足,他进一步发展帕森斯的系统功能论,不但扩大和改造了帕森斯原有的基本概念,而且从根本上颠倒系统功能的相互关系,从原来的“系统→功能”转变为“功能→系统”,同时也结合当代社会的各种新变化,从超越传统理论和方法论的高度,将社会系统放在超社会和超个人的广阔维度内加以分析。这样,鲁曼的社会系统理论的“系统”,就具有了一种对于其所在的环境开放(a system open its environment)的系统。并且,“使系统与其环境的复杂关系简单化”[4],是鲁曼社会系统功能论在分析社会系统与其各基本功能的相互关系所采用的基本原则。其宗旨就在于保障系统本身各主要功能,尽可能地在不受环境干扰的情况下,持续地稳定贯彻下去。

鲁曼以其独特的风格和独创的理论语言，将一种“源生性逻辑”（genetic logic）和“整合性逻辑”（integrative logic）协调起来，成功论证了“社会生活是超出个人间的关系和直接互动性范围之外而组织起来的”。[5]他不仅给予了“系统”特殊的内涵，而且试图远离传统社会学中的人本中心主义（anthropocentrism）原则。这使他对于社会系统的兴趣远远超过了对于人的兴趣，并把每一个个人妥善地安置在复杂的社会系统之中，以便从社会系统运作的观点去分析人和行动者的问题。基于以上的思考，鲁曼的社会系统理论具有如下5个特征：为封闭而开放的“沟通”，“系统”存在不可避免的“双重偶然性”，“系统”在本质上的“自我参照性”，“系统”为处理与环境的复杂关系的“自我区分性”以及“系统”在整体思考模式上的“现代性”特征。

2 系统理论对高校图书馆的启示

法兰克福学派的领军人物哈贝马斯在其专著《现代性对后现代性》里对现代性作出全面而系统分析后，用规范的语言将现代性和后现代性区分开来，并提出了“未完成的现代性”口号作为一项宏伟的历史工程的现代性，认为“现代性”本身并没有完成，它具有开放性，不但没有结束，而且，还在不断发展中。可见，鲁曼与同时代的哈贝马斯在“现代性”的理论高度上是认同的。图书馆作为社会大系统的一部分，其本身的存在也是一个社会系统，并且其系统内部以及其与周在环境的关系上是极具复杂性和不可预测性的。尽管有的学者提出了“后现代图书馆”一说，并且依据《东方后现代》一书的理念，把“后现代图书馆”定义为：“是指在数字化时代发生、发展过程中，以社会化服务最大化为理念，采集并整合各种基础文献及多种数字化信息资源，通过信息化手段，对数字与非数字文献资源进行一体化加工、处理与提供使用，开发多种形式的服务载体，检索知识更加方便、快捷，为用户提供高水平信息服务的机构。”[6]但是，我认为，即使在后现代社会里，其社会性质也不可能是纯粹的后现代性，何况我国实际情况远远落后于此，所以，我仍提倡“现代性”是当今社会的主要性质，并且认为图书馆系统理论的构建也要以“现代性”为主要特征。理由有二：一是从我国现代生活的大环境出发，在邓小平同志“改革开放”英明方针指引下，我国从思想意识上已经具有了“开放性”的观念，但是，还不够，必须把对“开放性”的认识从表层向深层挖掘，也就是社会系统的“封闭性”本质。无论国家、集团、企业、学校等,任何社会系统都是一个为封闭而开放的“系统”,这样,这个“系统”才能持续而稳定地生存下去。图书馆,作为社会主义现代化建设的特殊化社会系统,也是不可例外的。美国著名学者谢拉说:“如果图书馆不能满足社会的需要,那么社会总有一天要将它抛弃。”

鲁曼社会系统理论的整个架构以及它的各个重要概念,都是在哲学、社会科学和人文科学各学科的视野交叉场域中加以观察和展开的。所以,鲁曼创立的社会系统理论同样可以应用到图书馆学这个与社会学息息相关的学科。我国图书馆学的真正确立或真正本土化,[7]或图书馆存在价值的最优化实现,最关键的是处理好图书馆系统内部及其与周在环境的关系,并且要把这种关系形成的复杂性和不可预测性处理到最简单化的程度。本文主要依据鲁曼的社会系统理论,以目前倡导的和谐社会新理念为基础,结合图书馆的建设及社会情况,深入探讨了我国的图书馆系统理论。

3 沟通:关于图书馆现代性的思考

鲁曼说:“从系统同它的环境之间的协调的角度来看,重要的问题是,面对着由环境所产生的各种威胁,系统的内在秩序是否能够成功地维持,并因而使得系统自身维持下来。”(Ibid)[8]图书馆是一种特殊的社会系统,其系统的特殊性就在于不仅以沟通作为基本前提,而且以沟通作为最高关系。鲁曼认为任何一种社会所构成的自我参照系统总是包含着一系列沟通的网络,而这种沟通网络又是由以往的沟通和未来的沟通以及不断发生的沟通所组成的。沟通只有在沟通的系统中才能发生;没有脱离沟通系统而存在的沟通。沟通的主要意义,就在于在社会系统内部,实现关于这些可能性的动向、过程、演化及其各种信息的广泛讨论和理解。[9]

图书馆是科学文化的资源窗口和精神文明建设的重要基地,在社会信息化与信息社会化高速发展的今天,“沟通”对图书馆系统来说显得至关重要。图书馆如何贯穿始终地实践和谐社会理念并有实效性的发展,第一,必须调整“沟通”的方向,就是说要求转变图书馆的工作重心,从“以图书馆为中心”转向“以用户为中心”,从文献管理转向内容管理、知识管理,从提供一般性服务转向提供个性化、专业化服务;第二,必须调整“沟通”的人员,就是说要求从一般性馆员转向具有高学历的学科馆员,从不对口馆员转向对口馆员,从单性馆员转向异性互补馆员；第三，必须调整“沟通”的内容，就是说要求从提供基本图书情报转向提供前沿化、专业化信息，从单一化服务转向多元化服务；第四，必须调整“沟通”的态度，就是说要求图书馆员从信息化环境转向网络化环境，从信息人文化环境转向信息生态化环境，因为我国和谐社会建设面临的时代背景在本质上是一种信息环境。

社会系统是靠人们所选择的各种符号之间的沟通建构起来的，图书馆也不例外，其社会系统的基本因素和基本关系也应该是沟通。鲁曼认为：沟通行动的相互理解的功能，有助于文化知识的传递和更新；沟通行动的行为协调方面，使它有助于社会整合和社会连带性的建立；而沟通行动的社会化功能方面，则使它有利于个性的建构。图书馆人员时常会产生某种焦虑或情绪紧张，原因就在于其在“沟通”时产生了障碍。心理学认为，焦虑是指由紧张、不安、焦急、忧虑、担心等感受交织而成的复杂情绪状态。减少图书馆员焦虑的方法要以“沟通”为核心，对图书馆员进行亲和力培训，使学生更容易接近他们；以“生活世界”为基础，以服务化语言为杠杆实现合理“沟通”。这样图书馆才能将深层次的知识组织与情报研究工作顺利而稳妥地开展下去。

3.1 双重偶然性与图书馆建设

鲁曼认为：“系统就是产生和协调其自身所隐含的关系的一种事物（systems are objects that generate and regulate self-implicating relations）”（Luhmann N. 1982：257），那么，在系统协调这些复杂关系时，“沟通”是必要的。但是不可避免一种情况，就是双重偶然性。任何一个社会系统，最初是在相遭遇的两个行动者对于双重偶然性的经验中产生的。就是说“双重偶然性是任何行动者可以始终一贯地期待的某种事物，是有规律地存在的某种事物，因而也是现实世界的一种有秩序的面向。所以，任何两个相遭遇的行动者必定汇合在双重偶然性的经验状态之中”。[10]在图书馆系统里的“沟通”，会不可避免地偶然化。因为偶然性本身比必然性优越的地方，正是在于他们更具体地呈现在事物的实际存在的现象中，而且，就此而言，偶然性反而会更生动地体现社会的实际结构。图书馆系统中各种行动的交错和相互渗透，彼此间的行动期望的沟通，这种沟通又保持其自身的相对独立性，作为整个社会系统原本存在和现实继续发挥作用的沟通过程，沿着它们在图书馆系统中占据的地位所可能提供的规律而发生作用。所以，双重偶然性就是在噪音和秩序之间、混沌和有组织之间的一个桥梁，因为双重偶然性既是噪音的一部分，又是秩序的一部分。

在图书馆系统中，有时会制定一些条款，比如，罚款、定时闭馆等所谓的“霸王条款”，尽管符合绝大多数读者的利益，符合社会效益最大化原则，为法律包容，为社会接受，但是仍有双重偶然性存在，胡向阳和毛毳两位就因为“霸王条款”而意见分歧，发表论文各圆其说(胡向阳. 图书馆规章中的若干霸王条款. 图书馆建设，2005(2)；毛毳，周玲. 图书馆部分规章制度属于霸王条款吗？山东图书馆季刊，2006(1))。到底什么属于“霸王条款”呢？这标准唯一了吗？这就是相互间“沟通”出现了问题，双重偶然性就此产生。

再者，关于图书馆学科馆员的服务模式的分析，其优势自然可取，但是仍有存在的问题，那么如何解决？我们要在双重偶然性的经验基础上“完善‘学—图’模式，结合实际推行行之有效的服务方式”，“不仅要引进和培养人才，提高学科馆员的素质，重要的是要打破‘学—图’模式的局限，构建与服务方式相适应的专业化资源与管理模式”。[11]

第三，对于图书馆系统突发事件的发生及处理，我们必须从双重偶然性的角度揭示，因为危机事件所具有的突发性、首次性、高度的不确定性、严重的危害性和紧迫性等特点，这将对图书馆系统的基本价值和行为准则架构产生严重威胁，并且在时间压力和不确定性极高的情况下，我们必须对其作出关键决策性判断。“在图书馆危机管理系统中，危机是指在未预警的情况下突然爆发的事件，它可能对图书馆的总体目标的实现和读者利益构成威胁，并可能带来其他不良后果。凡是能够干扰和破坏图书馆正常读者服务和正常秩序的突发事件，都是图书馆管理中的危机”。[12]据初步统计，图书馆系统面临如下危机：服务危机、人力资源危机、网络系统危机、不可抗外力危机及火灾、地震等危机。所以，我们要进行防微杜渐的危机反思，进行危机管理知识培训，进行处理危机的机智教育等。

3.2 自我参照性与图书馆自身发展

按照鲁曼的新系统观，任何系统在本质上都是“自我参照性”的。也就是说，系统总是依据其本身的需要去对待和处置其环境的复杂性。所谓自我参照性，“主要是指系统的各个组件之间在其相互关联与同其环境的交往中进行自我区分和相互区分，而在这种自我区分和相互区分中，系统中的各个因素以及整个系统本身，实现经过中介而环环相扣的自我确认、相互区隔和相互作用，同时又完成同其他组件之间的新关联”。[13]显然，自我参照并不仅仅是因素之间的相互比较和相互关联，而且还是一种不停的运作过程，也是一种区分过程、辨认过程、变动过程和生产过程。所以，归根结底，系统的自我参照，最后都要决定于组成系统的组成要素的自我生产能力。

同样，图书馆系统本身也具有"自我参照性"，这关系到图书馆系统内的"沟通"的持续性和可能性，关系到图书馆系统内的意义关系网络的建构和更新，也关系到图书馆系统本身的分化和演化。图书馆系统最基本业务的流程是"知识采集—知识存储—知识传递—知识消费"，所以，图书馆系统本身必须与时俱进，也就是进行自我参照，这样才可以自我生产、生存。1982年，美国图书馆学家兰开斯特(F. W. Lancaster)曾预言性地提出"图书馆消亡论"，他是针对纯粹的电子信息的冲击，纸质图书馆将消亡提出的。也有人提出"图书馆并存论"认为传统图书馆与数字图书馆共存共融，图书馆将是一个生长着的有机体。现在，我们面对的一面是传统纸质图书馆，一面是数字化图书馆或者网络化图书馆，如果处理不妥，将会有三"失"现象：一是馆藏特色消失，二是读者流失，三是检索优势丧失。2001年6月，台湾大学胡述兆教授在台北《"中国图书馆"会报》发表"为图书馆构建一个新定义"一文，认为"图书馆是为咨讯建立检索点，并为使用者提供服务的机构"。这里涉及4个关键词"咨讯、检索点、服务、机构"作为定义的核心内容。我认为如果把胡教授的这4个关键词认真纳入图书馆系统里面，所谓的三"失"现象就不会产生。图书馆系统不可以独立存在，必须与周在环境共存共活，而且要受到相关政策、时代气息、人文环境的影响，所以，图书馆系统的"自我参照性"必须在与外界的"沟通"下起作用，才能促进本系统的良性发展。

3.3 图书馆自我区分化趋向

鲁曼认为："每个系统都是在其世界中同其他系统相区分。"[14]使各系统能够作为"一种系统"而存在和运作，该系统自身必须具有自我区分和同外在环境相区分的机制和程序。"为了使系统的功能进一步明确化，不但必须区分主体和脉络，而且必须借助于自我参照的区分概念……区分环境与系统，区分系统之间以及区分系统内各因素之间的意义"，[15]或者更进一步说意义本身也是一种区分，"现实的既定事物的区分和关于可能性既定事物的区分"是系统与外界环境相区分的基础。在自我参照系统下自我区分，与其说依据其系统内在关系的转变，不如说更决定于系统与其环境的复杂关系。环境对于系统的复杂干扰，是系统进行自我参照和自我区分的基础。

图书馆系统的自我区分化也一样，必须以现实环境对其的干扰为基础，系统的区分有各种维度，这是根据系统的性质而定的，主要有事物维度、时间维度、社会维度等。如果从事物维度来区分图书馆系统，有纸质图书馆、数字图书馆、网络图书馆等。还有图书馆参考咨询的虚拟化、智能化与合作化已经由设想成为现实。作为数字图书馆最具代表性的服务形式之一的数字参考服务（digital reference service，简称 DRS）日益受到关注并取得实践性进展。从 XML 的 DTD 入手，借助 Petri 网工具，提出 Petri 网与关系数据库结合的 XML 图书查询系统实现技术。此技术既保留有 XML 中路径表达式结构清晰的特色，同时又能加快 XML 的查询速度。[16] 网络查询技术也由区分化发展到独立系统。

如果从时间维度来区分，数字图书馆分为：第一代，以基于 MARC（Machine Readable Catalogue）的图书书目管理系统为核心；第二代，以数字化文献信息资源为主要特征；第三代，以分布的、海量的、异构的、主动、个性的为主要特征。从图书馆员职业与年龄的关系来区分他们的职业心理，认为初入馆到 30 岁为初级阶段、30 岁到 50 岁为第二阶段、50 岁至退休为第三阶段，并且，在不同的阶段，图书馆员的需求、态度、工作行为会有很大差别。如果以社会维度来区分，图书馆系统可以分为公共图书馆、国家图书馆、省级图书馆、市级图书馆、高校图书馆等。

4 现代性：一个纲要性的意义

现代社会理论是现代性的理论表现，是现代精神的理论结晶，从本质上说，便是对于现代性的反思的理论象征。鲁曼注重从系统与其环境的相互间的极度复杂关系去研究“现代性”。他认为，现代性所出现的各种不可预测性事件或危害事件，实际上是现代性分化所必然带来的更多风险性的表现，它在实质上就是现代性分化所造成的发展方向多元化问题。

构建图书馆系统理论，同样是对社会现代性的一种回应。我们要意识到“现代性”社会的“危机”、“病态”，也看到当代社会自我调整、自我反思而不断解决自身危机的能力，看到日益复杂和日益分化的当代社会的多元化发展可能性及其多种危机的不可预测性，也看到日益自律化和日益整合化的新人类及其系统的发展。

图书馆系统理论如何体现“现代性”，这将具有纲领性的意义。图书馆系统“现代性”不仅要体现图书馆的价值与核心能力，图书馆价值在中国百余年不同阶段的特点表明,图书馆事业价值观与整个国家民族的价值观处于一种正比例相对关系。而关于图书馆的核心能力,范并思先生认为:“图书馆的核心能力是根本,失去了它图书馆就会消亡;图书馆职业精神是枝叶,它与信息技术、馆藏资源、科学管理一样,是打造现代图书馆的核心能力所必须具备的。”[17]更重要的是要体现章“沟通”、“双重偶然性”、“自我参照性”、“自我区分化”等图书馆系统理论的四原则,文章在认真分析了图书馆系统理论四原则的基础上,初步构建了图书馆系统理论的一个简单构想,这个简单构想每时每刻都闪耀着“现代性”的光芒,对于建设更加完善的图书馆将具有重要的启示价值。为了进一步完善新的系统,笔者将试图让图书馆系统理论与新的图书馆学五原理(1. 存在原理;2. 动力原理;3. 动态过程原理;4. 关键因子原理;5. 实践主体原理)进一步融会贯通,这是有待深入探讨的命题,也将会产生深远影响。

参考文献

[1]朱震远. 科学知识社会学(SSK)视野下的社科情报研究方法论. 情报资料工作,2006(1)

[2]王素芳. 关于图书馆服务弱势群体问题的研究与反思. 图书馆杂志,2005(5)

[3—5,9—10,13—15]高宣扬. 鲁曼社会系统理论与现代性. 中国人民大学出版社,2005

[6]赵庆禹,陈艳华. 后现代图书馆及其主要特征散论. 情报资料工作,2006(1)

[7]刘兹恒. 再论图书馆学本土化. 图书与情报,2005(4)

[8]高宣扬. 当代社会理论. 中国人民大学出版社,2005

[11]祝小静. 高校图书馆学科馆员服务模式探讨. 人大复印资料(图书馆学、信息科学、资料工作),2006(10)

[12]柳丹枫. 图书馆突发性危机事件的发生与危机应急管理的实现. 人大复印资料(图书馆学、信息科学、资料工作),2006(12)

[16]沈剑沧,鲍培明. XML 在图书查询系统中的实现技术. 现代图书情报技术,2006(10)

[17]范并思. 解读职业精神与核心能力. 图书馆杂志,2005(12)

探讨图书馆理念意识

苏春萍（第四军医大学图书馆）

1　图书馆理念意识——图书馆事业发展的深层动力

图书馆理念意识是种全新的图书馆管理理念意识，是全世界的图书馆被看成是一个虚拟的社会化大图书馆。为了便于探讨，我们选择两个视角来研究图书馆事业在世界范围内的发展与进程：一是纵向考察其历史，二是横向比较个体国家。从纵向考察得知，图书馆事业在某一历史阶段上的发展既与社会对图书情报的需求面有关，亦与其需求的强弱程度紧密相连。如在两千多年前的中国，汉武帝为了“独尊儒术”而广集图书，并指派专人负责聚于宫内“府”、“藏”，此为第一代图书馆。到了17世纪，资本主义在西方发展起来（工业革命最早在英国兴起），资本主义的开放性、新生资产阶级对文献信息的普遍需求，促进了社会图书馆理念意识广泛的高涨，图书馆职能开始转变，冲出寺院、教堂和宫廷走上社会，于是出现了第二代图书馆——大众图书馆。从此打破封闭，做到保存性、社会性、教育性三性并存，从前以藏为主转为藏用并举、重用轻藏，并以较快速度完成了向第三代图书馆的过渡。第三代图书馆形成于二次大战前后（以计算机发明使用为标志），普遍强烈的图书情报意识推动着图书馆事业发展进入新阶段，资本主义阵营中的后起之秀美国脱颖而出。美国文明源于欧洲，图书馆事业在起点上就具有现代馆重用轻藏的特点，所以就很快处于领先地位。第三代图书馆以“图书情报——计算机——电讯技术”三位一体为其特色。图书馆将进入一个以无纸情报信息交流为主要特征的网络化与信息化时代，从单一的借阅服务为主转变为以信息服务为主，最大限度满足广大读者需求。同时，利用计算机来处理文献信息及各种数据，而在相当长的时间内，图书馆的馆藏文献类型将是印刷文献和电子文献共存的形式。

为了对图书馆事业的发展进行横向比较，我们有必要探讨美国图书馆事业发展迅速的原因。美国图书馆事业发展主要依靠经济实力和科学技术，此外还有其他因素。“意识对物质的反映是能动的,对无纸发展进程起着巨大的促进或阻碍作用”。在美国社会特定的文化背景及社会生产力迅速发展的影响下,人们对于文献信息的需求和渴望,比起资本主义初期相对说来更为广泛、更为迫切、更为深入,此种理念意识驱动图书馆事业向更高一级发展。同时,人们从这里(图书馆——终身教育场所)得到培养,成为具有高素质的劳动者,再去推动经济发展,在此基础上又使得图书馆事业的发展和经济发展处在良性循环中。19 世纪下半叶涌现的就有朱厄特、卡特、杜威、普特南、毕晓普等,他们从理论建树到工作实绩,都表现了强烈的图书馆理念意识。他们要求图书馆员把“家”当好,千方百计地推广图书,采取一切措施接近大众。此后,这个好传统一直被后代所继承,并为别国所效法,因此在更大范围内促进和影响着图书馆事业的发展具有多种优势,而最突出的一点是,从理论到实践表现了全社会具有较强的图书馆理念意识。在美国,公共图书馆早被称作“民众的大学”。

我们纵观世界图书馆发展史和横看个体国图书馆事业发展的历程,显而易见地可以得出这样的结论:社会图书馆理念意识的强弱与否,是推动图书馆事业发展诸因素中的决定因素,是根本动力。

2 感情投入——“图书馆理念意识”的核心

“图书馆理念意识的核心——感情投入”这一论断,是对人的感觉思维等心理过程延伸的认识和概括。图书馆理念意识具有一定的个性,它的形成与内容受制于个人的人生观、价值观和已有的图书馆经验、思考能力以及看问题的角度,甚至人的语言风格也影响“理念”表达。同一精神实质的理念可能有不同的表达方式。无论现在和将来图书馆事业发展到何种程度,浓厚的图书馆理念意识对每个图书馆馆员来说都是不可须臾或缺的。他们除了自己热爱图书和图书馆活动,更要想方设法让读者获取,以满足读者的爱书欲。从这个意义上说,浓厚的图书馆理念意识是铸成“读者第一”、“用户至上”的基石。现代化的图书馆应该是温馨的,充满人情味的,因此应该让读者在一种十分放松的心态中去吸收新的信息,这就是“图书馆理念意识的核心——感情投入”。它具有以下几个特点:

1. 交流性。它存在于相关人际的相互影响、相互促进的关系中。究其原因,一个重要方面是图书馆工作人员开展了多种宣传、多种服务、多种特色活动。这些活动使得图书馆人与读者、读者与读者之间的图书馆理念意识得到充分交流。

2. 专注性。图书馆是社会大系统里的一个小系统，它的发展变化总是在一定的社会环境中进行的，它离不开经济基础。而“图书馆理念意识”这一概念内容的情感色彩，则具有相对独立性，它是单一的，其专注性即有明确目的和方向性。对于图书馆员来说，所有前来借书的读者都应是他欢迎的朋友。

3. 可塑性。当感觉并认识到图书馆和图书馆活动的价值时，人们头脑中便从无到有地产生图书馆理念意识，而且会从弱到强。同样的，感情投入亦从无到有、从浅到深。认识并确立“感情投入，图书馆理念意识的核心”这一观点，在当前社会巨大变革中的年代里有其本身存在的价值和重要的现实意义。

3 强化图书馆理念意识——新时期决定图书馆事业发展方向的指南

新时期，图书馆必须开拓事业，创新理论，更新观念，与时俱进。牢固树立以人为本的理念意识，资源共建共享的理念意识，服务社会的理念意识，走可持续发展的道路，才能使图书馆事业有明确发展方向和前进之路。

3.1 以人为本的理念意识

在图书馆活动中，以人为本中的“人”包括读者和图书馆员。

以读者为本。以读者为中心的原则是图书馆开展任何信息服务工作的最终落脚点。图书馆员在实际工作中，要从根本上树立以读者为本的老理念，取消不平等对待读者的规章制度和做法，所有图书平等开放。图书馆要向每一个人打开方便之门。为读者提供满意服务是图书馆的服务宗旨，是图书馆职业道德的灵魂。就如彭斐章所说：“图书馆学是强调服务的科学，服务观念应成为图书馆学思想的重要因素。离开了服务，图书馆事业就失去了存在的价值；离开了服务，图书馆学的研究就偏离了方向”。

以馆员为本。馆员是图书馆中最活跃的因素，是文献信息资源开发与利用的关键，同时还是信息资源和读者之间的桥梁和纽带。因此，作为图书馆的最高行政管理者，只有将个人发展与组织发展作为共同的管理目标，才能真正做到“确立人的核心地位”。只有这样才能使馆员以主人翁的身份在工作中发挥主观能动性,也是图书馆可持续发展的内在需要。

3.2 资源共建共享的理念意识

信息时代图书馆建设的关键就是走资源共建共享模式。随着网络的普及,信息技术的不断完善,我国数字图书馆的建设已经初具规模,“资源共享、联合建设、优势互补、互惠互利”已成为现实。这也是实现胡锦涛同志“落实科学发展观,建设节约型社会”的具体体现。

3.3 服务社会的理念意识

随着改革开放的深入,图书馆正以其资源优势、人才优势、设备优势直接参与经济建设。这就要求图书馆应根据社会需要,深入开发文献信息资源,充分释放知识能量,使图书馆由知识宝库变为知识喷泉,为经济建设提供有效、快捷的信息,为社会创造效益提供保障。

3.4 可持续发展的理念意识

可持续发展战略是当今社会广泛认同的一种全面发展模式,其宗旨是保证人类社会具有长远的持续发展能力。图书馆可持续发展是社会可持续发展战略不可分割的重要组成部分,是社会发展的现实要求。所以,在制定图书馆发展目标时,既要考虑短期目标,又要制定长远规划。中长期目标的制定和实施,是保证图书馆可持续发展的重要条件。因此,图书馆为了更好地为科研服务,保持良性发展态势,必须树立可持续发展的理念意识。

参考文献

[1]孟广均. 强化公共图书馆理念. 图书馆论坛,2004(6)
[2]李锋. 21 世纪图书馆先进理念探索. 中国图书馆学报,2002(5)
[3]张家瑞. 以人为本——网络环境下高校图书馆的信息服务. 图书馆理论与实践,2005(6)
[4]宋晓军. 论数字图书馆理念的十大转变. 上海高校图书情报工作研究,2006(1)

藏书楼、图书馆、数字图书馆比较研究

——兼与吴晞、陈源蒸先生商榷

王学进（金陵图书馆）

图书馆是人类走向文明的标志。自从人类发明了文字，用文字符号系统记录人类的思维成果，当人们把记录状态的人类思维成果——文献信息，保存、积累在特定的建筑物空间，由专人负责整序、管理、提供利用，这就形成了人类社会早期图书馆的雏形。在中国，人们通常把1904年前后中国一批真正意义上的公共图书馆之前的保存图书等文献信息的一切处所都统称为“藏书楼”。由于东西方历史和文化的差异，因而，同一事物，中国称“藏书楼”，国外称“图书馆”。名称并不重要，关键在于藏书楼、图书馆、数字图书馆究竟是不是同一事物，它们共同的社会职能是什么。吴晞先生在他的专著《从藏书楼到图书馆》一书的绪论中认为：“藏书楼和图书馆，二者不论叫什么名称，都是两种性质截然不同的事物；藏书楼和图书馆本质上的重大差别是‘封闭与开放’。”其理由：“一是具有几千年传统的‘国粹’，一是西方传入的新事物，是否‘西化’，便是二者的本质差别。”我认为吴晞先生所列论点都不能反映藏书楼和图书馆的本质，更谈不上本质差别。

人类经历了三种不同的社会形态，在人类社会漫长的历史发展进程中，存在什么样的社会形态，就会产生什么样的图书馆形态和图书馆体系。作为图书馆学理论研究者，必须历史地、客观地、公正地、正确地认识、分析和探索藏书楼、图书馆、数字图书馆之间的相互关系、差异和它们共同的本质特征。

1 藏书楼

1.1 东方的“藏书楼”与西方的“图书馆”

“藏书楼”，是人们对1911年以前，从华夏文明史上第一座藏书楼诞生开始，直到中国封建专制主义氏族王朝统治的终结，存在于中国的一切官方、民间、个人藏书场所的统称。西方各国以及世界其他国家的一切藏书场所肯定不会都称为"图书馆"，中国人把西方各国以及世界其他国家的一切藏书场所都翻译成"图书馆"。世界近代400多年来，由于东方中国与西方国家的社会历史发展进程不同，西方国家完成工业革命比中国早几百年。为了论述的方便，我们是否可以把英国工业革命以前，东、西方同处在专制主义氏族王朝统治的农业社会时世界各国存在的一切保存图书文献典籍的处所都统称为"藏书楼"。其理论依据就是：

（1）东西方同处于专制主义世袭制氏族王朝统治的农业社会形态。

（2）西方各国与中华帝国都共同存在皇家藏书楼、寺观（教会）藏书楼、书院（学院）藏书楼、私家藏书楼这样几种藏书楼（图书馆）形式。

（3）处于专制主义氏族王朝统治下的农业社会的东方中国，其藏书楼的管理方法、管理理论和文献学理论（校雠学、文献分类学、文献目录学等）与中世纪前后西方各国同处专制主义氏族王朝统治下的农业社会存在的图书馆的管理方法和管理理论相比，毫不逊色。

（4）世界工业革命之前，约公元二世纪——十六世纪前后，中国的总体国力和科学技术发展水平都处在世界最发达国家的地位，其农业、手工业、科举制度、科技、教育、文化包括中国的藏书楼体系的发展水平，都较长时间处在世界领先地位。

（5）西方各国的图书馆在英国工业革命之前，尤其是处在中世纪前后与东方中国的藏书楼相比，藏书数量、开放程度、服务质量并不占有什么优势。相反中国是发明造纸术、印刷术的故乡。中国明清两朝编撰的《永乐大典》、《古今图书集成》、《四库全书》都是世界上当时规模最大的类书和丛书。清代将《四库全书》共抄录七份，建北方四阁，尤其值得称道的是建江南三阁，供民间抄阅利用。中国的藏书楼不只为中国，而是为全人类保存了浩如烟海的图书文献典籍。

近现代图书馆体系和图书馆管理理论只能产生于世界工业革命、资产阶级革命之后，"图书馆学"这一概念，直到1807年才由德国图书馆学家施莱廷格首先提出，此前还不存在"图书馆学"这一概念。专制主义氏族王朝统治下的农业社会形态只能产生与那个时代相适应的各类藏书楼体系和藏书楼管理理论、文献学理论。西方真正意义上的近现代图书馆及图书馆学理论、文献目录学理论都产生于西方工业革命之后，而不可能产生于西方工业革命之前，这是不争的客观历史事实。处于专制主义氏族王朝统治的农业社会的东西方各国存在的藏书楼体系，其社会存在的根本目的就是提供社会利用，为社会提供“文献信息保障”是它们共同的本质特征。因此，把同处农业社会形态的东、西方保存图书文献典籍的机构分别称为“封闭的藏书楼”和“开放的图书馆”是没有理论依据的。

1.2 怎样正确认识藏书楼

吴晞先生以及学界有相当多的人都认为“藏书楼”与“图书馆”是两种性质截然不同的事物。怎样正确认识和评价藏书楼？所谓“封闭的藏书楼”是人类处在封建专制主义氏族王朝统治下的以家庭为主要劳动生产单位的土地私有制农业社会形态下形成的政治制度、经济制度、教育制度以及当时的生产力发展水平决定的必然产物。

古代农业社会，国家形态的基本特征是：(1)以血缘关系为纽带形成的专制主义世袭制氏族王朝统治制度，在这样的制度下，必然首先存在专为统治者服务、为统治者提供文献信息保障的皇家藏书楼。(2)以土地私有制，以血缘关系形成的家庭、家族农业和手工业的生产单位，由家庭、家族建立起来的私家藏书楼，它只能为家庭、家族的成员提供文献信息保障。这是由那个时代以土地和生产资料私有制形成的家庭、家族农业和手工业生产性质决定的。私家藏书楼是私人藏书，属于个人、家庭、家族私有财产。在今天的社会主义中国，很多著名学者、私人拥有近万册、几万册以上藏书，有的还被评为当代“藏书状元”，他们有条件的话，建当代私家藏书楼是不存在什么问题的。只要现实社会存在生产资料私有和财产私有制度，私家藏书就始终存在。其私人收藏的图书、文献资料的私有性质，不对社会开放，无可厚非。书院藏书楼、寺观藏书楼，毫无疑问与近现代学校图书馆、近现代的寺观(教会)藏书机构一样只为自己特定的服务对象提供文献信息服务。并不像吴晞先生等我国某些学者所认为的：“中国古代藏书楼，从它诞生的那一天起，就是‘封闭的藏书楼’，只收藏不利用。西方各国古代的‘图书馆’，从它诞生的那一天起，就叫‘开放的图书馆’，就与中国古代的藏书楼是两种性质截然不同的事物。”如果当代中国的图书馆学理论研究者把20世纪初东方中国仍处在落后的专制主义氏族王朝统治下的半封建、半殖民地农业社会形态存在的已经落后、衰败的“藏书楼体系”与经过工业革命、资产阶级革命以后几百年，进入到工业社会形态形成的西方“近现代图书馆体系”进行比较、判断优劣，这样既不公平，其研究方法也是不科学的。

1.3 皇家藏书楼、书院(学院)藏书楼、寺观(教会)藏书楼、私家藏书楼共同构成藏书楼体系

西方国家和东方中国在工业革命之前,都同时存在皇家、书院(学院)、寺观(教会)、私家藏书楼,共同构成了完整的藏书楼体系,这不是什么巧合,是由农业文明造就的产物。为什么要把藏书楼看成是一个完整的藏书楼体系呢?

皇家藏书楼从诞生起,就是以保存有文书、档案、文献资料等记录载体为己任的专门机构,是国家机器最重要的组成部分。古埃及的纸莎草书、古巴比伦的泥版图书、中国河南安阳小屯村出土的甲骨文文献,都是为利用而保存,为传承而存在的。它们为后人研究当时社会形态提供了珍贵的文献和实物资料。孔子周游列国而后著《春秋》,司马迁循行天下而后著《史记》。皇家藏书不足,著者要遍行天下,寻访图书文献。历朝历代统治者主持编撰史书、宋代司马光编撰《资治通鉴》、宋末元初马端临编撰《文献通考》,都离不开皇家藏书。皇家藏书不足,朝廷还要采用各种奖励措施,广开献书之策。清代撰修《四库全书》,征集图书采用各种奖励措施,编撰完成后建北方四阁和江南三阁的整个过程,印证了中国古代文献典籍在特定的历史背景下的聚散轨迹。中国藏书楼的兴衰、发展史,更能充分地反映:朝代更替、处于乱世,皇家藏书楼的藏书就会散失而流向民间藏书楼;处于治世、盛世,书院藏书、寺观藏书、私家藏书又会通过征集等手段而回流朝廷,流向皇家藏书楼。存在和发展了几千年的中国藏书楼发展史,大量史实充分说明各类藏书楼之间通过藏书利用、征集、赠予、互通、传抄、刊印、交流这些过程,都是藏书楼的藏书被社会利用的过程,藏书楼正是在被利用的过程中,逐渐形成了完整的古代藏书楼体系。正是完整的中国和西方古代藏书楼体系,为人类保存了浩如烟海的历史文化遗产。孤立的、片面的认识和分析私家藏书楼和其他个别藏书楼所存在的“封闭现象”,容易造成偏见和误判;孤立的、片面的认识和判断古埃及、古希腊、古罗马奴隶主统治下存在的所谓“公共图书馆”的开放现象,也同样容易造成偏见和误判。当时极其落后的生产力发展水平和极低的教育普及程度、藏书数量、文献和文献载体的稀有和珍贵性、社会的不安定或发生战乱,都是制约着所谓“公共图书馆”的开放程度的根本因素,在奴隶和贫民占绝大多数的奴隶制社会,生存都极其困难,究竟能有多少识字人口能够利用“开放的图书馆”呢?对于人类历史上,城邦制国家中曾经短暂存在的所谓“公共图书馆”对公众开放现象,不宜过分夸大它在某个历史时间段的历史存在价值。

1.4 藏书楼体系所承担的社会职能

藏书楼体系不是一个孤立于农业社会形态之外的“异类”。正是因为人类通过藏书楼体系传承人类一切记录状态的人类思维成果——文献信息,才推动了人类由原始的农业社会向成熟的农业社会发展;进而由农业社会再迈入近现代工业社会的历史发展过程。正是完整的藏书楼体系承担起了人类整个农业时代为社会提供文献信息保障的社会职能,人类几千年的农业文明史,是靠着东方和西方各国的藏书楼体系保存下来的文献典籍的记录而再现于今天人们面前的。只能是全世界完整的藏书楼体系而不会是什么其他社会机构可以承担起为整个农业社会的文献信息需求者提供“文献信息保障”这一社会职能。

1.5 从藏书楼到图书馆

处在奴隶制和封建专制的农耕社会,只能由皇家藏书楼、书院(学院)藏书楼、寺观(教会)藏书楼、私家藏书楼,共同构成完整的藏书楼体系来承担整个农业时代为社会提供文献信息保障的社会职能,近现代工业社会只能由国家图书馆(公共图书馆)、科研图书馆、学校图书馆等共同构成完整的图书馆体系来承担整个工业时代的文献信息保障的社会职能。两种不同社会形态的“藏书楼体系”和“图书馆体系”的性质和社会职能完全相同。世界工业革命、资产阶级革命早期建立的图书馆,无论是国家图书馆还是大学图书馆,都是由皇家藏书或私家藏书楼的藏书捐赠为基础演变、进化而来的;人类进入工业时代,科学技术的进步,科技文献书籍数量的不断增长是随着近现代科学技术的一步步发展而产生的,有一个逐步发展的过程,图书馆的藏书数量和质量始终是与人类社会历史发展进程同步的。无论是古代的藏书楼,还是近现代图书馆,从来就不会排斥人类的任何发明创造和思维成果。农业时代各类藏书楼中收藏的文献典籍都是经过历史和时间反复检验的记录状态的人类思维成果,在人类由农业文明向工业文明过渡的过程中,各类藏书楼中收藏的文献典籍只要存世的,几乎绝大部分都包容进了近现代图书馆的书库中,只有很少数量散落民间。藏书楼与图书馆的“封闭与开放”或是否“西化”,都是在特定的时间段和特定的空间内,由比较而产生的相对概念,古代藏书楼与近现代图书馆的文献资源在被社会利用的程度上肯定有很大的差别,公共图书馆与一般的学术研究机构内部的图书馆、私立图书馆相比开放程度也会有很大的差别。有差别或差别很大,并不能反映事物的本质和本质区别。“封闭与开放”或是否“西化”,它们都不能反映藏书楼和图书馆的性质和本质区别。关键是:藏书楼与图书馆是否具有共同的社会职能,为社会需求提供文献信息保障才是它们共同的本质特征。

中国的藏书楼就是农业社会形态的“图书馆”。西方工业革命之前,存在于西方各国的各类保存图书、文献的机构,就是农业社会形态的“藏书楼”,两个概念实指同一事物。西方工业革命之前,引领世界科学技术的中心到底是在西方,还是在东方中华帝国,这是人类社会发展史已经定论的。世界工业革命促进了社会生产力的发展,人类由农业社会形态进化到工业社会形态,同时也促进了世界藏书楼体系向近现代图书馆体系的演变。百年前,东方中国的“藏书楼”和西方的“图书馆”之间的差别只在于演变进程的先后差异,道理很简单,世界工业革命首先发生在西方国家。西方国家通过文艺复兴、宗教改革、工业革命、科技革命、资产阶级革命,最早完成了由农业社会形态向工业社会形态的转变,与此同时,也完成了由封建“藏书楼”形态向近现代“图书馆”形态的转变。我认为“古代藏书楼”与“近现代图书馆”之间的差别只在于开放的程度不同,为社会提供文献信息保障的能力和效率不同,本质上却是同一事物。

2 图书馆

2.1 什么是图书馆

藏书楼与图书馆,究竟是不是同一事物?就必须要先搞清楚什么是“图书馆”,这样才能准确回答藏书楼与图书馆有没有本质差别,是同一事物还是两种性质截然不同的事物。

我认为:就古代“藏书楼体系”和近现代“图书馆体系”的整体概念而言,藏书楼和图书馆都是“采集记录状态的人类思维成果——文献信息,经过整序后,为需求者提供文献信息保障,以保证人类社会历史进程认知的延续、世代传承的专门机构”。这一图书馆定义也同样适用于信息社会正在形成的“数字图书馆网络体系”。

吴晞先生在他《从藏书楼到图书馆》的专著中并没有对从西方传入的新事物——图书馆给出一个准确的定义，更没有给古代藏书楼下一个准确的定义，仅论述藏书楼与图书馆“……最主要、最本质的一点，还是封闭与开放的区别……是否‘西化’便是二者的本质差别”。我认为,吴晞先生对究竟什么才是图书馆,什么是藏书楼,在概念上是不清晰的,只有给二者以明确定义,才能比较、分析二者之间有什么差别。“封闭与开放”现象并不能反映藏书楼与图书馆的本质区别，“文革”期间，中国的各类图书馆在较长的时间不对读者开放，处于封闭状态。因此，不能以“封闭与开放”现象作为藏书楼与图书馆的性质或本质区别的依据。是否“西化”更不能反映事物的性质或本质。“东方”和“西方”这一对概念，并不仅仅是地理概念或方位概念，还是政治、经济或意识形态概念，它是近现代概念，而不是历史概念，这两个概念恐怕也是世界工业革命后的产物。依吴晞先生的论点，古代两河流域、古埃及、古希腊和古罗马的藏书设施从来都不是封闭式的藏书楼，都是开放的“公共图书馆”，那么，几千年前处在野蛮的奴隶制社会、黑暗的中世纪和封建专制、落后的农业社会存在的所谓“公共图书馆”与经过世界工业革命、资产阶级革命后建立的西方近现代意义上的“公共图书馆”的开放程度、服务功能和效率能够等同吗？不能等同，二者就是性质截然不同的事物？如能等同，理论依据何在？

2.2 图书馆的社会职能

任何一座正规的图书馆，即使是在当今世界发达国家的图书馆，不论它是国家图书馆、科技图书馆、学校图书馆还是公共图书馆，针对自己的服务对象、以本馆的馆藏资源采购原则为依据，采集本国及国外权威性的正式出版机构、社会学术团体和政府组织出版发行的高质量的图书、期刊、报纸和电子音像出版物等，进行整序以后，就构成了某个图书馆的文献信息资源。那么，什么是“文献信息”呢？文献或文献信息就是“能够采集、整序、存贮、传播的记录状态的人类思维成果”。人类的思维成果，是指人类对客观物质世界即自然界、人类社会形态的运动规律的观察、认识、思考和实践过程所形成的见解、观点、理论和新发现、新发明、新创造。文献信息，就是文献的内容信息。文献信息是从“信息、信息资源、符号信息、客观知识”中提炼出来的，文献信息处在“信息”、“知识”的最高层次。文献信息是古代藏书楼、近现代图书馆、数字图书馆共同的采集对象。从现代图书馆体系这个整体概念来认识，进入文献信息保障体系中的一切资源，必须要具备3个基本特征：

(1) 必须是图书馆能够采集、整序、存贮、传播的处在记录状态的人类思维成果，知识的精华，智慧的结晶。

(2) 内容必须经过社会评审、评判、评价机制的检验。评审、评判、评价机构必须具有公信力和权威性。

(3) 记录状态的人类思维成果，必须具有现实的传播价值和历史的传承价值。

毫无疑问，采集的对象都是当时当代的、记录状态的人类思维成果。中国和世界各国文献信息保障体系中保存的一切文献信息资源，都还要经过历史的和时间的反复检验，因为正式出版物中也不免存在文化垃圾、劣质精神产品。常年不断地整理馆藏，除旧纳新、去粗取精、去伪存真，以保证全世界完整的图书馆体系所采集、整序、存贮、传播的文献信息都是知识的精华、智慧的结晶，成为名副其实的人类知识的宝库。图书馆的工作对象就是文献信息，图书馆的工作原理要求全世界完整的图书馆体系要为需求者提供文献信息的三大保障：

2.2.1　数量和质量保障

提供记录状态的现存人类思维成果——文献信息的总和，内容包括史前的、神话传说的、宇宙空间的、科幻的、哲学的、宗教的、科学技术的、政治、经济、军事、文化、生活的、预测未来的，一切人类知识的精华、智慧的结晶。

2.2.2　揭示和检索保障

中国文献信息保障体系将以上所列文献信息资源的总和，进行文献内容的最充分、最透彻的揭示，以保证需求者能够在最完备、最全面的检索系统中检索到所需要的文献信息。什么是最充分、最透彻的揭示，就是揭示到文献信息内容的最小的知识单元；什么是最完备、最全面的检索系统，就是使用当今最先进的科学技术手段，建立起最简便、最容易被文献信息需求者操作的高效率的、多途径的中国文献信息保障体系资源共享的揭示、检索系统。必须使文献信息的知识单元查全率、查准率达到最高境界。

2.2.3　空间和时间保障

以前面两项保障为前提，需求者可以在任何空间和时间内，以最快的速度得到文献信息需求服务。（世界各国的图书馆体系为需求者提供文献信息保障，均同此理。）

当今的网络时代要实现文献信息的“三大保障”，全世界文献信息保障体系必须采用现代电子计算机技术、现代通信技术、现代网络技术、系统应用软件技术、搜索引擎技术、文种互译技术，建立全球统一的规范化、标准化的数字图书馆网络体系，在世界范围内实现文献信息资源全面共享。合理规划实体图书馆的空间分布，使需求者可以在家中、在基层社区等任何空间和任何时间内，以最快的速度得到文献信息需求服务。文献信息保障体系不但能为现实的需求者提供文献信息保障，而且要为子孙后代提供文献信息保障，也只有全世界完整的数字图书馆网络体系，才能承担起人类信息时代文献信息“三大保障”这一伟大历史使命。

终极保障是指：每一个图书馆网络结点都能实现同等的数量和质量、揭示和检索、空间和时间这"三大保障"。文献信息保障职能，才是图书馆的根本职能，是图书馆区别于其他一切社会机构的根本所在。文献信息保障职能，是藏书楼、图书馆、数字图书馆的共同的根本职能。

如果，未来中国各类图书馆的总和——图书馆体系，即文献信息保障体系不能充分提供"数量和质量、揭示和检索、空间和时间"这三大保障，就是整个中国的图书馆体系失职！"三大保障"理论是检验图书馆体系的功能和效率的最科学、最有效的方法和手段。

3 数字图书馆

在中国图书馆学理论研究中，古代藏书楼与近现代图书馆之间就其性质问题的比较研究还没有得出正确结论，还存在争议，"近现代图书馆"或称"传统图书馆"与"数字图书馆"之间就其性质问题的比较研究又呈现在图书馆学理论研究者的面前。陈源蒸先生在《大学图书馆学报》2005 年第四期发表了题为《数字图书馆非图书馆》一文认为："数字图书馆与传统图书馆虽然有很多联系，但在概念上有很大差别……数字图书馆从理论到实践与传统图书馆都不是一回事……数字图书馆与传统图书馆有本质区别"。从论文题目上就明确点出"数字图书馆非图书馆"。陈源蒸先生在该文中始终没有给"图书馆"与"数字图书馆"分别下一个准确的定义，也没有指出二者所承担的社会职能有什么不同。细读该文全篇内容清楚表明，陈源蒸先生所理解的"数字图书馆"就是"Digital Library（数字资料库）"，就如他认同的一段引文："从根本上来说，互联网就是一个图书馆，一个有史以来最为庞大、生生不息、自我繁衍的崭新意义上的图书馆。"学界把互联网看成是数字图书馆或与数字图书馆等同的人不在少数。叶鹰先生也认为："……因特网上的有序信息集合也是图书馆，即虚拟图书馆。"

全球互联网的开通，标志着人类进入了信息时代。网络世界是一个虚拟社会，虚拟社会的信息包罗万象，无奇不有，统称为"Digital Library（数字资料库）或数字资源库"能得到广泛认同。陈源蒸先生所谓"数字图书馆非图书馆"，应表述为"数字资料库或数字资源库非图书馆"才更合乎逻辑。整篇论文所阐述的内容是虚拟的网络世界——数字资料库与图书馆（传统图书馆）的关系。究竟什么是“数字图书馆”？其实陈源蒸先生的论文已经有了答案：数字资料库(Digital Library)就是数字图书馆。我认为，“数字资料库或数字资源库”从概念上和本质上，都绝对不可能等同于“数字图书馆”！

究竟什么是数字图书馆？

这是一个必须要准确、鲜明地回答的问题，我认为：“数字图书馆是采集记录状态的人类思维成果——文献信息，经过整序后，为需求者提供人类一切现存的数字文献信息保障，以保证人类社会历史进程认知的延续、世代传承的世界数字图书馆网络体系。”数字图书馆就是“完整的世界数字图书馆网络体系”。世界完整的数字图书馆网络体系就是在全世界完整的现代图书馆体系构成的文献信息保障体系的基础上建立起来的，它的社会职能就是：“为需求者提供人类现存的一切数字文献信息资源的‘三大保障’，以保证人类社会历史进程认知的延续、世代传承。”可以毫不夸张地说，人类有文字可考历史以来，人类现存的一切思维成果，其中人类知识的精华部分，人类智慧的结晶部分都保存在现代世界各国的图书馆体系中。建立全球“数字图书馆”，岂能无视现代世界各国的图书馆体系中现存的人类一切思维成果——文献信息。“数字图书馆”岂能非“图书馆”！

究竟什么是“数字图书馆”？绝不是将世界所有的图书馆即所谓传统图书馆统统转换成数字化图书馆，也不是将每一个图书馆的馆藏文献信息进行数字化处理后，再将所有的图书馆资源相加、相链接就算是建成了“数字图书馆”这么简单，这样的做法是不经济的，也是愚蠢的。更不是像陈源蒸先生所描述的：“数字图书馆则包含图书馆、博物馆、档案馆、展览馆、科技馆等各种提供信息服务的机构”的总和相加。

陈源蒸先生既然认为数字图书馆与传统图书馆有本质区别，又不赞成“数字图书馆与传统图书馆毫无关系，它应该一切从零起步，另立门户”的观点，反而赞同“数字图书馆‘延伸’了传统图书馆的职能，它同样向用户提供服务，只是图书馆又一次面临一种叫做‘虚拟资料’或者‘数字资料’的新资源”。网络上只有两类资源，一类是权威的、正式的出版机构、学术团体、政府组织出版发行、发布在网上的正规的、规范的、数字化了的出版物——图书、期刊、报纸、电子音像文献资料和法律、法规、政府文告、文件、专利、标准等数字化文献信息，另一类是没有经过社会的评审、评判、评价机制检验过的网络上不具有权威性的机构法人、自然人自由发布的实用信息、时效信息、自由信息以及其他冗余信息、垃圾信息。这些网络上的巨量信息，有的只有一时的、短暂的现实传播价值，却没有历史的传承价值,全世界图书馆体系如果采集、整序、存贮这些冗余信息或管理这类垃圾信息,拿什么规范或标准来检验、制约图书馆体系的文献信息资源采选行为呢?这才是“数字图书馆”与互联网这个“数字资料库或数字资源库”的本质区别。

笔者在本文的第二部分已经详细阐述了图书馆的工作原理和社会职能,古代藏书楼与近现代图书馆采集、整序、存贮、传播的都是记录状态的人类思维成果,而不是无选择地什么冗余信息、文化垃圾都保存在文献信息保障体系中。即使已经保存在文献信息保障体系中的一切文献信息资源也还要经过历史的和时间的反复检验。有什么样的社会形态,就会产生什么样的图书馆,信息社会形态就会产生数字图书馆形态。如果未来互联网上纯粹数字文献出版机构大量产生,而且都是经过国家相关新闻出版管理机构认可的,具有权威性和公信力的出版机构、学术团体和政府机构在网上出版、传播的数字文献信息,只要是记录状态的人类思维成果,图书馆体系肯定会通过协议的方式或其他特定的方式进行征订、采购,图书馆就会毫无遗漏地采集、下载,保存到文献信息保障体系中来。只要人类社会还存在纸型和磁性载体文献的生产和流通,实体形态的图书馆就不会消亡。图书馆形态将随着科学技术发展的节拍有所改变,图书馆形态必将随着实体文献和数字文献数量比例的变化而发生变化,图书馆形态也必将随着信息时代社会形态的变化而随之产生变化,这是不以人的意志为转移的历史发展趋势,图书馆体系将始终与人类社会历史发展进程同步。现代图书馆要做的就是将人类现存的记录在实体载体形态上的一切记录状态的人类思维成果转换成数字文献信息,便于通过互联网进行传输,只有实现数字文献信息资源全球共建共享,只有建成全世界数字图书馆网络体系,世界各国的文献信息保障体系才能真正实现为需求者提供文献信息“数量和质量、揭示和检索、空间和时间”这三大保障的社会职能。

4 结语

1807 年,德国著名图书馆学者施莱廷格先生提出“图书馆学”,距今整整 200 年。图书馆学科发展到今天,令全世界图书馆人感到悲哀的是:早在 20 世纪 70 年代就有人预言“随着无纸化社会的到来,图书馆将逐步走向消亡”;20 世纪 80 年代,我国学界效仿西方,先将“图书馆学科”改为“图书情报”学科,90

年代又将“图书情报”学科改为“信息管理”学科。在“图书馆消亡论”、“图书馆学变脸”中,图书馆学走过了1807—2007这风风雨雨的200年,迎来了信息时代新的图书馆形态——数字图书馆的诞生,这本应是图书馆、图书馆学理论发展的里程碑和新的起点,令人遗憾的是,当今,国内外众多图书馆学理论研究者认为数字图书馆是“网络基础实施化知识社区”、“互联网就是一个图书馆,一个有史以来最为庞大、生生不息、自我繁衍的崭新意义上的图书馆”、“数字图书馆非图书馆,数字图书馆从理论到实践与传统图书馆都不是一回事……数字图书馆与传统图书馆有本质区别”。如此看来,“数字图书馆”从理论到实践,从形态到本质与传统图书馆都完全不是一回事,“数字图书馆”与图书馆学、图书馆事业,从理论到实践也就没有什么必然的联系了。互联网已经是崭新意义上的图书馆,那么全世界完整的图书馆体系是否即将退出历史舞台了呢?全世界的图书馆人是否即将全部改行,另谋他途了呢?回答是否定的!

农业社会形态存在的东西方藏书楼体系所承担的为社会提供文献信息保障的职能,像接力棒一样传承给了近现代工业社会的图书馆体系,近现代工业社会形成的完整的世界图书馆体系承担起了为工业社会需求者提供文献信息保障的职能,建立在完整的世界现代图书馆体系基础上的未来世界数字图书馆网络体系必将承担起为信息社会的文献信息需求者、为子孙后代提供一切记录状态的人类思维成果——数字文献信息保障,以保证人类社会历史进程认知的延续,世代传承的社会职能。藏书楼、图书馆、数字图书馆三者是本质完全相同、社会职能一脉相承的同一事物,它们之间的差别是各自处在不同的社会形态和社会历史发展阶段,只是开放的程度不同,为社会提供文献信息保障的能力和效率不同,它们之间是包容、递进、传承的关系。互联网不可能取代图书馆,他们之间不是相互取代的关系,而是相互依存的关系,互联网与图书馆之间不能画等号。图书馆始终与人类的社会发展历史进程同步,人类不灭,图书馆就不会消亡。只要能承担起为社会提供人类有史以来一切记录状态的人类思维成果——文献信息“数量和质量、揭示和检索、空间和时间”这三大保障,不论它叫什么名称,无论叫藏书楼、图书馆还是数字图书馆,都是图书馆!图书馆学就是关于藏书楼、图书馆、数字图书馆的学问,“图书馆为需求者提供文献信息保障的全部过程及其相互关系”才是图书馆学的研究内容和图书馆学的研究对象。

参考文献

[1]吴晞. 从藏书楼到图书馆. 书目文献出版社,1996

[2]王学进．图书馆定义之我见．图书馆学研究,2004(6)
[3]王学进．究竟什么是图书馆学的研究对象．图书馆学研究,2006(3)
[4](日本)小野泰博．图书和图书馆史．北京大学出版社,1988
[5]徐雁,王燕均．中国历史藏书论著读本．四川大学出版社,1990
[6]王学进．“文献”、“资料”辨析．江西图书馆学刊,2006(1)
[7]肖东发,袁逸.中国古代藏书家的历史贡献.图书馆理论与实践,1999(1)
[8]陈源蒸．数字图书馆非图书馆．大学图书馆学报,2005(4)
[9]陈源蒸．宏观图书馆学.北京大学出版社,1989
[10]李致忠．文献资源共建共享中的若干问题．北京图书馆馆刊,1999(3)
[11]叶鹰.图书馆学基础理论的抽象建构.中国图书馆学报,1998(3)
[12]梁灿兴．可获得性论体系结构中的文献单元网络(下).图书馆,2002(3)
[13]陈源蒸．出版数字资产管理．出版经济,2004(12)

国家图书馆是公共图书馆吗?

——论国家图书馆的属性与功能

朱　荀　魏成刚(北京大学信息管理系)

1　图书馆学界对国家图书馆属性的不同理解

国家图书馆是国家规模最大的图书馆,它作为全国图书馆事业的中心,无论是在图书馆学界内还是在普通民众中,一直以来都颇受关注,也引发了一些争议。其中有一个关于国家图书馆定位的问题,值得我们认真思考:国家图书馆是公共图书馆吗?在大多数的概念界定中,"公共图书馆"已经有了约定俗成的含义:是指地方各级政府投资兴办,向社会公众免费开放,具有文献资源收集、整理、存储、加工、开发和服务功能的公益性机构。从这个意义上说,"国家图书馆不是公共图书馆"。另外,目前在图书馆学术界也有这样一种说法:国家图书馆不是公共图书馆,不应该为普通读者服务,国家图书馆应该集中精力完成主要任务,而为普通读者服务并不是其主要任务。

《中国大百科全书》(图书馆学、档案学、情报学卷)将国家图书馆分为四种类型,中国国家图书馆被定位为公共性的中央图书馆,具有公共图书馆的性质,但侧重于为科学研究服务;在教科书上也将其定位为公共性的中央图书馆。这样一种定位已明确了国家图书馆的"公共性",但并未得到广泛认同。无论是在中国国家图书馆的网站上还是一些书面的介绍中,一般将其定位为"综合性研究型图书馆"。于是"综合性研究型图书馆"就成了国家图书馆的神圣属性。

国家图书馆是"公共性质的中央图书馆"还是"综合性的研究型图书馆"?具不具有公共图书馆的性质?现在,对国家图书馆性质与职能的疑惑与争议依然存在,我们有必要对国图的性质与其所承担的职能进行分析,而且清晰的定位对国家图书馆未来的发展也大有裨益。首先让我们在世界范围内对国家图书馆的产生与发展进行一次梳理。

2 国家图书馆的性质与功能

2.1 各国国家图书馆雏形期的性质、定位与功能

美国国会图书馆是世界上最大的图书馆，始建于1800年，是根据美国国会法令作为美国立法机构的研究图书馆而建立，同时随国会迁往华盛顿，原专供美国国会议员及政府高级官员使用，主要致力于收藏法律、经济和历史著作。虽然国会图书馆作为国会立法机构的图书馆而设立，但从一开始，这一机构就远非是一个立法机构的图书馆，使用图书馆的包括总统、副总统，后来扩展至司法部门和大部分的政府部门。国会图书馆在建立初期其性质就不是一个封闭起来的图书馆，虽然辐射的读者面比较小，仅限于政府内部。

英国国家图书馆前身是大英博物馆图书馆。1753年，英国有一位既是医生又是博物馆家的德斯爵士将其收藏的8万件珍贵藏品捐献给了国家，成为不列颠博物馆发展的基础。1754年，经英国议会立法，购置了蒙塔古宫为馆舍，才明确分设为图书馆和博物馆两部分，并于1759年向公众开放。它最为中国人所熟知的是19世纪无产阶级的革命领袖马克思曾在这里读书学习，写下了鸿篇巨制《资本论》。英国国家图书馆在刚成立时就向公众开放，公共的性质已经具备。

俄罗斯国家图书馆于1862年7月1日建于俄国首都彼得堡，图书馆建馆时仅有10万藏书。其中除了国家一等文官、科学家、版本家、用钱物捐助学术和文学事业的伯爵鲁勉采夫（1754—1826年）收藏的2.85万册以外，还有人民教育部长A.诺罗夫捐赠的1.6万册书，彼得堡公共图书馆的复本书4万册和其他的，以及博物馆被授权免费获得的俄国印刷出版的每一本书。图书馆其他补充来源还有大量捐赠的书和收藏物。1863年1月2日只有20个座位的第一个阅览室开始工作。可以看出，俄罗斯国家图书馆刚成立时的藏书主要来自捐赠，包括个人和机构，虽然规模比较小，但也开始提供阅览服务，而且当时的定位就是公众图书馆。

日本国立国会图书馆有两个源流。一是设立于1890年、隶属于旧宪法下帝国议会的贵族院众议院图书馆，另一则是设立于1872年、隶属于文部省的帝

国图书馆。其中帝国图书馆经历了自书籍馆(1872)、东京书籍馆(1875)、东京府书籍馆(1877)、东京图书馆(1880)至帝国图书馆(1897)的变迁,1947年改称为国立图书馆。该馆是以美国国会图书馆为模式建立的,1948年6月5日正式向一般读者开放。

法国国家图书馆是法国最大的图书馆,也是屈指可数的世界大型图书馆之一。它是由皇家图书馆发展起来的,其历史可上溯至查理五世(1364—1380)为收藏历代王室藏书而建立的国王图书馆。后由弗朗索瓦一世(1515—1547)在枫丹白露重建,当时称皇家图书馆。1789年制宪会议颁布充公法令,将该馆收归国有,成为国家财产,后更名为国家图书馆,这时藏书已达30万册,向国民开放。

从以上分析可以看出,各国的国家图书馆主要形成于18、19世纪(法国较早,在16世纪),各国的国家图书馆在建立之初就不是一个单纯的研究型机构,虽然初建藏书规模很小,管理也不完善,用现在的观点来看并不能称得上真正意义的国家图书馆,但它们都对公众开放,可以说国家图书馆的公共性在一开始就已经具备了,甚至可以成为最初的公共图书馆了,当时作为公共图书馆的职能,反而大于作为国家图书馆的职能。

2.2 各国国家图书馆发展期的性质、定位与功能

这一时期是现代意义上的国家图书馆的形成期,各种功能逐步完善。

美国国会图书馆在斯波弗德任馆长(1865—1897)期间,在实践上和法律上(通过1897年图书馆重组)将国会图书馆作为立法机构的图书馆和国家图书馆的功能贯通起来。立法机构的图书馆开始向国家图书馆转变,另外斯波弗德在图书馆服务公众制度上也进行了改革。1856年国会图书馆延长了服务时间,每个周日均开放;1869年又提倡晚间开放,但这一创新直到1898年才被国会批准;最后,国会图书馆于1870年恢复了早期直接向公众借阅图书的政策,前提是有适量馆藏图书存放,这一做法直到1894年仍在通行。其实,这就已经是在履行公共图书馆的职能了。

1911年,英国版权法规定了“版本备案法”的制度,从而使大英图书馆得以收藏全英国出版的各种文献。由于图书馆和博物馆的职能不完全相同,这两大文化机构合在一起已越来越不适应社会的发展,为此,1972年英国议会通过了单独成立国家图书馆的建议和《大英图书馆法》,1973年,大英图书馆从大英博物馆中正式分出。作为大英国家图书馆组成部分的国立中央图书馆、国家科学

技术外借图书馆均对公众服务，而科学参考图书馆、科技情报局和英国国家书目局承担着作为国家图书馆的其他功能。

十月革命后，俄国国家图书馆成为苏联最大的文化教育机关，藏书在不断丰富，读者数量也猛增到20多万，作为国家图书馆功能的参考咨询和编制出版书目索引也在展开。1942—1945年连续建立3个阅览室，其中包括一个儿童阅览室，全部对外开放。

法国国家图书馆在发展过程中，面临着馆藏空间受限的挑战：一是馆藏不断在扩充，1930年以后，馆舍拥挤的问题越来越突出，不得不在其他地方另建分馆；另外，读者数量猛增，馆舍空间有限，若不解决这一问题，直接影响图书馆的服务质量。这也是20世纪后期密特朗国家图书馆建立的重要原因。

国家图书馆从最初的雏形到真正现代意义上的国家图书馆的过程中，我们可以看出国家图书馆在作为研究型图书馆方面的职能在逐步完善，但这并没有影响到作为公共图书馆职能的发挥，而且随着藏书的日益丰富，国家图书馆作为公共图书馆的职能也在完善，服务质量也在提高。

2.3 当前各国国家图书馆的性质、定位与功能

各国的国家图书馆经历了20世纪中后期的第三次新技术革命浪潮，技术的进步为国家图书馆的发展提供了条件。总的来说，进入21世纪后，作为国家图书馆的各种功能已经形成。

现在的美国国会图书馆已成为世界上最大的图书馆，担负着为国会和公众服务的双重功能。在国会图书馆网站上，对这一服务目标的表达非常明确：美国国会图书馆的一切服务都是为了国会、政府和公众(the public)。国会图书馆的任务(mission)——保证图书馆资源可以被国会和美国人民使用，并广泛地保存知识与文明成果，为后代使用。除了为国会服务，履行国家图书馆的职能外，国会图书馆坚持为公众服务的立场，除周日和全国性的节日闭馆以外，其余时间向公众开放，只需凭借有效证件，免费发放阅览证。

上个世纪末，英国国家图书馆推出21世纪战略发展计划，该计划列出5个主要发展目标，与公共服务有关的两个目标：其一，保持免费进入图书馆各阅览室；其二，为实现政府主要目标作出应有贡献，在更大范围里支持学习研究活动，向所有需要利用国家图书馆馆藏的用户提供对知识和信息的查询，并在英国国家图书馆网站上明确提出“英国不列颠图书馆对一切来访者开放”。

日本在《国会法》中规定“国会图书馆收集图书及其他图书资料，向国会议

员、行政及司法各部门、日本全体国民提供服务”。日本国会图书馆专门设立“国会分馆”，为国会服务受到高度重视，但这并没有降低公共服务标准，相反，其公共服务制度与其他国家的制度相比，更为宽松自由。任何年满18周岁的公民（本国或外国）均可进人该馆申请图书馆服务，无论其是否为该馆注册读者。注册读者在使用图书馆时可以享受更多的便利。

1981年，法国新建法兰西图书馆，目的是覆盖人类知识的各个学科领域，供所有的人使用，应用国际上最先进的信息传递技术，能提供远程查阅和检索服务并与欧洲其他诸国建立网络联系。后来原国立图书馆和新建的法兰西图书馆合并，重新命名为法国国家图书馆，1996年12月20日正式开馆，并被命名为密特朗图书馆。密特朗图书馆将读者分为两大群体：研究型读者与大众型读者，并体现在所提供的典藏文献的数量方面，以直面真正的价值群体。密特朗图书馆将花园下层针对研究型的读者开放，花园上层则对各类大众型的读者提供相应的服务，各司其职，互不影响。

纵观以上各国国家图书馆的现状，我们可以看出，目前国家图书馆的各种功能已经发展完善，在服务上，国家图书馆基本上将侧重点放在了为国家机关、科学研究服务上，体现了研究型图书馆的定位，但并没有取消或放弃作为公共图书馆的职能——为公众服务，反而通过各种手段如新建馆舍、采用新技术来完善这一职能。

3 中国国家图书馆的公共图书馆属性分析

3.1 中国国家图书馆的发展历程

中国国家图书馆的诞生可以说是在世界国家图书馆产生形成的中期——19世纪末20世纪初。今天的中国国家图书馆，其前身是1909年9月9日成立的京师图书馆。辛亥革命后，京师图书馆由北京政府教育部接管，并于1912年开馆接待读者。1916开始接受呈缴本，标志着它开始履行国家图书馆的重要职能。1950年3月6日，国立北平图书馆更名为国立北京图书馆，开始为读者服务，毛泽东是1号借书证的主人。1951年6月12日更名为北京图书馆。1975年3月，共和国第一任总理周恩来提议并批准兴建北京图书馆新馆，馆址在北京西郊白石桥，1987年落成，邓小平同志为北京图书馆题写馆名。1998年12月12日经国务院批准，北京图书馆更名为国家图书馆，对外称中国国家图书馆。这意味着在世纪更替的重要时刻，国家和社会赋予国家图书馆更重要的使命。

现在国家图书馆设有38个阅览室，阅览座位3000多个，日均接待读者约8000人次，实行365天开放，并在互联网上24小时为用户提供信息服务。服务主要有阅览服务、外借服务、咨询服务、文献提供服务、网络服务、试听服务等。国家图书馆承担着繁重的外借服务。图书外借服务，可以说是公共图书馆性质的体现，国外的大多数国家图书馆并不提供外借服务（馆际互借除外），如英国国家图书馆、美国国会图书馆。为方便读者，国图的大部分阅览室都实行开架服务，还专门印有读者手册，介绍各阅览室的服务项目。不论外界对国家图书馆如何定位，它自建立以来，就在切实履行公共图书馆的职能。

3.2 图书馆法规文件的立场

国际标准化组织颁布的“国际图书馆统计标准”（ISO2789—2003），在第三章“术语和定义”中，对国家图书馆进行了这样的界定：负责搜集和保管与图书馆所在国相关的所有文献资料副本的图书馆，它可以发挥法定保存机构的功能。在ISO2789中，规定了国家图书馆必须执行的功能，表明只有执行了这些功能的图书馆才能被认为是国家图书馆，这是成为国家图书馆的必要条件、“达标”条件。根据我国国情，国家图书馆在履行基本职能的基础上，也承担一部分公共图书馆的职能，为公众服务，这也是合理的。

文化部1982年颁发了《省（自治区、市）图书馆工作条例》，把省级以上公共图书馆确认为是“向社会公众提供图书阅读和知识咨询服务的学术性机构”，学术性不仅指为科学研究服务，而且也包括开展图书馆学理论和技术方法的研究。国家文物局（省以下属各级文化局、文物局）管理的公共图书馆范围包括：国家图书馆、省级图书馆、地市级图书馆共1651个图书馆。

就目前情况来看，中国省级的公共图书馆中，条件具备的一些省级馆比如上海市图书馆是公共图书馆，它在履行公共图书馆的职能时，也承担着研究型图书馆的任务，为地方的科学研究提供服务，但很少有人质疑它的公共图书馆性质。国家图书馆也是如此，它在作为研究型图书馆为科研、政府机关服务时，也承担着公共图书馆的职能。省级图书馆不仅仅是为大众提供普通的阅读服务，也具有为科学研究服务的能力，而国家图书馆也不仅仅为科研服务，也为普通读者提供服务，在一定程度上可以说省级公共图书馆也是研究型图书馆，国家图书馆也是公共图书馆，两者并没有本质的区别，规模、服务范围、为科研服务和公众服务的侧重点不同。

3.3 公共图书馆及其职能的界定

从来没有人对公共图书馆的"公共性"提出过疑问,根本原因还是它的资金来源,或者说它的经济属性,经济属性决定了公共图书馆的社会属性——一种制度性公共物品,从而也决定了它的公益性。那么,同样道理,国家图书馆也是国家财政支持,也必定是一种公共物品。可以说国家图书馆具有公共性这一点可以得到大家的认同。

有了"公共性",国家图书馆是否具有公共图书馆的性质与职能?公共图书馆的职能又包括哪些?首先让我们先看一下对公共图书馆的界定。联合国教科文组织在1994年《公共图书馆宣言》中宣称:公共图书馆,作为人们寻求知识的重要渠道,为个人和社会群体进行终身教育、自主决策和文化发展提供了基本条件。联合国教科文组织坚信公共图书馆是传播教育、文化和信息的一支有生力量,是促使人们寻找和平和精神幸福的基本资源。国家图书馆依托丰富的文献信息资源传播人类的文化知识,倡导全民读书,为终身学习搭建平台,推出了"世界读书日"、"图书馆服务宣传周"、"图书馆全民读书月"、"文津图书奖"、"文津读书沙龙"等文化活动,在全社会营造了倡导读书、组织读书的良好氛围,对于推动学习型社会的建立,提高公众的科学文化素质,发挥了重要作用。另外,国家图书馆经常举办各种形式的学历教育、继续教育、成人教育及各种形式的培训班,满足社会公众多样化的求知需求,成为集学历教育、业务培训、技能培训于一体的社会教育机构,更充分体现了国家图书馆的社会教育职能。由此可见,国家图书馆在传播教育、文化和信息方面扮演了十分重要的角色,这是公共图书馆职能的发挥。

在国家图书馆的机构设置上,有为政府机关、科学研究服务的研究部门,如科技文献查新中心、图书馆现代技术研究所、国家立法决策服务部等;有为履行社会教育与文化知识传播职能设立的中华经典文化推广中心;有为普通读者服务设立的典藏借阅部、报刊资料部等服务部门。可见,国家图书馆在为科学研究、党政机关服务与为普通读者服务功能的行使上是并行不悖的,不会产生冲突。一方面履行研究型图书馆的职能,一方面在履行公共图书馆的职能。

3.4 国家图书馆的区分服务并不是区别待遇

外界媒体对国图进行的一些报道中,经常会提到国家图书馆对读者实行区别待遇，搞特权服务。事实上，世界上各国的国家图书馆在职能部门的设置上都有专门为政府决策提供服务的机构，这种区分很容易让人理解为特权服务，违背了公共性、公平性的原则。其实，区别服务或者说是分层服务并不等于区别待遇，而是对读者更深层次的细分。区分服务在制度设计上的基础是信息需求的特殊性和专门性，比如：人大代表或国会议员在开会期间因为议案或立法需要而寻求信息的服务，在信息内容上具有专门性；在服务深度上，往往需要一些经过深度加工的信息；在服务时间上，开会期间，不管白天还是晚上，需要图书馆提供实时服务等。可以说区分服务体现了改善服务效果的原则。其实，法国国家图书馆早在19世纪就已经将读者分为研究型读者与大众型读者两种，根据读者对象的不同，提供的文献服务在品种和层次上都是有针对性的。

公共性需要平等服务来体现，图书馆对所有读者应一视同仁，提供无差别的服务。概念上的无差别服务只是一种表面的平等，因为它忽视了读者的差异性与信息需求的差异性，这种无差别服务在实际上拒绝了高端用户对深层服务的要求。在资源有限的情况下，有差别服务更能提高不同类型读者的满意度，更符合稀缺资源配置对效率的追求。由此看来，有差别的区分服务比无差别服务更能体现平等原则，它是以用户满意度为尺度，而不是一种区别待遇。就中国国家图书馆的目前使用情况来看，普通公众的数量远远高于科研人员的数量，但科研人员对文献信息需求的要求要高于普通公众，国家图书馆在满足这部分用户的需求时所花的成本就要高于为普通公众服务的成本，这部分人就是国图自称的重点服务对象。重点服务对象与普通读者的区分并不是一种身份上的歧视或待遇上的区分，而是为实现平等服务所作的一种制度上的设计。

属性是某一事物本来所固有的特性，而定位则是根据其表现出来的功能主观界定的，有什么样的性质属性才会有什么样的定位。就以上分析，国家图书馆具有双重属性：一是研究型图书馆，它依托丰富的馆藏资源为国家政府机关服务，为科学研究服务；二是中央级的公共图书馆，是全国最大的公共图书馆，它的公共图书馆属性决定它必须履行许多公共图书馆的职能。

4 中国国家图书馆未来发展的几个建议

有了清晰、明确的定位，才能对国家图书馆的未来发展进行规划。下面就目前媒体上和图书馆学界争议比较多的几个问题，提几个建议。

4.1 “限制使用”必须遵循公平原则

国家图书馆是全国图书馆中藏书最丰富的图书馆，呈缴本制度为其全面收藏文献提供了保障，而国图完善的藏书又是公众获取在其他图书馆无法满足的信息需求的保障，藏与用是存在矛盾的。国家图书馆作为国家总书库，这种矛盾更为突出。所以没有绝对的利用自由，世界上任何一个图书馆也不可能把所收藏的文献资源毫无遗漏地提供给利用者，“限制”才是绝对的。不仅是中国国家图书馆，各国的国家图书馆都设置许多限制措施如年龄限制、身份限制、外借限制等。限制使用的目的是为了更好地实现国家图书馆的功能属性，通过制度设计，达到对读者进行分流的目的。但是，“限制使用”必须遵循公平原则，不能无限制地“限制使用”。

4.2 收费制度透明化

国家图书馆的收费制度，比如说办证的工本费、借书押金、复印费等，一直以来是最受关注的，这也是国图遭受批评最多的。《光明日报》与《北京晨报》近期都对国家图书馆的收费问题进行过报导。从上面的分析我们知道国家图书馆应履行公共图书馆的职能，在理论上，不应该收取任何费用，公共图书馆就应该免费，可是在现实中很难做到。笔者认为主要有两个原因：一是图书馆经费缺乏，另外一个是信用体系不健全。

许多人在谈到对国图收费不满时，总提到国外国家馆的做法，像美国国会图书馆、英国国家图书馆等国外的国家图书馆在为读者提供服务时，不收取任何费用。谈论这个问题笔者认为不应该盲目与国外相比，别人不收，我们也不应该收，而应该结合中国的具体国情。中国作为一个发展中国家，国家图书馆每年的财政拨款是23650 万元人民币（数据来源：《2006 年中国文化文物统计年鉴》），而美国国会图书馆的拨款是 4.52 亿美元（2001 年数据），英国大不列颠图书馆每年的拨款是 8519 万磅（2002 年数据），这只是五六年前的财政拨款的数据，如果加上馈赠、补偿金等，远远不止这个数目，悬殊一目了然。经费的充足与否是图书馆展开服务的前提。国家图书馆在 3 月份将复印费进行过一次大幅度的下调，就是因为中央为国家图书馆文化体制改革所调拨的配套经费已经到位。在国家财政的支持下，首先选择将与读者利益最为密切的文献复印费降下来。

另外，中国的社会信用体系还不健全，办理借书证时，一般是凭借身份证、工作证或学生证作担保，一旦出现借书不还的现象后，国家图书馆通过法律途径进行事后追缴补偿金的成本会远远大于书籍购买的费用。也有人说，高额押金的收取是一种进入门槛的设置，对于低收入人群来说，高达1000元的外文押金无疑是一座大山，间接地将这些公众拒之门外。其实，在目前无法取消收费的情况下，国家图书馆可以提供一些优惠措施，如持离休证、低收入证明、下岗证、残疾证等根据实际需要都可以免费办理借书证，将这一部分公众拉回图书馆。

在目前的情况下，笔者建议，国家图书馆应将其各项收费措施透明化，公之于众。对于借阅押金的收取，图书馆一般根据书价进行折算，外文书一般高于中文书，这一个折算过程图书馆在读者办理借书证时应告诉读者。复印费的收取也是一笔不小的数目，国图将这一部分资金是用于文献资料的保护还是自己作为创收的一部分，都因该将其明示。只有一切费用透明化了，才不会有人质疑。另外，收费不能混乱，国家图书馆对于办理阅览证的工本费、阅览证每年的注册费用、自习室收费等，如若不能取消，就应该给出合理的解释，收费的混乱，最终损害的是图书馆自身的形象。

4.3 改善服务质量，提高服务效率

改善服务质量，提高服务效率，不仅是国家图书馆，也是其他各种服务机构经常提起的，这不仅是一句口号，而是要落实到具体的行动中。国家图书馆馆藏资源丰富，是科研人员和广大公众进行学习研究的最好保障。国家图书馆将服务的重心放在为科研服务上，就要在服务质量和服务效率上作好保障，比如想方设法缩短读者的查找信息时间，不仅指闭架工作人员取书的时间，而是用户到国图查找资料所需整个时间，从存包开始算起，检索目录、填写索书条、提交索书条、等待……如果国图能够从切实节省读者时间（这对科研工作者更重要）、使每个读者都能找到他们所需的资料出发来开展服务，那么读者就会主动地涌向国家图书馆。根据摩斯定律：当用户在使用信息检索系统检索信息时，使用系统的手续麻烦大于该系统提供的信息的价值时，该系统就会趋于无人使用。现实中，国家图书馆烦琐的手续和服务效果往往使许多读者（尤其是科研读者）远离了图书馆。

4.4 国家图书馆也要有社区意识

中国国家图书馆虽然是国家图书馆，但由于我国的公共图书馆、社区图书

馆不能满足读者需求，面对社会公众对图书馆需求不断强化的局面，国家图书馆服务对象的定位已经很明确了，也就是说，既要担当起“一库三中心”的重任，为中央立法决策服务，为重点教育、科研、生产单位的专家学者服务，又要面向广大公众开放，承担公共图书馆的职能。虽然国家图书馆已将服务对象细分为党政机关、科研人员与普通读者，但我们应该清楚，现实中每一个国家的图书馆都是有具体地点的，即存在于一个社区中，不可能脱离物理区域而独立存在，因此国家图书馆不能高高在上，脱离社区。换句话说，国家图书馆也要有社区意识，融入社区，既是国家的，又是社区的。

社区是一定地域中具有共同联系和社会互动关系的人类生活群体。它强调地域特征和人们之间的共同联系和社会互动。社区图书馆是我国公共图书馆系统的不可分割的一部分，如果将整个公共图书馆系统比作一棵大树的话，那么国家图书馆、省市图书馆是树干，社区图书馆是树根，只有根深才会叶茂。从宏观上说，国家图书馆是全国图书馆事业中心；从微观上说，国家图书馆又是所在社区的一个文化机构，有义务参与社区的文化建设，依据丰富的人力资源和物力资源帮助发展本社区的图书馆，从另一个角度讲，这也是国家图书馆分流读者的一种途径。国家图书馆所在的社区不能因为国家图书馆近在咫尺而舍弃了社区图书馆的建设，要以国家图书馆为依托，营造一种学习型社区的氛围，做好这项工作。

我们说国家图书馆在地域上是属于某一个社区的，要有社区意识，但并不是说把国家图书馆作为一个社区图书馆来看待，而是要与驻地社区进行互动，帮助建设好社区图书馆，在国家图书馆所营造的大环境下，建设一个充满书香气息的学习型社区。

参考文献

[1]中国大百科全书总编辑委员会《图书馆学、情报学、档案学》卷编辑委员会. 中国大百科全书(图书馆学、档案学、情报学). 中国大百科全书出版社，1993

[2]吴慰慈，董焱. 图书馆学概论. 北京图书馆出版社，2002

[3]蒋永红. 影响美国国会图书馆走向的人. 科技情报开发与经济，2004(4)

[4]连桂英. 俄罗斯国家图书馆的昨天和今天. 图书馆建设，2004(1)

[5]尹力. 俄罗斯国立图书馆. 俄语学习，2001(3)

[6]日本国立国会图书馆. 中国图书馆网. http://www.chnlib.com/Gwtsg/guojiatsg/yazhou/200511/1156.html.[2007-06-12]

[7]美国国会图书馆. http://www.loc.gov/home/about/mission

[8]英国大不列颠图书馆. http://www. bl. uk/
[9]吴骏. 日本国立国会图书馆印象记. 图书馆界,2003(3)
[10]王世伟. 法国国家图书馆的发展历史与设计管理服务理念. 图书馆杂志,2003(7)
[11]中国国家图书馆简介. 图书馆论坛,2003(2)
[12]李超平,孙静. 国家图书馆:定位与制度选择. 中国图书馆学报,2005(3)
[13]文化部关于颁发《省(自治区、市)图书馆工作条例》的通知(1982 年 12 月)//河北大学图书馆学系. 图书馆法规文件汇编,1985
[14] 图书馆工作汇报纲要(1980 年 5 月 26 日)//河北大学图书馆学系. 图书馆法规文件汇编,1985
[15]万仁莉. 从构建和谐社会看国家图书馆的社会教育职能. 科技情报开发与经济,2006(5)
[16]程真. 论国家图书馆的分层服务. 国家图书馆学刊,2006(1)
[17]李国新. 现代图书馆观念的确立与本土化. 河南图书馆学刊,2003(3)
[18]美国国会图书馆. 中国图书馆网. http://www. chnlib. com/Gwtsg/guojiatsg/meizhou/200511/1265. html. [2007 - 06 - 12]
[19]英国国家图书馆. 中国图书馆网. http://www. chnlib. com/gwtsg/guojiatsg/ouzhou/200512/1231. html. [2007 - 06 - 12]
[20]国图复印费下调背后的图书馆困局. 光明日报,2007 - 04 - 16
[21]杨炳延. 对国家图书馆发展的几点思考. 国家图书馆学刊,2002(4)
[22]霍国庆,金高尚. 论社区图书馆. 中国图书馆学报,1995(4)
[23]陆承兆. 对我国社区图书馆事业发展几个问题的思考. 图书馆学研究,2004(1)

传播知识,造福人类:图书馆的核心价值新探

马恒通(河北师范大学图书馆)

在当今网络化、数字化的知识社会里,知识传播行业(包括图书馆等)竞争非常激烈。因此,图书馆的核心价值问题备受人们关注。因为此问题不仅是一个理论问题,更重要的是它涉及到图书馆的社会地位问题和图书馆的健康可持续发展问题,甚至生死存亡问题。所以,我们必须严肃对待,认真研究,不可掉以轻心。因篇幅所限,笔者仅作概略探讨,以抛砖引玉,诚望同仁积极参与讨论。

1 价值及核心价值

价值的本质是事物(客体)的性质、属性对人的需要的满足关系。所谓"核心价值",一般是指组织价值,它是组织存在和发展所必要的具有恒定性和独特性的永久性指导原则,是组织的灵魂与中心。它渗透到组织发展的全过程和所有层次,并影响组织的发展结果(效益)和发展前途。核心价值是组织核心能力和核心竞争优势形成的基础和决定性因素。它处于一个组织的价值体系的核心地位,决定着整个价值体系的基本特征和基本方向。图书馆的核心价值同样是一种组织价值,具有恒定性和独特性。图书馆所具有的本质属性决定了它不受社会环境的影响,始终保持相对稳定的状态,其职能不因社会环境的变化而被其他行业所取代,体现出服务社会的独占性。

2 图书馆核心价值研究进展及简评[1]

近一个世纪以来,信息技术的迅猛发展及信息、知识生产和需求的急剧增长,促使信息服务业呈多元快速发展趋势,使得图书馆在信息服务业中的中心地位受到严重冲击和挑战。近年来,世界各国特别是发达国家的图书馆学者为

应对挑战并提升图书馆的社会地位,大力探索图书馆核心价值,已经形成一种趋势,成为一个热点,并取得了一些重要成果。有调查显示,美国在图书馆核心价值研究方面起步较早,影响较大,几乎每一个国家在探讨本国图书馆核心价值时,都要或多或少地以美国既有成果为参照体系,加拿大、澳大利亚就是最好的例子,IFLA 也不例外。因篇幅所限。本文仅择其要者予以介绍。

2.1 国际图联(IFLA,2003)确定的核心价值

(1)认可《人权宣言》第 19 条中自由获取信息、思想、想象力作品原则以及表达自由原则等。(2)提高图书馆服务质量,确保用户有效获取信息。(3)承诺使所有参与 IFLA 的成员(任何公民)参与并从中获益。

2.2 美国图书馆协会(ALA,2003)确定的核心价值

(1)读者可公平取用信息。(2)保障读者的隐私。(3)民主。(4)多元性。(5)教育及终身学习。(6)维护知识自由。(7)公共物品。(8)馆员的专业性。(9)保存资源。(10)服务民众。(11)负有社会责任。

2.3 澳大利亚图书馆和信息协会(ALIA,2002)确定的核心价值

(1)保证自由开放获取知识的记录、信息、创作。(2)促进人们的思想交流。(3)致力于提高人们的信息素养和提供学习资料。(4)尊重读者的多样性和个性。(5)保存人类的记录。(6)为 ALIA 成员提供优质的专业化服务。(7)推动这些价值观的伙伴。

2.4 加拿大图书馆协会(CLA)确定的核心价值

(1)图书馆思想自由的原则、普遍获得信息和自由。(2)多样性。(3)知情、知识化其成员是图书馆和信息中心的政策目标。(4)图书馆和信息服务的功能是基于认识社会、文化、政治和历史背景的有效宣传。(5)CLA 成员负有个人和集体的责任。

2.5 Michael Gorman(ALA 前主席)确定的图书馆职业核心价值(2000)

(1)知识保存与传递职能。(2)服务。(3)维护知识自由。(4)理性地处理图书馆业务。(5)支持知识和学习。(6)保障公平获取知识和信息。(7)尊重用户隐私权。(8)支持民主社会。

2.6 Richand Rubin(美国图书馆学家)确立的核心价值(2004)[2]

(1)服务价值。(2)阅读价值。(3)尊重事实与追求真理。(4)宽容价值。(4)公共物品。(5)正义价值。(6)美学价值。

2.7 Wanda Dole(大学图书馆员)等人对图书馆核心价值的调查(2000,世界各地)[2]

(1)服务。(2)知识自由。(3)保存。(4)平等获取 。

2.8 各国图书馆核心价值解释文本词频统计(前5位)[3]

(1)美国:A. 服务(频率:130);B. 信息(95);C. 提供(71);D. 获取(64);E. 学习(61)。(2)其他国家:A. 服务(39);B. 信息(28);C. 社区(23);D. 公共(19);E. 获取(19)。(3)各国总计:A. 服务(169);B. 信息(123);C. 获取(83);D. 提供(81);E. 学习(77)。

2.9 中国学者确定的核心价值

代表性的观点有:

(1)宋显彪:保存人类文明成果,提供用户使用;连接用户与思想;保证用户自由平等获取信息;进行继续教育和终身教育。[4](2)蒋永福:维护知识自由。[5](3)刘月秀:读者价值。[6](4)毕红秋:信息自由。[7](5)李青:保障读者自由利用知识信息的公益性。[8]

2.10 目前认识较为一致的图书馆核心价值[1]

(1)保存资源和为社会提供服务。(2)知识自由。(3)平等获取。(4)教育和学习。(5)尊重读者个性和隐私。

2.11 上述研究简评

由上述可知,目前国内外学者和组织关于“图书馆核心价值”的研究取得了一些重要成果,对提升图书馆的社会地位,推动图书馆事业的发展具有重要意义。然而,我们不难看出,上述“核心价值”的探寻仍存在许多问题:第一,“核心”太分散。它削弱了处于真正核心地位的价值。何谓“核心”,就是诸多事物(理论)的中心,是这些事物中的主要部分。因而,笔者认为,图书馆的核心价值只能有一个（“中心”不能有两个），太多了也就没有中心了。第二，“核心价值”表述有的过于简单，有的过于烦琐。“核心价值”的表述应当遵循既简单又明确的原则，要用科学的语言简洁地表述出来。过于简单，使其意义表达不清，易造成误解或曲解。过于烦琐，使人不能一目了然，有啰嗦之嫌。第三，上述“核心价值”由于未能表达出图书馆的性质、属性对于人们需要的满足关系，且皆处于非核心地位，所以都未准确揭示出图书馆真正的核心价值，但对我们关于此问题的研究具有重要参考价值。由此看来，建立图书馆核心价值，正如范并思先生所说，“是一项艰巨的任务”，“是一个长远的目标”，“需要图书馆人群体的智慧”，“中国图书馆人也必须面对这一挑战”。[9]下面是笔者对此问题的初步探讨。

3 图书馆的核心价值

3.1 图书馆的价值体系

众所周知，任何一种人造物（如图书馆、博物馆、酒店等），都是为了人的利用而建立的。人们建立图书馆的初衷就是为了利用它。图书馆的存在，正是因为图书馆具有多种功能，其中有的功能是其他任何机构无法替代的。图书馆的价值，正是通过图书馆的各种功能的发挥而体现出来的。图书馆存在的价值有多种，笔者认为，主要有如下5个：（1）保存人类记忆。保存人类创造的荷载于各类文献中的各类知识。（2）组织人类记忆。将收集的人类创造的知识有序化，制成知识地图。（3）教育价值。让人们自由、平等、无偿获取、学习图书馆保存的知识而受到教育，提高素质。（4）文化传承。公民利用图书馆积累的人类创造的知识，传承文化，传承文明。（5）传播知识，造福人类。无偿提供知识服务，参与知识生产，推动知识进化，促进人类进步、科技进步和社会发展，使人类享受幸福生活。

3.2 传播知识，造福人类：图书馆的核心价值

图书馆能把人类积累的所有知识让社会所有公民自由、平等、无偿获取和共享，使人类把知识变为力量，既改造客观世界，也改造主观世界，享受幸福生活。一句话，传播知识，造福人类。这就是图书馆的核心价值。显而易见，知识不传播是没有用的。随着科学技术的不断进步，尤其是信息技术的迅猛发展，

图书馆将馆藏知识资源传播给人类的方式、方法和手段是不断进步的，其传播知识的效果也在不断优化。在当今网络化时代，图书馆传播知识的效果超过历代，人类当今分享知识所带来的利益比以往任何时候都大。图书馆所具有的公益性，更使图书馆在实施知识传播中使社会全体公民自由、平等、无偿地获得所需知识信息，从而受到终身教育。人类因此而得到进步，社会因此而得到文明发展，人们的生活质量和水平因此而得到提高。这说明，图书馆通过馆藏（包括物理馆藏和虚拟馆藏）传播知识而造福人类，是最主要的价值，它处于各种价值的中心地位，即核心价值。其他一些价值（如"保存资源和为社会提供服务"、"知识组织"、"知识自由"、"信息自由"、"平等获取"、"教育和学习"、"尊重读者个性和隐私"等）都不是核心价值，因为它们不是主要的，并非处于价值的中心，而是实现其核心价值的手段、方法或条件。"传播知识，造福人类"是自图书馆诞生之日起就存在的具有恒定性和特殊性的核心价值。它不仅表达了图书馆的本质属性，而且表述了图书馆职业的核心内容、核心理念，还说明了图书馆职业的最终目标、重要作用（功能），准确表达出了图书馆这种特殊组织（机构）的性质、属性对于人们需要的满足关系，完整地表达了这一核心价值之思想。简单明确，一目了然。[10][11] 上述国内外学者和组织关于图书馆核心价值的讨论都没有准确表达出图书馆这种特殊组织（机构）对于人们需要的满足关系，皆未能完整表达这一核心价值之思想。"传播知识，造福人类"，不仅准确、完整而又简明地表达了创建图书馆的初衷，而且科学整合了上述国内外关于"核心价值"的研究成果，准确表述了图书馆的核心价值理念，不仅完满地表达了图书馆员的愿景，而且会提升图书馆的社会地位，得到全民特别是管理层（政府等）的高度重视，从而推动图书馆事业健康可持续发展，更好地传播知识，以造福人类。有人对此可能提出："传播知识，造福人类"这一核心价值在其他知识传播行业同样存在。笔者则认为，"传播知识"的方法、途径有多种，但唯有图书馆可实现公民平等、自由、无偿获取知识信息，其他任何机构都无法承担此重任。由上述可知，国内外有关"核心价值"的表述，"知识自由"也好，"平等获取"也好，都有其丰富的内涵。如果单从字面理解，都会产生多种解释，甚至发生曲解或误解。笔者提出的"核心价值"，既有因果关系，又简洁明确，使人一目了然。

4　传播知识，造福人类：图书馆核心价值所具备的条件

图书馆所具有的先进理念、丰富的优良的知识资源、可靠的制度保障以及

它传播知识的特殊性是图书馆核心价值存在的必备条件。

图书馆让全体社会公民自由、平等、免费获得和利用所传播的知识信息，是图书馆传播知识的先进理念。图书馆拥有丰富而优良的知识资源，包括各类知识(库)、人力资源和物质资源。图书馆在不断发展中聚集了传播知识的优秀人才，他们能够熟练地利用各种现代化、网络化、数字化设备，将图书馆收集的人类创造的知识高质量高效率地传播到所需公民手中。图书馆还拥有传播知识的雄厚物质基础：其所收藏的各类文献(包括纸质文献、电子文献、虚拟文献)和数据库涉及古今中外、各类学科的知识信息，是最宝贵的科学文化遗产和精神财富，是人类社会取之不尽、用之不竭的知识资源。图书馆现代化、信息化、数字化和网络化的设备是实现图书馆自动化、网络化、数字化传播知识的最得力工具，使图书馆所实施的跨时空的知识收集、传播更迅速、更广泛、更有效，使读者足不出户就可以通过网络看到国内乃至世界上的各类书籍，学到各类知识。明亮、优雅和适宜规模的馆舍打造了传播知识的最好场所，让图书馆真正成为"天堂的模样"。上述这些都为实现图书馆高效知识传播建立了必要的条件。可靠的制度保障也是实现图书馆核心价值必不可少的重要条件。国际图书馆组织 1994 年制订的《联合国教科文组织公共图书馆宣言》明确指出，"联合国教科文组织坚信公共图书馆是传播教育、文化和信息的一支有生力量"。[12]1999 年制定的《国际图书馆协会联合会图书馆与知识自由声明》强调，"图书馆应自由地收集、组织和传播信息"。[13]这两个文件都明确了图书馆是传播知识的重要机构。还明确指出了图书馆应当让全体社会公民平等、自由、免费获得和利用所传播的知识信息。《宣言》和《声明》已成为世界各国图书馆知识传播的指导性文件，是推动图书馆知识传播的重要的制度安排。把图书馆作为一种公共物品，使图书馆成为公益性机构，既是实现上述《宣言》和《声明》的根本保障，也是实现图书馆核心价值的必要制度安排。世界图书馆发展史已经证明，图书馆自创建之日起就担负起传播知识的神圣使命，并且是通过让社会公民无偿、平等、自由地获取图书馆所传播的知识信息而使社会公民受到终身教育。这是因为人们把图书馆作为一种公共服务领域的公共物品，让大家无偿共享图书馆所带来的利益。公共物品是指由政府提供的由公民税收支持的代表公共利益的物品或服务。根据公共物品所具有的非分割性、非排他性、非竞争性特征判断，图书馆属于公共物品。它是由政府通过全民税收支持其经费开支而向全民开放、免费为全民所利用的一种特殊的文化教育和知识传播机构。图书馆是体现公民的公共利益的公共物品。[14]这不仅是一种社会文明的标志，也是一种效益最大化的制度安排。这种安排的目的就是通过知识信息的共建共享从而促进人类社会不断发展和进步。

5 图书馆是传播知识、造福人类的特殊机构

图书馆是传播知识的特殊机构。众所周知,传播知识的机构是很多的,如图书馆、情报机构、档案馆、博物馆、学校、出版发行机构、新闻传播机构、各类网站,等等。但唯有图书馆具有跨时空收藏并跨时空传播知识的特殊职能,是一种传播人类知识而其他机构又无可替代的特殊机构。因为除了图书馆这种机构外,上述任何其他机构都不跨时空系统收藏、保存人类知识且面向社会全体公民进行跨时空知识传播,并让全体公民平等、自由、免费获取、利用所传播的知识信息。这不仅说明图书馆在诸知识传播机构中传播知识的特殊性,而且内在地阐释了传播知识,造福人类何以成为图书馆的核心价值,内在地说明了图书馆的本质所在,并指明了"利用馆藏传播知识"何以成为图书馆学的研究对象。[10]

英国科学哲学家波普尔曾做过的两个著名"思想实验"也为我们说明了图书馆存在的重要性和特殊性。"实验(一),我们所有的机器和工具都毁坏了,我们所有的主观学问,包括关于机器和工具的主观知识以及如何使用它们的知识也毁坏了。但是图书馆以及我们从图书馆中学到的能力却保存下来了。显然,经过许多苦难,我们的世界还会重新前进"。反之,在实验(二)中,仍如实验(一),但"所有的图书馆也毁坏了,因此我们从书本中学习的能力也没有用了","我们的文明在几千年内不会重新出现"。[15]该实验说明,只要有图书馆存在,就能够实现跨时空积累并传播知识,让人们从"从书本中学习"改造世界的能力,从而推动世界不断前进;如果没有图书馆,人类和社会的文明进步是不可想象的。由此可见,图书馆这种传播知识,造福人类的核心价值有多么大的威力。而其他任何机构(组织)都无此特殊功能,没有这种威力。

作为图书馆的核心价值,"传播知识,造福人类"不仅在理论上能够成立(已如上述),而且还有如下实现方式。

6 传播知识,造福人类:图书馆核心价值的实现方式

“传播知识,造福人类”作为图书馆的核心价值,其实现和存在方式有多种。限于篇幅,笔者只能择其主要方面予以说明。

6.1 图书馆传播、生产知识,促进知识进化,推动科技进步,促进经济发展

世界科技发展史已经并将继续证明,图书馆所具有的传播知识的特殊职能不仅促进了知识的增长和进化,而且推动了科技发展、经济发展和社会进步。古今中外许多著名科学家如哥白尼、牛顿、法拉第、爱迪生、玛丽·居里、爱因斯坦、竺可桢、华罗庚、钱三强、杨振宁、袁隆平等利用图书馆丰富的客观知识资源进行知识创造、推进科技进步的事例充分说明了这一点。[16] 因篇幅所限,现仅举其中几例予以说明。我国著名水稻专家“杂交水稻之父”袁隆平在培育杂交水稻过程中,大量参阅了湖南农科院图书馆、中国科技情报所、中国农科院等提供的中外文文献,培育出高产杂交水稻,其产品仅在1976—1994年就增产2.4亿吨。仅2004年创造的新品种亩产突破800公斤,中国有一半农民采用其新产品,每年可多养活7500万人。据不完全统计,1999—2005年,我国累计推广种植超级水稻新品种约2亿亩,累计增产稻谷120亿公斤。他的水稻杂交技术被誉为“中国第五大发明”。[17][18] 英国著名物理学家牛顿在剑桥大学学习期间,研读了学校图书馆为他提供的大量科学书籍,发明了微积分,发现了万有引力定律,总结了三大运动定律,创立了完整的力学体系——牛顿力学,极大地促进了物理学知识的增长和进化,有力地推动了世界航天事业的发展。航天事业的发展极大地推动了航天科技产业,它作为现代高科技产业,其预期经济效益相当可观。有人估计,从1985—2010年,美国国际通信卫星开展信息服务累计收益可达到3400亿美元;全世界空间能源的累计收益可达2000亿—6000亿美元,总的经济效益可超过1万亿美元。[19] 英国著名物理学家法拉第经常利用皇家学院图书馆的文献,经刻苦钻研和反复实验,建立了著名的“法拉第电磁感应定律”,极大地促进了物理学知识的增长和进化,为人类发明发电机提供了理论指南。电动机和发电机的问世预示着人类电气化时代的到来,同时推动了技术革命、社会进步和社会生产力、人类生活水平的极大提高。由上述可知,图书馆通过传播知识而造福人类,从而实现了图书馆的核心价值。

6.2 图书馆传播知识,使公民终身受教育,在建立学习型社会中发挥了不可替代的作用

图书馆不仅收藏知识、生产知识,而且还是一种特殊的教育机构——公民终身教育基地。图书馆收藏并传播知识的直接目的是使全社会公民接受终身教育,提高综合素质,获得发展和进步。其最终目的是促进人类社会进步、文明、和谐。学校教育是一种不同层次的阶段性教育,不可能承担公民的终身教育,只有图书馆才能担当起公民的终身教育职能。

图书馆的知识传播是建立学习型社会的必要条件。首先是通过图书馆的知识传播让人们深刻认识学习型社会的必要性。有研究表明,知识形态相互转化可提高人类的认识能力,而图书馆正是通过馆藏知识传播在知识形态转化中发挥了特殊作用。图书馆是无墙的大学,人们通过学习图书馆所传播的客观知识,实现客观知识主观化,并且进一步将进化了的主观知识外化到客观的知识载体上,使得人们能够相对地离开具体(物质)客观现实,能通过图书馆跨时空获得人类认识世界的智慧劳动成果。这不仅极大地提高了人们的认识效率,而且优化了人的认知结构、认知定势,从而极大地提高了人的认识能力和认识水平。人的认识能力的提高不仅表现在对主、客观世界的深刻认识,而且表现在对知识和学习的价值的深刻认识,懂得了学习知识对于改造主客世界的重要性,进一步认识到建立学习型社会的重要性和必要性。

有研究结果表明,一个大学本科毕业生在校所学之知识仅占一生中所需知识的10%左右,而其余90%的知识都要靠在以后的工作中不断学习和获取。另据国外一项研究表明,在农业经济时代,人们只要在7—14岁接受教育,就可满足以后四十年工作生活之需;在工业经济时代,要求人们学习时间延伸至5—22岁;而在知识经济时代,需要人们终身学习才能适应社会发展。所以,在学习型社会,人们欲生存和发展,一个组织欲生存和发展,一个国家欲在国际竞争中求生存求发展,不但要学习,而且要终身学习,全民学习。而欲实现全民学习、终身学习,教育是一个必不可少的极为重要的手段。然而,在全民学习、终身学习的学习型社会里,教育不再是一部分人追求学历的工具,教育应是全民教育,应是终身教育,真正实现从学历社会向学习型社会转变,真正实现:人人成为学习之人,处处成为学习之所,时时成为学习之时,事事成为学习之机,从而建立学习型社会。而欲实现上述转变,建立学习型社会,图书馆所实施的知识传播是必要条件,因为图书馆是在实施知识传播中让公民实现终身教育的基地。

图书馆通过知识传播推动学习型社会的建立，这也是图书馆核心价值的一种实现方式，无可置疑。

6.3 图书馆传播知识，为缩小数字鸿沟创造了必要条件

美国图书馆协会（ALA）最早认识到图书馆在数字时代的职能，它以实现信息公平、消除数字鸿沟为己任。它认为图书馆是消除数字鸿沟问题的中心。2002年国际图联通过的《格拉斯哥宣言》和《IFLA因特网宣言》都强调图书馆和信息服务机构都应将他们所有的知识信息资料、设备和服务平等地提供给所有用户使用，从而解决社会公民特别是弱势群体的信息获取的不公平问题。

图书馆发展史已经证明并将继续证明，图书馆传播知识是缩小数字鸿沟的必要条件。以保存与传递知识信息为主要职能的图书馆作为信息富人与信息穷人之间的桥梁作用已超过100年。但是在数字时代，由于信息载体、传播途径、阅读设备以及信息获取的条件等都发生了根本性的变化，加重了信息获取的不公平性。尽管如此，图书馆能与时俱进，适应数字时代的新变化，以现代化、数字化的信息保存技术、丰富的信息资源、网络化的信息获取手段，依其传播知识的特殊职能，在缩小数字鸿沟中仍发挥着其他机构不可替代的巨大作用：它所发挥的终身教育职能，使社会成员受到终身教育，不仅传承先进文化，而且实现人的全面发展；它为社会成员提供便利的上网条件；它让社会成员自由、平等地获取信息；它可实现一国、一地区直至全球信息资源共享等。这说明，图书馆通过知识传播能够实现信息公平，为缩小数字鸿沟创造了必要条件，发挥了不可替代的重大作用。这也是图书馆在造福人类中又一种实现其核心价值的方式，已毫无疑问。

6.4 图书馆传播知识，在构建和谐社会中发挥着特殊的重要作用

社会主义和谐社会（以下简称“和谐社会”）应该实现人与人、人与社会、人与自然的和谐，人的内在精神的和谐，社会内部环境的和谐及外部环境的和谐。因为，和谐社会中，经济是基础，政治是保障，文化是导向，而社会则是人除了经济、政治、文化活动之外的生存和发展空间与场所。和谐社会就是实现经济文明、政治文明、文化文明、社会文明同时发展和协调一致，保障社会的健康有序、持续发展。实现和谐社会，最终取决于人的和谐发展。没有和谐发展的人就不会构建起和谐发展的社会。所以必须“以人为本”，推动人的全面发展，以达到人的和谐发展。人的全面发展需要终身学习，图书馆是为社会公民提供终身学

习的最好场所。

人的全面发展需要传承先进文化,实现文化文明是构建和谐社会的必要条件。因为传承先进文化,能够为构建和谐社会提供思想精神资源。实现文化文明,为构建和谐社会提供强大的精神支撑。发展先进文化,能够确保和谐社会发展方向的正确性和目标模式的科学性。图书馆是传播先进文化,实现文化文明的重要基地。上述波普尔的两个著名“思想实验”说明,没有图书馆人类就不能传承先进文化,就不能传承社会文明。图书馆利用丰富的文化资源,借助现代化的网络信息技术,通过知识传播以宣传、传承先进文化,提高公民综合素质,推动人的全面发展,为实现经济文明、政治文明、文化文明和社会文明创造了必要条件。所以,实现和谐社会需要传播先进文化的图书馆。

构建和谐社会还需要缩小数字鸿沟,以实现信息公平;需要建立学习型社会,以促进人的全面发展,因为这是构建和谐社会的基础。图书馆是通过传播知识缩小数字鸿沟、建立学习型社会进而构建和谐社会的必不可少的机构。构建和谐社会需大力发展科学技术,图书馆为发展科学技术创造了必不可少的条件。实现上述“四大文明”,是构建和谐社会的重要任务。而“四大文明”的实现离不开发达的科学技术。图书馆通过知识传播为推进科技进步、提高生产力水平、促进经济发展创造了必不可少的条件。

如上述,图书馆是推进科技进步,促进经济发展,构建学习型社会,缩小数字鸿沟,实现四大文明,进而构建和谐社会的必不可少的机构。这也是图书馆传播知识造福人类的又一种重要实现方式,也是图书馆的核心价值所在,已毋庸置疑。

7 提升图书馆核心价值的战略措施

图书馆欲提升和实现“传播知识,造福人类”这一核心价值,必须作出全方位的努力。下面择其要者论述之。

7.1 树立新观念

树立新观念,充分认识提升图书馆核心价值的重要性,对提升核心价值具有指导意义。应当把“图书馆为公民提供无偿服务”作为图书馆服务的指导思想。要把信息服务转向“知识服务”,把“传播知识,造福人类”作为图书馆服务的根本目标。应改变过去那种为了创收而影响常规服务的作法。应当深刻认识,图书馆尽管处于市场经济社会中,但它是一种特殊物品,是一种公共物品,而不是商品,是靠公民的税收建立和发展的。所以,绝不能再让公民花钱接受图书馆的一般服务。无论处于何种社会,图书馆都应始终坚守"让公民平等、自由、无偿获取图书馆传播的知识来造福人类"这一永恒理念不动摇,为公民提供无偿服务,让公民平等、自由获取图书馆的知识信息。使紧迫的使命感、危机感和光荣的责任感成为优化知识传播效果的真正动力。只有如此,才能将图书馆所积累的人类创造的知识让公民无偿享用,进而提高公民素质,提高生产力,促进科技、经济发展和人类社会进步、和谐,从而使全社会重视、支持图书馆事业,使人类社会的进步从经济上、需求上推动图书馆事业健康可持续发展。只有如此,图书馆才能依靠自己的核心价值所创造的核心竞争力,创造竞争优势,打造自己的独特品牌,从而在信息服务业的激烈竞争中,靠自己打造的独特品牌、用自己所创造的光辉业绩而立于不败之地。

7.2 加强硬件建设

加强硬件建设是提升其核心价值的重要物质基础。图书馆的硬件包括资金、文献、设备、馆舍等。这些硬件是实现图书馆核心价值的重要物质基础和重要支柱。提升图书馆的核心价值,除上述更新观念外,加强其硬件建设是一项重要战略措施。目前政府对图书馆的投入尽管逐年增长,但物价的不断上涨使投入的实际增长放慢,严重影响了图书馆的其他硬件(如文献、设备、馆舍等)的建设,削弱了图书馆知识传播能力,影响了核心价值的实现。加强硬件建设,主要是政府的责任。政府对图书馆核心价值认识之不足,是影响其投入的主要原因。我们将"传播知识,造福人类"确定为图书馆的核心价值,对政府重视图书馆的建设具有重要的、深远的战略意义。只要政府重视、管理科学,政府才能不断增大投入,所投入的才能得到合理使用,图书馆的文献、设备、馆舍等才能不断满足公民的知识信息需求。

7.3 重视软件建设

加强软件建设是提升其核心价值的必要条件。图书馆的软件包括人员(馆员、用户)素质、政策、法规、业务技术、科研等。"以人为本"是图书馆软件建设的指导思想。这里,"人",既包括馆员,又包括用户(读者)。因为人是决定一切的。重视"人"的建设,是实现图书馆核心价值的前提条件。图书馆传播知识过程中，传播者是图书馆员，利用知识者是社会公民，二者传播、吸收知识的能力决定着图书馆知识传播的效果，即造福人类的效果。当今网络化时代对馆员素质的要求越来越高。因此，千方百计提高馆员传播知识的素质，提高用户吸收、利用知识的能力，是提高知识传播效果的关键所在，因而也是提升图书馆核心价值的关键所在。政策、法规建设是提高图书馆传播知识效果的重要条件。我国目前仍未出台图书馆法，这与世界其他国家相比，显然是落后了。没有图书馆法，图书馆的硬件建设无法保障，提升图书馆核心价值必然受到影响。因此，加快图书馆立法进程，尽早出台图书馆法，是一项实现图书馆资源共享、提升图书馆核心价值的有效的战略措施，图书馆界应积极呼吁，政府应高度重视，尽快立法。加强图书馆业务建设是提高知识传播效果的有力措施。要适应网络化时代的要求，提高网络信息捕捉、选择（过滤）能力，加强知识收集和组织能力，最大限度地满足知识利用者的需求，并提高其吸收、利用知识的能力。加强图书馆的科研能力不仅会提高图书馆品牌效应，而且为提高图书馆传播知识的技术提供了强有力的理论支撑，不仅大学图书馆要重视科研，其他类型图书馆都应重视科研。上述软件建设的加强，最根本的在于图书馆改革的力度。图书馆的改革是一项长期的任务，以人为本，竞争上岗，多劳多得，是激励图书馆人才成长进而提高知识传播能力和传播效果的重要措施，各馆的改革成果充分说明了这一点。

8 结语

综上所述，鉴于目前信息服务业的激烈竞争，世界各国都在重视图书馆核心价值的研究，并取得了重大进展。传播知识，造福人类，不仅在图书馆的价值体系中处于核心的地位，从而不断地推动人类社会进步，而且是图书馆的核心竞争力所在，从而使图书馆在竞争激烈的当今社会永远处于不败之地。它科学地整合了各国关于"核心价值"的最新研究成果，用科学的语言简洁地表述了图书馆的核心价值概念。图书馆的知识传播在人类社会中发挥着越来越重要的不可替代的作用。图书馆通过传播知识，提高了人们的素质，推动了知识的生产和进化，极大地提高了生产力，促进了科技进步和经济发展，在缩小数字鸿沟、建立学习型社会中发挥了不可替代的特殊作用，从而为构建和谐社会创造了必不可少的条件。正因为如此，政府必须高度重视图书馆事业，大力发展图书馆事业。无论处于何种社会，图书馆都应始终坚守“让公民平等、自由、无偿获取图书馆传播的知识来造福人类”这一永恒理念不动摇，大力加强硬件和软件建设。由于图书馆能够跨时空传播知识，造福人类，作为核心价值，它所体现的巨大核心竞争力所打造的竞争优势，使图书馆这种特殊知识服务机构不仅今天不会消亡，而且会更和谐更健康地向前发展。图书馆所体现的上述核心价值，不仅有光荣的过去、辉煌的今天，更会有灿烂的明天！

参考文献

[1]黄晓曼. 图书馆核心价值的探索和意义. 图书与情报，2007(3)

[2]俞传正. 图书馆核心价值的历史解读. 图书与情报，2007(3)

[3]肖珊，范并思. “图书馆核心价值”调查与分析. 图书与情报，2007(3)

[4]宋显彪. 试论图书馆员职业的核心价值. 图书馆杂志，2002(9)

[5]蒋永福. 维护知识自由：图书馆职业的核心价值. 图书馆，2003(6)

[6]刘月秀. 图书馆的价值体系及其价值服务战略思考. 图书馆学研究，2005(8)

[7]毕红秋. 信息自由：图书馆价值的核心概念. 图书馆论坛，2005(4)

[8]李青. 现代图书馆核心价值的定位及其实现. 图书馆论坛，2006(4)

[9]范并思. 图书馆核心价值：理念、历史、现状和愿景. 图书与情报，2007(3)

[10]马恒通. 知识传播论——图书馆学研究对象新探. 图书馆，2007(1)

[11]马恒通. “知识资源”不是图书馆学的研究对象——试评柯平的“知识资源论”. 大学图书馆学报，2007(4)

[12]吴慰慈，董焱. 图书馆学概论(第二版). 北京图书馆出版社，2002

[13]程焕文，潘燕桃. 信息资源共享. 高等教育出版社，2004

[14]马恒通，曹红毅. 论图书馆的公益性. 图书情报工作，2004 (8)

[15](英)卡尔·波普尔著；纪树立编译. 科学知识进化论：波谱尔科学哲学选集. 三联书店，1987

[16]何善祥. 图书馆在科技进步中的作用. 中国图书馆学报，1995，21(5)

[17]袁隆平：让人类远离饥饿. [2004－11－23]. http://news.sohu.com

[18]蒋建科，冯华. 科技开启粮食库. 光明日报，2007－03－22(6)

[19]戴剑锋等. 物理发展与科技进步. 化学工业出版社，2005

图书馆核心价值及其中国语境表述

蒋永福(黑龙江大学信息资源管理研究中心)

《图书与情报》2007年第3期发表了范并思等人的关于"图书馆核心价值"的一组专题文章。这些文章,对图书馆核心价值的概念、意义、目的以及国外图书馆界确立核心价值的状况,作了初步的探讨和介绍。下一步,我们要考虑的首要问题是如何确立和表述中国图书馆行业的核心价值,也就是如何表述中国语境下的图书馆核心价值问题。

"确立图书馆核心价值,必须是图书馆界对于图书馆基本理念的学术讨论、民主协商和集思广益的过程。"是的,图书馆核心价值的确立,必须要有一个充分讨论、协商和达成共识的艰难过程。本文就是出于参与这种讨论、协商的目的而做的一种尝试性努力。

1 国外图书馆界的核心价值表述

应该承认,国外发达国家图书馆界对图书馆核心价值的集团性重视、研究和确认比我国早。他们在这一问题上已经积累有较多的研究经历及其经验。他们的这些经历和经验显然对我们具有借鉴意义。因此,在我国讨论、确立图书馆核心价值之际,考察国外的研究成果、经验和做法是极其必要的。

1.1 美国图书馆协会(ALA)的核心价值表述

美国图书馆协会是最早注意到图书馆核心价值的重要性的行业组织,也是最早专门研究并公布图书馆核心价值的行业组织。1999年成立第一届图书馆核心价值特别委员会,2000年便提出了第一份核心价值表(8个,见表1),定名为"图书馆职业与信息服务:核心价值表"(Librarianship and Information Service: A Statement on Core Values);2002年成立第二届图书馆核心价值特别委员会,并提出第二份核心价值范畴(10个,见表2),并以"核心价值讨论资料"为题发表,后又经过艰难调查、研究和讨论,终于在2004年6月提出了最新的11个核心价值范畴(见表3)。可以说,美国作为世界上图书馆事业最发达的国家之一,其所研究和提出的图书馆核心价值范畴,对其他国家具有示范和榜样意义。

表1　ALA的核心价值范畴(2000)

1. 人与思想的连接
2. 书面记录、信息、作品的自由开放和获取
3. 对阅读学习的支持
4. 尊重所有人的个性和多样性
5. 所有人对自身信念的形成、保持和表现的自由
6. 人类文化的保存
7. 向社会提供卓越的专门职业服务
8. 实现这些价值的同盟关系的形成

表2　ALA的核心价值范畴(2002)

1. 可获取性	6. 保存
2. 协作	7. 隐私权
3. 多样性	8. 专业能力
4. 教育	9. 公共利益
5. 知识自由	10. 服务

表3　ALA的核心价值范畴(2004)

1. 平等获取	7. 公共利益
2. 尊重读者隐私	8. 专业性
3. 民主	9. 保存
4. 多样性	10. 服务
5. 教育及终身学习	11. 社会责任
6. 知识自由	

1.2　国际图联(IFLA)的核心价值表述

IFLA作为国际图书馆行业的代表性组织,一直不折不扣地致力于表达图书馆价值和维护图书馆行业利益的工作。尤其在信息技术、信息产业的发展对图书馆行业利益产生极大冲击和挑战时,IFLA更是急切地感受到明确表达图书馆核心价值的重要性和紧迫性。于是,IFLA于2003年公布了其所制定的核心价值。其表述如表4。

表 4　IFLA 的图书馆核心价值表述中英文对照表

英　文	中　文
1. The endorsement of the principles of freedom of access to information, ideas and works of imagination and freedom of expression embodied in Article 19 of the Universal Declaration of Human Rights.	1. 认可《世界人权宣言》第 19 条宣明的自由获取信息、思想、作品的原则，以及表达自由的原则。
2. The belief that people, communities and organizations need universal and equitable access to information, ideas and works of imagination for their social, educational, cultural, democratic and economic well-being.	2. 人类、社团、组织出于社会、教育、文化、民主、经济等方面的目的和需求需要广泛和公平地获取信息、思想和作品的信仰。
3. The conviction that delivery of high quality library and information services helps guarantee that access.	3. 我们确信，提供高质量的图书馆和信息服务能有助于信息的有效获取。
4. The commitment to enable all members of the Federation to engage in, and benefit from, its activities without regard to citizenship, disability, ethnic origin, gender, geographical location, language, political philosophy, race or religion.	4. 承担确保所有的成员参加 IFLA 的活动并从中受益，而无需考虑其职责权力、残疾、种族、性别、地理、语言、政治立场、民族或宗教信仰。

1.3　Michael Gorman 的核心价值观

当选美国图书馆协会 2005—2006 年度会长的 Michael Gorman 是图书馆核心价值的最有力鼓吹者，也是最热心研究图书馆核心价值的著名学者之一。他在 2000 年《我们的永恒价值:21 世纪的图书馆员职业》(Our Enduring Values : Librarianship in the 21st Century)一文中阐明了图书馆员职业的核心价值。他以阮冈纳赞的图书馆学的五定律、谢拉的社会认识论、罗德斯特因的特质论、费因克斯的价值分类论等为理论基础，总结出了图书馆职业的 8 个方面的核心价值(见表 5)。

表 5　Michael Gorman 的核心价值范畴

1. 知识保存与传递
2. 对个人、团体、社会的服务
3. 维护知识自由
4. 理性地处理图书馆业务
5. 尊重知识，支持学习
6. 保障知识和信息的公平获取
7. 尊重利用者的隐私权
8. 支持民主社会

1.4 Wanda Dole 等人的核心价值范畴排序

毋庸置疑，对图书馆核心价值的认定，是一个价值判断和价值选择的过程。只要是价值判断和价值选择，就不可避免地产生因人、因时、因地而异的差异性。对这种差异性的调查、比较与分析，是图书馆核心价值研究与确立过程中极其重要的一环。为此，一些学者早在20世纪70年代末开始就进行了这方面的调查研究。这种调查研究的特点和意义在于能够了解和把握人们对图书馆核心价值认识上的差异性及其认同程度排序。在这些调查研究成果的基础上，2001年，大学图书馆员 Wanda Dole 等人作了进一步的调研。他们调查了两个大学图书馆、一个图书馆专业班级、一次国际会议中的图书馆员或未来图书馆员，主要的目的是澄清两个问题：图书馆员与图书馆专业学生是否分享了同样的价值观、美国与国外的图书馆核心价值是否相同。根据调查结果的分析，图书馆专业学生与图书馆员都将服务价值与保存记录的价值排在前列，其他则稍有不同。各国的图书馆核心价值则明显存有差异，如美国图书馆员认为服务价值和知识自由价值更为重要，而原独联体的图书馆员则将信息素养与专业中立放在首位。结果见表6。

表6 Wanda Dole 等人的核心价值差异排序

图书馆价值	第一	第二	第三
服务价值	36%	21%	10%
知识自由	14%	16%	16%
观点多样	0%	4%	11%
信息素养	5%	16%	8%
保存	25%	7%	10%
文化	7%	7%	5%
文化多元	3%	3%	8%
平等获取	4%	15%	18%
版权	0%	0%	0%
隐私/保密	3%	1%	8%
职业中立	3%	8%	4%
其他	1%	1%	1%

通过考察和分析（不仅仅是上述几个典型）国外图书馆界确立图书馆核心价值的状况，我们似乎可以得出如下一些启示：

第一，每个地域（国家、地区、城市、系统以及独立图书馆）图书馆界所确立的核心价值，都必然是该地域社会的政治价值观、经济价值观、文化价值观、意识形态价值观、伦理价值观乃至个人价值观在图书馆领域中映射的产物。这也证明了谢拉的“图书馆是社会的图书馆”的论断。

第二，正因为图书馆核心价值是所属各地域社会价值观的反映，所以核心价值及其表述各有差异（甚至是冲突）。这种差异表明，确立图书馆核心价值，必须坚持“求同存异”的原则。

第三，尽管各地域图书馆界的核心价值之间存在着客观的差异，但其中也存在着比较普适的、主流性的核心价值范畴，如“平等获取”、“服务”、“知识自由”、“保存”、“教育”、“隐私权”等。这说明图书馆核心价值又是一种“异中有同”的价值领域。我国图书馆界在确立自己的核心价值体系时，对这些比较普适的、主流性的核心价值应该有所借鉴，而不应该熟视无睹。不过，考虑到中国国情的特殊性，我们还要注意借鉴过程中的本土化改造问题，而不应该是不做任何鉴别和选择地完全照搬过程。

2 中国语境下的图书馆核心价值表述

这里的“中国语境”，自然包含“中国国情的特殊性”、“中国文化传统”、“中国图书馆事业发展的现实状况”等内容。笔者认为，充分考虑这些中国语境的前提下，提出中国图书馆界的核心价值，应该遵循下列几个原则：

第一，在借鉴国外成果的问题上，应遵循“借鉴而不照搬”的原则，即在借鉴的同时做好本土化改造工作。这一原则也可称为“思想全球化，行动本土化”原则。

第二，在内容表述上，应遵循“简约而不简单”的原则，即所提出的核心价值范畴应该体现图书馆职业活动必须遵循的最基本的使命，且其语言表达应符合国人的日常理解习惯，其内容也应具有高度的统摄性，求精而不求全，为未来的修订和扩充留有余地，而不现在就一锤定音。

第三，在立意上，应遵循“突出主线而不散点”的原则，即应该抓住并贯穿一个主线，而不应像国外那样一味地罗列各种可能的核心价值范畴，没有一以贯之的主线，甚至一些范畴之间发生内涵及要求上的冲突（如“知识自由”与“教育”、“社会责任”范畴之间就存在内在冲突）。

根据上述原则，笔者现提出以“文化权利”为主线或中心的图书馆核心价值范畴体系。如图1。

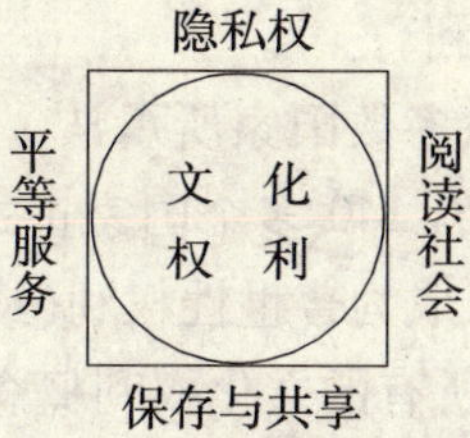

图1　中国语境下的图书馆核心价值范畴示意图

笔者把图1所示的图书馆核心价值模型称为“1+4模型”，即“文化权利+（平等服务+保存与共享+阅读社会+隐私权）”，同时把“文化权利”视为母范畴，其他4个范畴为子范畴，且这4个子范畴之间不存在固定的先后顺序，也不存在重要程度之区别。笔者现选择的是4个子范畴，所以图1的外形为四边形，但这四边形不是不可变的固定形状——若选择3个子范畴，其外形为三角形；若选择5个子范畴，其外形为五边形；若选择6个子范畴，其外形就为六边形……

下面就上述“1+4模型”中的5个核心价值范畴（一个母范畴加上4个子范畴）的含义及其根据作逐一说明：

母范畴：文化权利

这里的“文化权利”的全称含义是：图书馆以尊重、维护社会公众的文化权利为基本宗旨。

文化权利作为图书馆核心价值的母范畴，其根据可通过以下一些命题得到说明：

（1）图书馆属于文化现象

古今中外，图书馆一直被人们认为是一种文化机构、文化设施，以保存和管理文化遗产为基本职能，等等。这种观念和定位在我国也有悠久的历史，故把图书馆定位在“文化”视阈很容易被国人乃至世人所接受，这比把图书馆定位在“信息”视阈更具本质意义。

（2）现代图书馆存在的意义在于满足公众的文化权利

人们知道，现代图书馆的基本使命之一就是满足人们获取知识信息的需要，而这种需要一旦被国家和政府确认为公民应该享有的一种普遍诉求时，便被法律确认为公民的一种权利——文化权利，亦即图书馆所维护的公民平等获取知识信息的权利，属于文化权利范畴。其实，从法律和法治的角度看，政府或公民社会设立图书馆的目的，就是为了保障公民的文化权利。所以，图书馆存在的意义在于它是保障公众的文化权利的社会设施之一。

(3)文化权利是普世性权利

文化权利已被世界上绝大多数国家所承认。1966 年公布的联合国《经济、社会和文化权利国际公约》已有 140 多个国家正式签署,我国也于 1997 年正式签署此公约。说明文化权利已成为普世性权利(或称普适性权利),文化权利已取得国际性话语地位。而且,所有的文化权利概念外延的确认中都包含接受教育、共享文化发展成果、参与文化生活、表达自由、获取知识信息等图书馆所要维护的权利内容。其实,国外图书馆界普遍确认的知识自由、文化多元、差异性、版权、隐私等图书馆核心价值,都属于文化权利范畴。

(4)文化权利已得到中国政治意识形态的认可和重视

1997 年,我国正式签署联合国《经济、社会和文化权利国际公约》,表明我国政府承认公民的文化权利。2004 年,人权入宪则为保障公民的文化权利提供了宪法基础。近几年,中共中央和国务院作出的一系列部署,如《中共中央关于构建社会主义和谐社会若干重大问题的决定》(2006),《中共中央国务院关于深化文化体制改革的若干意见》(2005),《中共中央国务院关于推进社会主义新农村建设的若干意见》(2005),《国家"十一五"时期文化发展规划纲要》(2006),2007 年 6 月 16 日中共中央政治局召开胡锦涛总书记主持的会议,专门研究加强公共文化服务体系建设问题,等等,都明确提出了保障公民文化权益、加快建设公共文化服务体系的一系列政策与措施。这表明,今后一个时期,保障公民文化权利问题将得到前所未有的重视。在这种情况下,我国图书馆界提出以"文化权利"为宗旨的核心价值体系,适于国情、符合意识形态要求,有利于得到政策和意识形态层面的认可和支持。

(5)权利话语彰显法治诉求

我们知道,制度和法治的缺失是我国图书馆事业发展亟须解决的瓶颈问题。在这种背景下所提出的图书馆核心价值观,必须表达出对制度和法治的诉求。而"文化权利"便是一种彻底的法治诉求话语。因此,提出以"文化权利"为核心旨归的图书馆核心价值体系,有利于把图书馆事业建设引向法治轨道,而不仅仅落于道德宣传的俗套。

子范畴Ⅰ:保存与共享

这里的"保存与共享"的全称含义是:收集、保存和组织文献资源并共享这些资源,应始终成为图书馆核心能力所在。

保存与共享作为图书馆核心价值的子范畴之一,其根据可通过以下一些命题得到说明:

• 保存功能是图书馆存在与发展的立足之本

收集、保存和组织人类文化进步的记录物——文献资源，是图书馆得以产生并壮大的历史性决定因素。图书馆的专业性也大都体现在这种收集、保存和组织文献资源的知识和技能上。图书馆学也因此有别于其他学科。图书馆的这种独特的、强大的文献资源保存及其纵向交流功能是其他社会机构乃至现代网络交流所不可比拟的。保存是图书馆的立足之本、发展之源，离开保存功能，图书馆便不存在。

• 资源共享是图书馆的优秀传统

共享其实是保存的扩大和延伸。共享是突破单个图书馆保存能力与服务能力之局限的有效措施。如今的网络技术为图书馆的资源共享提供了强大而便利的支撑。资源共享其实也是图书馆职业长期追求的一大传统与理想目标。我们注意到，在国外的图书馆核心价值表述中，很少见到“共享”范畴。这不能不说是对图书馆一大传统与能力的忽视。如果丢弃了“共享”这一核心价值，图书馆合作（包括集中编目、联机编目、馆际互借等）、图书馆联盟、《图书馆合作与信息资源共享武汉宣言》、“文化信息资源共享工程”等这些图书馆优秀传统或成果，都将失去价值依据。资源共享能够为图书馆带来互助和合作的力量，因此我们必须对它加以弘扬和宣传。

子范畴Ⅱ：阅读社会

这里的“阅读社会”的全称含义是：图书馆的作用和价值主要通过利用者的阅读活动来体现，或者说，现代图书馆就是供人们阅读的专门性社会设施。

• 图书馆是供利用者自主阅读的公共设施

提高社会成员的自我素养（包括科学技术素养、人文素养、道德素养等），是社会文明与发展的普遍诉求。而社会成员自我素养的提高，除了接受学校教育之外，坚持自主阅读是不可或缺的重要途径。而图书馆正是供人们自主阅读的专门性社会设施。图书馆存在的价值正在于此。国外人们普遍认为图书馆是“自我教育机关”，其含义也在于此。

• 为建设阅读社会、学习型社会服务，是图书馆的基本职责之一

图书馆是建设阅读社会、学习型社会的社会力量之一，而且是专门性社会力量之一。在网络化生存时代，建设广泛的、人人都能够参与和利用的数字阅读社会、数字学习型社会，是缩小数字鸿沟、保证社会信息公平的根本措施之一。这也是图书馆在数字网络时代能够存在且必须存在的理由之一。总之，图书馆为阅读而存在。

子范畴Ⅲ:平等服务

这里的“平等服务”的全称含义是:图书馆提供无身份歧视的平等服务。

其实,图书馆平等服务的思想和要求,联合国教科文组织《公共图书馆宣言》中早已有论述:“每一个人都有平等享受公共图书馆服务的权利,而不受年龄、种族、性别、宗教信仰、国籍、语言或社会地位的限制。”对中国图书馆界来说,平等服务的理念也已开始逐渐接受,现在的问题是,由于决策层面的不规范操作、图书馆普及程度低、图书馆服务半径过小、缺乏针对弱势人群的特殊服务方式和手段等原因,很多社会成员如城市贫困人群、农村人口、残疾人等,无法得到便利的平等服务。所以,对我国来说,不仅要继续强化图书馆平等服务理念,更重要的是,迅速普及公共图书馆服务网络,最大限度地消除城市贫困人群、远离城市中心区域人群、农村人口、残疾人等平等利用图书馆服务的各种障碍(包括物理距离的、心理的、技术的、经济的障碍)。可见,“平等利用”和“平等服务”并非同一个概念,“平等利用”是“平等服务”的基础,若没有平等利用,平等服务也只能是对部分人(有条件能够到馆的人)的平等服务,而不是全面意义上的平等服务。也就是说,对我国来说,要想实现全面意义上的图书馆平等服务,必须解决全体社会公众平等利用图书馆的问题。显然,这对我国来说是一件相当长期而又艰巨的任务。但无论如何,平等服务始终应该成为图书馆服务的基本原则,在图书馆核心价值的界定中不能没有平等服务的内容。

子范畴Ⅳ:隐私权

这里的“隐私权”的全称含义是:图书馆依法尊重和保护利用者的隐私权。

在国外,图书馆依法尊重和保护利用者的隐私权,并将其列入图书馆核心价值范畴,是一件用不着加以说明、也不会产生歧义的问题。然而,在我国却不是这种情形。在我国图书馆界,人们漠视或忽视尊重和保护利用者的隐私权问题,可能的原因是:一是在观念上认为图书馆职业活动中一般不会经常出现严重的隐私权问题,因而认为不必“小题大做”;二是认为国人素来没有尊重和保护隐私权的传统,在现实中也没有完整的、严格的立法,故即使侵犯利用者的隐私权,也不会给图书馆带来多大的负面影响。笔者认为,尊重和保护利用者的隐私权问题,虽不是我国图书馆界当前急需解决的关键问题,但这一问题涉及到图书馆尊重和维护利用者的获取自由、阅读自由、平等服务等其他核心价值的实现,而且随着以后公众保护隐私权意识的进一步增强,图书馆的一些服务行为很可能与利用者的隐私权发生冲突。因此,尊重和保护利用者的隐私权问题,有必要引起中国图书馆界的重视,进而也有必要将其列入图书馆核心价值范畴。

参考文献

[1]范并思.图书馆核心价值:理念、历史、现状和愿景.图书与情报,2007(3)

[2]俞传正.图书馆核心价值的历史解读.图书与情报,2007(3)

[3][韩国]李炳穆著;蒋永福译.何以成为真正的图书馆员.中国图书馆学报,2006(6)

[4]艺衡等.文化权利:回溯与解读.社会科学文献出版社,2005

[5]王京生.构建公共文化服务体系,实现公民基本文化权利.特区实践与理论,2006(3)

[6]蒋永福.文化权利、公共文化服务体系与公共图书馆.国家图书馆学刊,2007(4)

[7][新加坡]阿努拉·古纳锡克拉等著;张毓强等译.全球化背景下的文化权利.中国传媒大学出版社,2006

信息化背景下图书馆核心价值体系构建的理性思考

刘军华(西安财经学院)

1　核心价值与图书馆核心价值体系

1.1　价值、核心价值与价值体系

价值是一个关系范畴,它是指客体对主体的意义,表示客体对主体需要的满足。[1]核心价值是现代组织管理理论中的一个术语,不同的学者对其概念和含义从不同的角度有不同的界定。我国学者曾朝晖认为,核心价值是管理者为统一组织成员意志而确定的价值标准.目前对核心价值的定义和理解虽然有不同阐释,但是对核心价值主旨含义的界定却达成共识:即核心价值是组织核心能力和核心竞争优势形成的基础和决定性因素。[2]在价值系统中价值存在多种层次,既有制度层次,也有社会层次,同时还有普世层次,但只有核心价值对事务发展产生的影响最直接和显著。价值体系是一定社会、民族在一定时期社会整体意识对事务价值判断的集中反映,核心价值体系则是特定时期、社会背景下对事务核心价值的系统体现。

1.2　图书馆核心价值体系

从社会发展角度而言图书馆既是一种制度,也是一种价值目标,但就图书馆自身而言,图书馆的发展并不是单一体现在信息资源的增长上,而是要生成图书馆内在精神、形成自己的核心价值体系上。图书馆的核心价值体系是图书馆赖以生存发展的理论基础,它根植于图书馆文化中,渗透图书馆发展的历史过程和不同层次,宣示图书馆的根本精神和价值目标,也是引领图书馆建设的精神力量。图书馆核心价值体系是否科学,不仅影响图书馆的生存与发展,而且也影响社会公众对图书馆的认识与评价。[3]在核心价值体系的影响下图书馆发展将产生不同的直接价值导向,使图书馆的发展过程呈现出不同的趋势和特点。反之,没有核心价值体系的主导和引领,图书馆的发展就会迷失方向,失去

根本。

1.3 研究意义

目前在信息化成为推动经济和社会发展的强大动力，信息化水平成为国家社会发展水平和综合实力重要标志的前提下，图书馆作为信息化发展的潜在重要载体机构，研究信息化背景下图书馆核心价值体系的构建不仅必要，而且具有十分重要的理论价值和深远的实践意义。

2 信息化背景下图书馆核心价值体系内涵

图书馆本体价值体现在知识的积累、传递、再生之中，隐含在提高读者基本素质和劳动效率之中。图书馆虽然不能像其他产业那样，为社会创造物质财富，带来直接的经济效益，但是如果一个地区或部门的图书馆办得好，那么该地区人们的科学文化素质得到提高，必然会促进该地区经济和文化的发展。[4]因此从图书馆本体意义上而言，其核心价值体现在它对社会发展潜在价值和利益的培育与获取。而信息化背景下图书馆核心价值体系的构建则主要是在本体价值的基础上从对图书馆核心价值产生主导因素的主要层面如职业、市场、技术、社会等实现图书馆发展的价值分布以及如何在不同层面围绕价值选择发展战略，来实现图书馆价值的最大化，从而以核心价值为基础缔造图书馆的核心竞争力。

3 信息化背景下图书馆核心价值体系构建因素分析

3.1 科学认识信息化

信息化不仅是一次技术革命，更重要的是一次影响深远的认识革命和社会革命。显然，认为信息化就是普及网络和电脑的观点是片面的。首先，信息化是一个过程，主要是信息技术、信息资源的开发和利用过程以及信息产品制造业和信息服务业不断发展的过程，在这个过程中信息资源逐渐成为重要生产要素、无形资产和社会财富；[5]其次信息化是信息的开发、生产、传播、使用等信息活动在国家社会生活各方面的导向作用与信息技术倍增作用不断增强的过程，是通过信息网络的建设、信息资源的开发与利用、信息技术在核心业务中的应用,实现人力、财力与物质资源的优化配置过程。[6]从以上两点得出信息化是通过充分利用信息技术、信息资源,促进信息交流和共享,推动社会发展转型的历史进程。

3.2 信息化背景下图书馆发展运行环境分析

宏观而言,信息化构建的环境虚拟性不仅从时间和空间领域,而且从价值伦理、心理认识等方面对人的行为方式以至社会发展都产生深刻影响,而这一切对图书馆发展环境构成了多元的改变。微观而言,信息化的发展从资源和技术层面改变了图书馆的发展轨迹,信息资源、用户需求、实现需求的方法和方式的信息化给图书馆的发展注入生机和活力的同时也正在给图书馆的发展提出新的挑战。信息化背景下图书馆发展模式的市场化和技术的数字化,给图书馆发展带来的潜在挑战是多方面的。首先体现在图书馆的信息资源建设和保障地位面临威胁,更多信息技术应用如机器标引等使图书馆传统工作存在的必要性大大降低.网上资源的日益丰富使读者对图书馆的依赖也进一步下降。[7]其次信息化技术在改进和发展图书馆高效服务的同时也增加了图书馆运行成本,信息化的高成本包括人力成本和财力成本。由此可以看出在信息化冲击下图书馆发展运行环境变得愈加困难与复杂。

总之信息化过程中图书馆核心价值体系的构建环境是在逐渐复杂化的背景下有趋于恶化的态势,信息化趋势触及了图书馆价值构成中物质与精神、技术与资源、制度与文化、效率与公平相关因素的多重关系,导致信息化背景下图书馆核心价值体系失衡甚至混乱,并且在信息化发展的泛商业化、泛技术化下出现图书馆价值边缘化、虚无化趋势。

4 信息化背景下图书馆核心价值体系构建的理性思考

在我国图书馆百余年的发展中,因历史环境的差异,不同时期的价值观经历了不同向度的选择,图书馆的核心价值体系也呈现出了各具特色的实践过程和特殊效果,回顾我国图书馆百年发展历程,其在核心价值培育方面的先天不足不容回避。目前图书馆学界关于图书馆价值取向和发展的认识正在从以往部分价值中心向对图书馆整体功能的价值认识转变,[8]对处于信息化背景下转型时期的我国图书馆，虽然通过信息化在技术层面实现整个人类时空范围内组织信息和知识资源并在世界范围内无差别全面共享体现图书馆的职业价值，[9] 但对其通过服务所产生的一系列使用价值和社会价值以及图书馆价值系统的协调性认识不足，使图书馆核心价值体系失衡。而目前图书馆核心价值体系的缺点主要表现为重视其本身所具有的物化价值，忽视图书馆社会效应、服务价值。具体表现为注重对图书馆的信息资源、馆舍、馆员学历的衡量，而忽视图书馆对社会的实际作用及社会资源整合与综合利用价值。[10] 但就信息化背景下图书馆发展趋势而言，馆舍、技术、设备等物化价值毕竟只是手段而不是目标，随着信息化的发展，物质技术因素作为影响图书馆发展主导地位将逐步下降，[11] 而为大众服务才是图书馆核心价值体系构建的基点。

5 结语

信息化背景下图书馆核心价值体系的构建关系到信息化过程中图书馆对未来发展的重新选择与定位。吴敬琏在《制度重于技术》中强调，在中国信息化过程中，制度和文化因素发挥的作用，远远大于技术的作用。诚然信息化是推动图书馆发展的重要动力，但是信息化背景下图书馆价值属性的改善，核心价值提升，不仅仅是信息化所能完成的，除去技术本身的问题，其中涉及的非技术因素不可忽视，而信息化成熟的标志是能够克服纯粹的技术崇拜并且以理性的价值分析和价值判断所取代，只有在正确价值取向的基础上对图书馆信息化的推进才会实现人们期望的目标。因此信息化背景下图书馆核心价值体系构建的关键在于对图书馆自身非技术因素中制度与文化价值的重新界定和信息化过程中图书馆潜在价值的选择与现存利益价值流失之间的取舍以及是否能够在依托信息化技术优势中融合发展创造价值，最终从价值层面提升图书馆的核心竞争力。

参考文献

[1]张友谊. 核心价值体系建设之要. 人民论坛,2006－12(B4)

[2]张晓红等. 基于核心价值的图书馆联盟效用管理研究. 情报杂志. 2005(11)

[3,4]秦俭. 图书馆价值取向论析——图书馆形象的哲学思考之二. 图书馆论坛,2002(8)

[5]王长胜. 加速推进信息化的思考与对策. 中国信息界. 2006(3)

[6]龚炳铮. 信息化的含义与分类的探讨. 中国信息界. 2005(10)

[7]李子臣. Google 数字图书馆计划对图书馆建设的促进和威胁研究. 图书馆建设,2006(1)
[8]李金荣."公共图书馆精神"及"图书馆价值观"讨论之阅读札记. 图书馆,2005(5)
[9]杨文祥. 论当代图书馆与当代图书馆精神:《图书馆精神跨学科历史思考》系列之四. 图书馆,2006(1)
[10]刘月秀. 图书馆的价值体系及其价值服务战略思考. 图书馆学研究,2005(8)
[11]李国新. 21 世纪新图书馆运动的时代任务. 图书馆,2005(2)

知识秩序公正的组织和维护者

——印度“传统知识数字图书馆”体现的图书馆人文精神

张　澎(西南民族大学图书馆)

1　传统知识及其堪忧的存在状态

图书馆是作为组织保存各民族文化财富的机构而存在的,文献是保存民族文化遗产的重要载体,很多国家专门制定了保护文化遗传的政策法令和出版物呈缴本制度,这种收集和保存人类文化遗产的职能是图书馆本身固有的、有代表性的职能,是图书馆对国家负责的社会职能。但与历史上的图书馆侧重保存不同,现代图书馆被广泛地要求在知识组织和知识利用上有更多的作为,联合国教科文组(UNESCO)实施的“世界的记忆”(Memory of the World)项目,其目的在于用最合适的手段,保护世界各国的文献遗产,并用最合适的技术,使得它们能被尽可能多的人利用。但与已约定意义上的“文献”不同的还有一些处于“准文献”边缘的具有浓烈草根性的传统知识(Traditional Knowledge),却由于历史的原因一直处于主流的图书馆学家和情报学者的视野以外。

学界对传统知识本身的分类和涵盖有多种描述,还没有一致的定义,但一般地说,传统知识是指一些地域化特征浓厚且传播方式有限的传统生活生产经验,包括为医疗和农业使用的生物或其他材料的信息、生产方法、设计、文学、音乐、宗教仪式和其他技术和工艺。与大部分文献化的现代知识不同,许多传统知识只存在于传统群体的记忆或生活之中,缺乏系统的整理和记录。很多情况下,传统知识是以口传或半公开的方式代代相传,例如,部落或土著医药基于传统的信仰、准则和实践,历经数世纪的以地区、民族、部落或家系为单位的经验积淀,通过口授和一些非主流的记载方式世代相传下来,并经继承者不断赋新而在一定地域保持延续。然而,在很长的历史时期内,此类闪烁着智慧光芒的地域(社区)文明成果一直被现代文明主要力量——西方技术文明所忽视,现代文明在相当的历史时期内并没有认识到传统知识的应有价值,这种对原住民社区生存经验及文化价值忽视,已不自觉地加速了源于原住民社区的传统知识的流失。

上世纪 90 年代以来,传统知识的境遇出现了一些新的变化。这种变化的缘由来自两个方面,一方面来源于西方技术的哲学自醒,求得人类和自然和谐平衡的文明发展观使技术领跑者重新审视知识结构的演绎过程,在初级知识的原生矿中寻找有用的启发和技术教导;另一方面,WTO 与贸易相关的知识产权协定(TRIPs)多边效果,使得许多国家、民族和社区意识到一贯作为强势文明的知识产权武器在保护自己传统知识方面也有一些借鉴作用。

传统知识往往可以帮助现实问题找到有用的解决方法而实现商业化的利用,西方社会重新认识到世界各地原住民的传统知识的价值,并从中获取了实利,这种情况在传统生物资源和民间医药领域表现得尤为突出。尽管传统知识正被逐渐视为一种有价值的知识来源,西方知识产权法总体上仍视其为不可现代检索的信息而对其所有者的权利予以忽视,在一些情况中,不同形式的传统知识已被后续研究者和商业企业以新的知识产权形式盗用享受,却未对这些知识的创造者或拥有者给予任何补偿。例如,当今许多申请专利的技术都基于甚至直接取材于遗传资源、传统知识。有些个人或机构擅自将某群体特有的遗传资源经过改造甚至照搬原样就申请专利,以取得对这些资源的排他性垄断控制,实际上,这种常被称为"生物盗版"(biopiracy)的行为不限于生物资源和医药领域,特属于某群体的其他传统知识也常被以类似的方式盗用,比如其他商业资本对美国印第安民族部落的历史传统徽章和文字标识的不合理滥用,也是这种盗版的一种表现形式。在世界经济一体化的趋势下,对付这种在传统知识上获得不当得利,已经成为世界上很多的具有殖民地半殖民地和内闭历史的发展中国家国家战略的一部分,世界知识产权组织(WIPO)也正在讨论寻求解决的方法,限于本文的主旨,有兴趣的读者可参见 WIPO 的 Mpazi Sinjela 最近的著述和笔者的一些研究。

笔者在此想指出的是,在处理认定传统知识问题时,一种国家间公认的处理方法是将这些隐性的处于社会基层的传统知识实现显性表达,使之现代文献化,而在新专利授予中成为参照。一些在历史上相对自闭,传统知识丰富的国家(社区)开始考虑传统知识的显性化方法。印度"传统知识数字图书馆"就是其中比较典型的模式。原本处于离散、模糊、正在被遗忘状态的知识，经文献工作者组织（有时称为“发掘”似乎更准确）后成为符合现代文献检索特征的数字化文献体系，其具有的现实经济法律参照意义，使知识的创造者（或其权利人）与继承创新者间分享依据这些知识而导致的后期开发利益的权利主张得以彰显。对于图书文献工作者，“传统知识数字图书馆”的出现和发展，其意义似乎超出了传统的收集、编撰行为，相比于历史上的许多由政府（皇朝）主导的知识组织活动，如中国明代《永乐大典》，清代《四库全书》的编撰行为不同，我们更多地看到图书馆在新经济时代，基于一定的国家经济目的，对特定知识进行能动的组织、管理和披露的核心作用。

2 印度传统知识数字图书馆(TKDL)的建立和功能

由于对传统知识作某种程度的组织化是传承和保护传统知识，使它们不被不当垄断误用的一种公认手段，一些国家和地区先后采用不同程度的知识组织方式。为保护印度传统知识，1999 年印度建立特别工作组为开发建立传统知识数字图书馆（TKDL）起草报告。该项目的主要发起人是印度国家科学交流和信息资源研究院（NISCAIR）的院长、前印度国家信息中心的高级技术总工 Shri V. K. Gupta。TKDL 项目 2001 年被印度经济事务内阁委员会批准，由印度国家科学交流和信息资源研究院（NISCAIR）等部门共同合作开发，并由 NISCAIR 负责实施。NISCAIR 的图情工作者与印度传统医药（Ayurveda）专家、专利审查员、IT 项目助理等组成的工作班子投入有关工作。第一期工作已于 2003 年秋完成投入使用，使现有的传统知识合法化，并能够保护这些信息不再被授予专利。

传统知识数字图书馆目的是将包含印度各基层社区的历史传统文化遗产汇集起来，目前主要是针对传统药业，实际上将整合所有的尤那尼（Unani）、悉达（Siddha）、瑜伽（Yoga）和自然疗法（Naturopathy），通过筛选和对照公共领域可得到的知识把包括印度草医学在内的传统知识的现有文献整理成数字形式。项目第一阶段将阿育吠陀医药 36000 条制剂的信息纳入 TKDL，很多制剂内容是从印度草医学带有原始图像的古籍中翻译过来的，到 2005 年，已经将印度草医学 3 个主流的传统药物分支的 110000 多个配方数字化，TKDL 采用了包括北印度语和五种国际语言，这样全球的专利审查员可用五种语言，很容易检索到与传统知识有关的信息。

TKDL 既可用于现代检索，也是对传统知识的保护，通过 TKDL 的使用保护了传统知识的不当利用。2004 年，一印裔美国人在美国获得了二十六路瑜伽套路（sequence of 26 asanas）的专利权，这使得这种有五千多年历史的健身方法的权威性被质疑，印度人从 TKDL 数字化的瑜伽文献中得到了使美国专利权无效的依据。

在文献组织和标引方面，TKDL 的检索分类是一种系统排列的创新分类系统，采用国际专利分类法（IPC）为原本，但突破了国际专利分类法的现有分类范围，形成可系统管理、传播和检索传统知识的结构化分类系统（Traditional Knowledge Resource Classification，简称 TKRC），传统知识资源分类（TKRC）从国际专利分类 A61K35/78（关于草药）的一个小组（group）引得细分 5000 个小目。WIPO 的国际专利分类联盟于 2003 年 2 月召开的专家委员会第 32 次会议通过引入新组 A61K36 已把草药的分类扩展为大约 200 个小组，这些新组修改补充在新版 IPC 中。

TKDL 使散落的传统印度医药知识以可国际化检索的方式与现今的经济发展间建立了直观的联系，使印度在对抗全球经济一体化的某些不合理行为，尤其是跨国医药公司的霸权和垄断性掠夺时有了一件有效的抗衡工具，这种以图书情报机构为主建立的为区域民族（社区）的经济文化利益和社会经济的良好发展提供对比参照的文献体系，是世界经济一体化过程在图书情报界的一种体现，也是以国家民族利益为出发点设立举国体制的传统文化知识保护的一项有效的直接措施。印度建立传统知识数字图书馆的方式已经引起许多发展中国家的效仿，南亚合作组织（SAARC）已于 2005 年开始着手建立自己的传统知识数字图书馆，将传统知识的深度知识组织和数字化引向更广的地区。

3 “传统知识数字图书馆”与联合国教科文组织的“世界的记忆”的异同

首先应该说“传统知识数字图书馆”（TKDL）与联合国教科文组织的“世界的记忆”（MW）都是保护人类文化遗产，使之不至于在现代文明的主流文化中淡忘泯灭。从文献保护和保存的角度来讲，这两种馆藏除了具有了数字化的特征外，还起到特藏的作用。“世界的记忆”的数字文化遗产具有明显的泛文化特征，数字文化遗产的组成既包括以任何语言在人类知识或表达的任何领域从现有资料转换成数字形式的文献，也包括没有其他格式而只有数字原件的“原生数字”（born digital）文献，其数字文化遗产包括全世界各地联机或脱机产生的线形文本、数据库、静止和移动的图像、声频和图形以及相关的软件。其目的是采用新的方法来保护濒危文献遗产，对一些易于流失的文献或易于被经济利益指向所边缘化乃至最后走向消亡的民俗元素予以固化和遗存，使公众得以取之，并保证它的有效传播。

与 MW 数字文化遗产的泛文化保护行为相比，“传统知识数字图书馆”具有更为明显的选择目的性——区域经济特征，更多的考虑对该国（地区）当今有经济利益关系的那部分传统知识：物种、生存方式、土著医药、特征文化等。因此，可以说，TKDL 所考虑的仅是那些与现今经济社会有比较直接的经济相关关系的那部分文化遗产。印度之所以先选择医药保健相关的内容建立其传统知识数字图书馆就是考虑到其丰富的土著医药传统知识被西方跨国制药企业的非公平复制，这里蕴涵着国家（或民族社区）巨大的利益。

如果目的只是保持、保存和保护而不是具有针对性的开发，则必须采用一种不同的策略。“世界的记忆”数字文化遗产的保护行为提倡数字原件的“原生数字”（born digital）文献，以便原汁原味地“记忆”世界；与之形成对比的是TKDL要求原始文字的现代表述，例如，按世界知识产权组织的一贯主张，区域性古老文字（例如印度古瑜伽采用的古梵文）的记载需转换为所在国的官方现代文字乃至英、法、德、西班牙、日文和中文，并且与现有的技术分类（专利分类法）形成对照。另外对传统知识的原始记录进行收藏保存，还起到可能法律意义上的举证作用。例如，在美国，土著美国人作品的保存是通过数种立法途径达到的，包括建立了对本土美国原住民部落用官方徽章数据库。

与印度的传统知识相比，中华民族的传统知识所涉及的内容显得更为博大繁复。就拿医药和医学类来说，虽然相对地讲，以汉民族为主的主干中医体系有相当的系统化和文献化程度，但还有为数众多的我国少数民族都有独具本民族特色的医药理论和治疗疾病的经验传世。近年来敦煌文献中发现的大量藏医文献，如《P．T 1057 号文献——藏医医方杂集》、《P．T 127 号文献——藏医灸方残卷》等均记载了很多病症及治疗方法。流传于云南弥勒县的《热择梭》及流传于红河两岸的《若切苏》记载了彝族先民的针灸疗法和几十种病例，数百种药用植物、动物、矿物以及一些手术指导。每种病症都载有病名、药方、用法、服药禁忌等。东巴文，是一种属于记事和表意文字中间发展阶段的原始象形文字符号系统，是当今世界上仅存的且仍被使用的古老文字符号，《东巴经》中记载了大量的医学内容，除了180多种丸剂，同时还记录了针灸和按摩的治病原理，对兽药的使用和农作物病虫害的防治也有记载。应该说，这些文献和"准文献"，还不能符合显性知识——现代专利文献的检索标准，在这些传统知识被文献工作者合理组织达到比较现代的国际化检索性之前，存在着被不公正地商业化利用的极大可能性。

4 TKDL表达的图书馆知识组织观

人类的知识组织活动源于对客观知识的无序化程度加以控制并使其有序化的愿望，如果没有客观知识无序化状态的存在，便不会产生知识组织活动。从知识组织的角度看，满足人类客观知识主观化的需求是知识组织活动的最终目的。组织的实质是以满足人类客观知识主观化的需要为目的的、针对客观知识无序化状态所实施的一系列有序化组织活动。

从知识的组织和管理上看，"传统知识数字图书馆"的产生似乎在表明，在知识的深层次组织中，在知识秩序的建立上有两个维度是应该予以重视的，一个是知识存在的时间维度，一个是社会规约发展的顺序维度。前者是知识客观存在的时间标度，是相对稳定的；后者却在一定程度上受现时主流社会语境所规约并为现时经济和法律制度所左右，其对知识秩序的表达是时隐时显、因时而易的。我们还无法避免"西方文明中心论"引动的世界经济现实乃至以世界经济一体化表达的技术经济强权，现今全球通行的知识产权制度在权利的确认上虽然也标称以知识客观存在的时间标度为转移，但在技术文明的主流社会语境中却将某些离散分布的至关重要的"知识基因"排除在制度视野（比如专利查新检索规定的七国两组织及100多种专业期刊）之外。TKDL的发展使我们看到这样一件历史事件的发生：在知识的秩序事关社会公正的时候，图书馆——这个国家制度的执行者在执行知识组织活动中正在起到社会伦理公证和知识秩序公正的维护者作用。那些分散在不同时空的知识片段，那些可为现今技术文明带来创新薪火的细微火星，那些历经千年，由无数试错和经验积淀下来的知识财富富矿，经图书情报工作者——知识组织者的手实现新的知识定序，在新的时代文明时序坐标中使隐性的知识显性化，使之在当今技术文明的主流社会语境下得到表达。印度"传统知识数字图书馆"的出现，就是知识组织和管理者的一次富有成效的知识整序。

从社会和经济发展的角度看，“传统知识数字图书馆”亦是一种由国家（或原住民社区）主导的、突破知识传递障碍的知识资源重新配置行为。经整序的传统知识在现代社会中的价值得到彰显，知识的原创者（或继承者）得到了利益的分享和回报，从这个意义上来说，也似乎为图书馆所遵从的自由平等的人文关怀精神从另一角度作了新的诠释。笔者注意到《华盛顿邮报》2006 年 1 月 8 日的报道，言称世界制药业巨头们认为印度“传统知识数字图书馆”将会干扰（hinder）世界新药的研发。孰是孰非，自有历史了断，但有一点，如果没有“传统知识数字图书馆”的存在，在这场围绕着潜在巨大商业利益的博弈中，苍老而分散的传统知识和其传承者们又将依据什么去求得社会公正呢？

有一个问题在这里还须提到，就是原生数字——即“原生数字”与“现时表达”间的内涵和外延如何客观准确定位。联合国教科文组织的“世界的记忆”数字文化遗产强调历史的“原汁原味”，而 TKDL 却要求传统知识与现今文明指出关联。由谁来定义这些关联，谁又有资格阐释这些关联？Michèle V. Cloonan 等论述了特藏文献数字转换过程的复杂性，但 TKDL 的复杂性远大于常规特藏文献，由于传统知识的明显的地域化（社区）特征，除了知识产权需要考虑而外，不能忽略的还有区域民族（社区）的自我阐释权。原住民（社区）对“原生数字”的阐释权作为其人身权的一部分，他们对“原生数字”的阐释应该是具有首要意义的。因此，传统知识数字图书馆将面临的问题更为复杂。“原生数字”与“现时表达”间的复杂联系，由于存在着各方巨大的商业利益正在产生冲突。“当知识产权制度在大多数情况将土著知识和西方现代知识体系相类似对待时，在实践上已经对作为一个团体的非正规知识的拥有者产生了整体歧视效果”。“原生数字”与“现时表达”的合理关联，是全球经济一体化对知识组织者带来的新的棘手的挑战，相信也是“传统知识数字图书馆”的巩固发展中必须解决的重要问题。

5 结语

耶鲁大学图书馆的 Alice Prochaska 在《国际化视野中的特藏》一文中谈到，数字图书馆是个理论与实践飞速发展的领域，除了数字新技术本身外，伴随着社会的需求进程，不断有新的挑战和新的课题需要图书情报工作者去面对，图书馆工作者将经常面临“进退维谷”的复杂局面。新的挑战和课题来源于实际社会，它们往往以一些我们还不太熟知的面目、跨学科的复杂性来到我们面前。面临对文化遗产传统知识的组织和有效管理时也是这样。印度“传统知识数字图书馆”的出现，是知识组织和管理者的一次富有成效的知识整序，也是图书馆以知识秩序维护者的角色对社会经济和法律活动的一次主动介入。在应对新的历史挑战的过程中，图书馆的社会功能将不断地丰富和变化，这些变化也将为图书馆学研究注入新的内容。

参考文献

[1] Mpazi Sinjela, Robin Ramcharan. Protecting Traditional Knowledge and Traditional Medicines of Indigenous Peoples through Intellectual Property Rights: Issues, Challenges and Strategies, International Journal on Minority and Group Rights, 2005(2)

[2] Delhi builds a digital library of lore such as herbal remedies and yoga to safeguard intellectual property. Christian Science Monitor, 2006, 98(52)

[3] SAARC to set up traditional knowledge digital library. The Financial Express (New Delhi), 2005-01-04

[4] 周方. 传统知识的法律界定. 情报杂志，2005(12)

[5] 蒋永福. 论知识组织. 图书情报工作，2000(6)

[6] Michèle V. Cloonan, Sidney E. Berger, The continuing development of Special Collections Librarianship. Library Trends, 2003, 52(1)

[7] Michael Blakeney. Intellectual property, traditional knowledge and Genetic resources // Intellectual aspects of traditional agriculture resources, WIPO/ECTK/SOF/01/3.10. http://www.wipo.org

[8] Alice Prochaska. Special Collections in an International Perspective. Library Trends, 2003, 52(1)

[9] Lancaster. J. Traditional Knowledge Digital Library Seeks to Prevent Biopiracy, The Washington Post, 2006-01-10

[10] 张澎，滕建旭. WTO 背景下原住民族传统知识遗产保护策略及其对区域民族经济可持续性发展的影响. 西南民族大学学报，2003(10)

略论信息时代的图书馆人文精神

钟文娟(首都师范大学)

自从吴晞在1999年第1期的《图书馆》公开提出图书馆人文精神以来,已有不少图书馆界人士对此展开研究和讨论,关于图书馆人文精神的研究已成为当前我国图书馆界的一个热门话题。随着现代信息技术对图书馆领域的全面渗透,图书馆的信息服务和事业发展有了相当的改变,如何使得图书馆事业获得健康全面的发展,图书馆人文精神在其中有着不容忽视的重要作用。然而,部分研究者对于图书馆人文精神作用的过分夸大和片面强调仅从读者服务和制度保障方面来体现人文精神的实践,使得图书馆人文精神流于形式化,这种认识与实践令人担忧。笔者作为一名普通的图书馆员,就此结合图书馆工作实践提出一点见解和建议。

1 倡导图书馆人文精神是21世纪图书馆学和图书馆工作的发展需求

20世纪中期以来,信息技术的迅猛发展,深刻地改变了人类生产和生活的多方面,与此同时,信息技术也给图书馆带来了强烈的冲击和深刻的变革。信息技术成为图书馆发展的最重要的推动力。这种对现代信息技术力量的崇拜在图书馆学的研究领域随处可见,技术研究的论文占据图书馆学研究的大半江山。即使是当前高等院校的图书馆学教育,也以图书馆学专业学生的计算机水平为核心来考量,有高校学者甚至以图书馆学专业毕业生多从事计算机技术行业而自得。在实际的图书馆工作中,绝大部分的图书馆非常注重技术在图书馆的作用,积极研究通过各种先进设备与手段的运用来提高图书馆的工作效率,推崇图书馆服务的技术至上,甚至将图书馆当作工业技术中的机器部件一样来研究图书馆的组织、协调、控制和管理。正是认识到目前图书馆对技术工具的过分热衷和图书馆作为人文事业中人文色彩的缺失,众多的研究者力举图书馆人文精神的旗帜,以求纠正这些片面的思想和认识,力图把图书馆的工作和图书馆学的发展拉回到仍然是以人为主体对象的图书馆学科发展道路上来。更多的研究者则从图书馆实践工作中总结经验,就图书馆人文精神在图书馆实践中的方方面面进行总结和讨论。

笔者以为,倡导图书馆人文精神,不是简单地把图书馆人文精神的追求作为一个漂亮的口号或标准来提出的。它不仅是现代图书馆学发展中面临的问题和挑战的应对,也同样是图书馆工作实践的需求。现代信息技术的应用给图书馆带来了彻底的解放,计算机技术在图书馆的运用代替图书馆员完成了以往手工或半手工的许多工作,但这些技术工具并不能完全代替用户服务。用户对信息的需求并没有因为技术手段的提高和普及而湮没或自动获取,相反,信息的海量增长、用户信息素养的差异,使得用户对信息的需求更呈现出多学科、深层次的需求。因此,图书馆职业的本质仍然没有改变,它的职业基础仍然是用户,是读者,是人。倡导图书馆人文精神正是对这种以人为本的图书馆核心价值理念的回归,也正是适应21世纪图书馆学和图书馆工作实践发展的需求。

2 倡导图书馆人文精神应遵循科学精神与人文精神并重的原则

早在2000年,肖希明就在其撰写的论文《图书馆呼唤科学精神与人文精神的融合》一文中提出:21世纪的图书馆的发展需要寻找强大的精神动力,而这种动力就是经过整合和融合的科学精神和人文精神。笔者以为,倡导图书馆人文精神,不是要与科学技术背离,不是要与当前图书馆对于科学技术的应用进行对立。相反,这种人文精神,正是应该在正视科学技术的伟大力量的同时,遵循科学精神与人文精神并重的原则,以科学的精神来弘扬和倡导图书馆人文精神。

不可否认,科学技术的发展,尤其是信息科学技术的发展,给现代图书馆带来的深刻变革,不仅带来对图书馆学研究的新变化,也同时给图书馆实践工作带来深刻的变化。然而,任何科学技术的主体都是人,科技是人创造的。科技不是简单机械的数据、实验或者某一软件或硬件,它的诞生从一开始就包含着人类对真、善、美的执著追求。科学在创造物质文明的同时也在创造精神文明。历史上任何一次重大的科学发现和技术应用都不仅仅是科学技术本身的发展和变化,它都更为深刻地带给人的思想、价值甚至整体人类精神文明的变化。

从这个意义来说,科学技术本身已经包含着深刻的人文意蕴。现代图书馆在科学技术的迅猛发展中获得最重要的推动力时,就必须正视科学技术所带来的巨大的负面效应,而要寻找与之抗衡并使得图书馆能够得以健康全面稳定的发展的另一种力量,就需要寻找到促使图书馆发展的精神动力,即经过整合和融合的科学精神和人文精神。在图书馆工作和实践中倡导图书馆人文精神,就必须遵循科学精神与人文精神并重的原则。

3 倡导图书馆人文精神必须确立以"馆员、用户为中心"的人的主体地位

自图书馆倡导人文精神以来,就有不少研究者和图书馆提出要体现图书馆人文精神,直接的关键就是要求图书馆员具有人文精神,而这种人文精神的体现则只能寓于读者服务中。因此,不少图书馆提出"读者第一"的口号,并以对读者服务的好坏、读者的满意度来衡量图书馆员的工作和职业素质。甚至有研究者提出"读者第一,馆员是读者的仆人"的宗旨来以此衡量和彰显图书馆人文精神实践的深度。可以说,这种观点在当前图书馆人文精神研究和实践中具有相当的代表性。正是意识到这种观点的片面性,有不少学者和图书馆工作人员从图书馆管理和实践进行总结,提出了"馆员第一"的理念,认为只有树立"馆员第一"的新理念,才能更好地发挥出图书馆员的积极性、创造性和主观能动性,才能在图书馆的管理和各个业务环节中更充分体现出图书馆员的主体作用。以上观点尽管呼声弱于前者,然而可以说代表了一部分从事图书馆员职业和希望将图书馆管理和服务更上一层楼的大部分人员的心声和愿望。

笔者以为,无论是提倡"读者第一"还是提倡"馆员第一"的理念或实践,实际上都只是对图书馆人文精神实践理解的片面化和简单化。这些观点实际上偏离了人文精神的本质,也将图书馆人文精神的实践带入歧途。人文精神的核心是以人为本,即关注人的主体地位,以人为评判一切的标准,并最终实现人的主体价值。这种以人为本的理念,体现在图书馆中,就是要以人为主体,以满足人的需求,实现人的价值,追求人的发展为价值取向,以充满人文关怀,体现美与和谐的形式来开展图书馆的实践活动。信息技术的发展,已经使得图书馆的主体实践早已不再是简单的仅以借还书为主要工作的读者服务活动。对于作为知识信息中心的图书馆来说,开放是图书馆的生命。信息的增长,信息的流

动要求图书馆作为知识信息中心必须做到信息自由、信息公开、信息共享。对于信息的需求不仅仅是那些读者,同样,图书馆员自身也处在这种强大变化的信息源中,图书馆员的本身也是读者,从这个意义上,以用户来定义读者会更客观。以往的读者也不再是信息的简单的接收者,同样,他们不断地提出需求,馆员接受这些信息需求,并提供给用户所需要的信息,用户根据所获得的信息提出更具个性化和学科化的多层次和多方面的信息需求。馆员、用户、信息,这三者的相互流动和反馈交流最终才能完成图书馆作为知识信息中心的服务职能。因此,要倡导图书馆的人文精神,一方面就不仅要注重用户的主体需求,另一方面也必须同样重视馆员的主体需求。要倡导图书馆人文精神,要使这种人文精神得到确实的贯彻和体现,就要在完成图书馆的信息服务中体现出用户和馆员两者的主体价值。只有在重新评价和认识“馆员——用户——信息”三者的关系,并确立以“馆员、用户为中心”的人的主体地位,使人们真正获得对图书馆人文价值的全方位的关照时,在这样的互动的信息交流中,图书馆才有可能是一个充满阳光、充满温馨、充满智慧、充满知识、充满用户的人文精神的殿堂。

4 倡导图书馆人文精神必须落实到制度成果

倡导图书馆人文精神是对科学技术给图书馆带来强烈变革和负面效应的纠正或弥补,它是适应21世纪图书馆发展的客观需求。图书馆人文精神将给图书馆未来的发展注入强大的精神动力,对图书馆的健康全面发展具有积极和重要意义。然而,人文精神不会自动产生,要使图书馆成为和谐、温馨、充满人文精神的殿堂,就必须将图书馆人文精神研究落实到图书馆的实践活动中。也正因为如此,不少研究者关注到实现图书馆人文精神的主体:用户和馆员,这种对于用户主体需求的关注和对于馆员主体精神的要求物化到实践中时,就出现了“读者第一”和“馆员第一”的相互对立,最终的结果是以完善图书馆的管理制度来要求和规范馆员行为,并企图以图书馆人文精神作为图书馆员的内在素质来通过对用户的服务的实现来彰显出高扬的图书馆人文精神。

毫无疑问,要想从根本上体现和展示出图书馆的人文精神,最大限度实现人的价值和满足人的需求,就必须将图书馆的人文精神研究与图书馆实践结合起来,从图书馆实践中来检验和验证图书馆人文精神的实质。图书馆人文精神也只有最终转化为制度成果,才能得到最充分的展现与认可。然而,制度建设从来就不是简单的管理限制。制度建设的目的是规范人们在特定范围中可以享有的权利和应当履行的义务,使所有的人可以在共同的范围内享有同等的自由和平等的权益,是为了实现每个人最大限度的主体价值和需求。图书馆的管理制度建设同样如此。如果不能最大限度地体现出信息自由、信息公平,那么,这种制度即使条目再繁复,即使规范再周密,最终也只能是"管而不理"。那种仅以用户需求为唯一目的,而忽视作为服务主体的馆员需求(馆员也同样是用户)、将人文素养视为馆员职业与生俱来的素质而言的管理制度,最终只能扼杀图书馆员自身的主动性。流于表面的微笑服务只能是对管理制度的服从和妥协,这种无法从人的思想和精神内核中来展现的图书馆人文精神最终只能是形式和口号。这并非是杞人忧天。笔者就曾在不少的图书馆看到,为了遵循图书馆的工作制度,不少的馆员在工作时间是非常遵守管理制度的,对于读者的需求也尽量满足,但是,无论这种微笑服务和信息需求的满足完成得如何令人满意,也只体现在八小时的工作时间内,一旦工作时间完成,有不少的馆员一分钟额外的服务也不可能有,而是要求用户在下一个工作时间再来。这实质上已是一种职业的倦怠。

精确的管理制度固然有它的相当的优势,然而这种对人的主体的忽视,甚至将人作为制度运转机器中的一分子的模式,最终只能扼杀作为图书馆员的最后的热情和激情,这种对于职业的消极应对又从何而来人的价值和需求的实现呢!而失去了对自我价值和职业价值认同的图书馆员又如何来适应信息化时代的发展,适应多方面、多学科、多层次的用户需求的服务呢?这种只存在于口号和制度中的图书馆人文精神最终只能是穿在图书馆和图书馆员身上的"皇帝的新装"罢了。因此,倡导图书馆人文精神,就必须将其转化成制度成果,这种制度成果的灵魂和核心是人文精神。这种能够体现图书馆人文精神的管理制度应当是生长的,是充满生机的。而如何健全和完善人文精神的长效机制,探索和完善能够体现图书馆人文精神的管理制度就是当前最为紧要的任务。

5 体现图书馆人文精神的管理制度必须与市场经济的发展相适应

要建立和健全体现图书馆人文精神的管理制度,一方面,倡导"信息开放"、"信息公平""信息自由",弘扬图书馆的人文关怀,将用户的权益落实到图书馆的管理制度中，这无疑是人文精神在图书馆实践中的展示和表现。而另一方面，要体现出图书馆的人文精神，这种管理制度就同时必须将图书馆员的权益落实到相应的制度中去。

少数研究者或是图书馆领导者一谈到图书馆员的权益要求时，就将其等同于市场经济的拜金主义和功利主义，又或者将对图书馆职业价值的正当权益的追求和认同与所谓的员工的道德品质相混淆。不可否认，市场经济确实存在利益的追求，但如果将市场经济理解为简单的趋利避害，那实在是荒谬可笑的。市场经济消解了以往经济（不管是封建小农经济还是计划经济，无不是以人身依附为条件的经济）条件下人身依附关系和种种超越经济的特权，使得每个主体享有了充分的意志自由，可以自由、平等地参与市场竞争。在市场竞争中，人们可以最大限度地发挥出主动性、积极性和创造性。正是在市场经济中，人的价值、尊严、个性和人格得到了充分的肯定和尊重，从而才根本性地确定了人的主体地位；也正是因为市场经济充分肯定人的主体地位，承认其合法权益，使得人作为人的最终价值得到最大展示的舞台。因而，市场经济构成了现代社会进步最深刻的观念基础。这种观念深入人的思想观念中，它反映出人对人本身的不同层次的需求。

美国著名的人本主义运动的发起者马斯洛曾经提出关于人的 5 个需要层次的理论，由低到高分别是：生理需要、安全需要、归属和爱的需要、尊重的需要、自我实现的需要。这些需求反映了人作为主体的合法权益和精神取向，而人文精神的实质是主体精神。正是市场经济的运作，使得这种人文精神才真正得以萌生、复苏和成长。而人文精神要内化为人这个主体的基本素养就必须使归属和爱的需要、尊重的需要、自我实现的需要等不同层次的需求得到充分的满足。

图书馆的管理制度正是必须正视人作为主体的这些需求，树立与市场经济相统一的公平正义、诚实守信、互惠互利的人文观念，并建立健全和完善与之相适应的人文价值体系和制度制约机制，才能让人文精神真正内化为图书馆员的人文修养，才能使图书馆人文精神真正作为图书馆的灵魂和核心在图书馆发展中得到安顿。也只有这种内化的图书馆人文精神，在先进的科学技术的应用和支撑下，才能依靠精神和物质的双重动力，使图书馆的事业获得健康、稳定和全面的发展。

参考文献

[1]肖希明. 图书馆呼唤科学精神和人文精神的融合. 图书馆，2000(1)

[2]谢立虹,王进.信息时代图书馆员的素质建设与管理——也论科学精神与人文精神的构建.图书馆,2003(6)
[3]刘海萍.数字化时代图书馆员人文精神及其重塑.图书馆,2004(4)
[4]刘崇学.网络时代图书馆人文精神的理论研究与实践探索.新世纪图书馆,2006(2)

解读图书馆职业精神的现实意义

陈凤琴　刘远翔(华中农业大学图书馆)

职业作为社会关系的一个重要方面,对社会成员的精神生活和精神传统产生着重大影响。职业精神是与人们的职业活动紧密联系,具有自身职业特征的精神。[1]图书馆职业精神是图书馆整体的精神面貌和价值追求。图书馆职业精神也是我们图书馆馆员从事为读者文献信息服务工作所表现出来的一种态度、信仰,一种使命感和责任感。图书馆这个行业算得上一个比较特殊的行业,在市场经济遍及全球的今天,它还要坚守着无偿、无私、奉献的准则,善待每一位读者,为社会所有成员提供平等、免费的服务……因此可以说,相对于其他行业来讲,图书馆行业的职业精神对图书馆整个事业的健康发展显得尤为重要。

1　图书馆职业精神的本质特征

"精神"属于意识形态的产物,职业精神是职业生涯中从业者所秉承的意志、思想、理念以及指导行为的准则。每一种职业都有它的精神所在。图书馆精神是图书馆事业所秉承的思想风尚和价值观。图书馆职业精神有图书馆事业的鲜明特征。

图书馆职业精神不同的人有不同的理解。大家都知道,程焕文将图书馆精神归结为爱国、爱馆、爱书、爱人。[2]爱国不独是图书馆人特有的精神,而是全国所有公民的普遍精神要求,是一种民族精神。当然我们把爱国体现到实处,那就是利用图书馆的文献信息资源以及馆员的隐性知识来充分发挥图书馆的教育职能,从而达到提高全民族的知识文化素质。这种爱国方式体现了职业的独特性。爱馆,即是爱自己的单位,所有的职业都有同样的职业要求。爱书,"嗜书如命",始终保持对"书"的一种敬畏之心,为读者提供文献信息的保障。爱人,尊重每一位读者,满足每一位读者的知识信息需求,确实体现了图书馆精神的不同之处,反映了图书馆精神的实质。在这里图书馆精神这个概念是泛指的,虽然论述的是图书馆精神,着眼于图书馆整个事业来说的,但表达的也是图书馆职业精神的特征。

范并思认为图书馆精神主要特征是免费服务和平等服务。[3]这里强调的是图书馆职业的性质灵魂，即服务两字。图书馆本身是为读者服务的，这种服务区别于其他行业的服务，就是免费服务和平等服务。之所以说图书馆服务有别于其他服务行业，是因为它追求的不是经济价值，而是社会效益，它的不同之处在于它是用图书馆人的无私和奉献去满足社会所有成员的精神文化追求，提高人们的素质，促进社会的文明和进步，创造社会的和谐。图书馆事业是政府拨款的公益性服务事业，因此，免费服务和平等服务才是图书馆事业得以生存和发展的基础。

郑州大学图书馆赵长海认为：图书馆精神有别于其他行业，体现在"懂书、爱书精神"。[4]我们的单位叫"图书馆"，无疑"书"是需要我们去要了解、研究和热爱的。我们不一定知道图书馆里的每一本"书"，或读遍每一本"书"，但我们需要研究"书"的运作，读者和"书"的需求关系，掌握与"书"有关的信息、价值是最起码的要求。当然，只有"懂书、爱书精神"还是片面的，还有怎样爱读者，怎样让读者去"用"的问题。

不论是服务角度还是人文角度去理解图书馆职业精神，特征都十分明显，那就是服务理念以及对"书"的热爱，对读者的人文关怀和馆员对自己事业的认同、自豪和执著精神。其中最重要的是让读者平等、免费、自由、无障碍地利用图书馆的理念得到图书馆学专家们的一致认同。

2 构建图书馆职业精神的内涵

精神应该不是一句大话，必须有实质的内涵为依托。从馆员这个职业的角度来分析主要有多个方面：

2.1 馆员的敬业态度

图书馆事业主要是馆员来完成的。因此可以说，没有馆员的职业精神就没有图书馆职业精神。敬业是图书馆职业精神的首要实践内涵，也是各行各业都要提倡的态度要求。尤其是图书馆这个只求付出、不求回报的文化服务行业，敬业的意义更非同一般。在图书馆，敬业是图书馆馆员为读者服务这个职业的由衷的尊敬和热爱，也是图书馆馆员通过为读者的文献信息服务和知识服务过程中所体现到的价值追求，通过图书馆员自身服务的实践从而承载着社会对图书馆这个行业的殷切期望。在社会价值得到实现的同时，也实现着图书馆员自身的价值追求和精神需要的满足。

即使图书馆职业在社会中的声望不高，但首先图书馆员要始终保持着一颗对图书馆事业的虔诚和敬畏之心，要建立起职业的自豪感。无论是什么原因让你从事了图书馆馆员这个职业，你都需要投入自己的激情，用积极的心态去从事图书馆员这份平凡而又伟大的工作。说它平凡，是因为馆员多半都是在做一些枯燥、重复的劳动。说它伟大，是因为馆员这个职业需要耐得住寂寞，需要任劳任怨，淡泊名利。同时，我们有许多馆员不知道他从事的工作对社会的贡献有多大。现在图书馆行业都公认图书馆服务是一种知识服务，它履行着信息和教育等多种功能。就像2006年8月国际图联大会主题歌所唱的那样："你能指引光明之路，建设光明世界，引导梦想之路，探索人生真谛。"[5]事实上，馆员通过自己的服务所创造的社会价值是难以量化的。

马克思曾经说过："在选择职业时，我们应该遵循的主要指针是人类的幸福和我们自身的完美。"仔细想来，我们馆员的职业就是这样的一种职业，它不仅能创造人类的幸福，而且也能达到自身的完美。图书馆为读者提供文献信息服务，为社会保存着优秀的文化遗产，同学校教育一样，肩负着人类文明的启迪和知识信息的获取。然而从另一个侧面更甚于学校教育，那就是不分年龄、层次，没有歧视地去满足所有人的不同知识文化需求。仅此，我们图书馆员从职业中不仅得到的是幸福和快乐，而且更能切身体会到奉献的自豪和无偿服务后所创造的无限价值和收获。只有图书馆馆员对职业的热爱，对职业的认同，才愿意为读者去付出自己的服务热情。因为有了图书馆，使社会的进步和大众素质的提高有了实践的保障。单就这一点，我们馆员就能超脱物质的低级需求而追求到更高的精神境界和享受。由此，敬业我认为不能只把它看成一句口号，这是图书馆员做好为读者服务工作的思想态度基础和前提条件。

2.2 恪守图书馆职业道德

职业道德是个体对职业主导价值观的遵循，是个体在从事这种职业所必须遵循的一种行为规范。[6]教师要热爱每一个学生，医生要救死扶伤，图书馆馆员必须善待每一位读者，为每一个读者提供满意的服务。这也是职业的普遍性的要求，展现出不同职业都固有的职业良心。职业道德每个行业都有，"师德"、"官德"、"医德"等都是。

图书馆的职业道德有别于其他行业的具体表现在哪些方面呢？图书馆的职业道德是调节图书馆馆员个体和图书馆集体与读者之间的良好互动关系，塑造图书馆员个人形象和图书馆整体形象的一种凝聚力，一种传统和习惯，一种职业操守。具体表现在图书馆是否一切真的在为读者而着想，表现在馆员对读者的服务态度和服务情感之上。馆员在平凡单调的重复劳动中，是否始终在自觉地坚守着图书馆职业的信念，用饱满的工作热情，规范而文明的语言，和蔼可亲的态度，积极主动、热情周到的服务去赢得读者的信赖。是否真诚地服务于每一个读者，满足用户的一切要求，无偿地为用户服务。职业道德承载着我们共同的理想，表达出我们共同的职业操守，且在维护着我们共同的职业尊严。这种职业操守、职业尊严会逐渐地内化成馆员的职业自觉，转化成馆员的职业信念，指导馆员的实际工作。

2.3 履行图书馆职业责任

正如《公共图书馆宣言》里强调的一样，“每个人都有平等享受公共图书馆服务权利，而不受年龄、种族、性别、宗教、信仰、国籍、语言或社会地位的限制”。读者享受到的图书馆权利，反过来说就是图书馆需要履行的职责。换句话说，图书馆的职责就是为读者服务，图书馆所有工作都是为读者服务而展开的。更确切地说，图书馆员的主要职责就是通过自己的奉献和服务，让读者能获得满意的信息需求。

不同于一般的行业，强烈的社会责任感和历史使命感，不计较个人的名利得失，默默无闻的奉献精神是馆员首先要具备的。只有我们恪守职责，一切为读者着想，用自己的服务热忱去感染读者，指导读者积极、广泛地阅读，才能让读者最大限度地利用图书馆资源，充分发挥图书馆的社会效益。

尤其是数字化时代，数字鸿沟已经构成了新的社会不公，[7]图书馆是保障社会信息公平的最后屏障。为此，要发挥图书馆应尽的功能，摆在图书馆馆员面前的是大量的实实在在工作。图书馆员事实上肩负着知识信息的“管理员”、“导航员”、“推销员”等多重角色。怎样关注弱势人群，用服务和制度来确保人人都能平等地享受图书馆的文献信息资源？怎样开发馆员知识服务、信息服务的能力，让图书馆的资源为全社会所共享？怎样让读者用最短的时间，最少的精力获得最满意的信息，即获得快速、便捷的服务……这些都是数字化时代图书馆必须面对的职责，也是数字化时代馆员应履行的基本义务。

3 职业精神赋予图书馆工作的现实意义

首先,图书馆的管理者要站得高,看得远,不为眼前的利益而动摇办馆方向。要学习办馆的先进理念,运用科学的管理方法,尊重人才,充分利用图书馆的一切资源,尤其是挖掘出图书馆馆员的知识资源为读者服务,处处体现出管理者的人文关怀,从而营造一个健康、向上、有凝聚力,有主人翁意识的团队集体。通过各种方法和渠道来倡导图书馆的职业精神,让图书馆不仅成为读者向往,而且也成为馆员热爱的精神家园。另外,图书馆馆员也要利用自身的各方面条件,发挥自身的主观能动性,敬业、乐业,恪守图书馆职业道德,履行图书馆职业责任,以优质的服务来树立自身良好的职业形象,赢得读者的尊敬,社会的尊重。

图书馆是为知识信息服务的文化机构,经营的是公共产品,是一个特殊的事业。在图书馆内部强调职业精神对图书馆的工作具有非常现实的指导意义。事业精神也可以说是事业的灵魂。一个没有精神的事业难以想象会是一个具有发展前途的事业。图书馆精神不仅是图书馆事业的支柱,是图书馆发展的风向标,是图书馆可持续发展的动力,是馆员积极进取的行动指南,也是读者享受到阅读权利的保障,某种程度上还折射出图书馆人的精神风貌和思想行为。

精神的确立是图书馆人不断努力的结晶,凝聚着图书馆集体对图书馆事业的理想和追求;另一方面也促进了图书馆馆员确立了自己工作的目标,树立馆员自己的职业信心,更重要的是增强了馆员个体工作的内驱力和自觉性,也增强了图书馆整体的凝聚力。并且,图书馆员的职业精神能够维系图书馆事业在各种复杂的社会环境中沿着正确的道路生存与发展;能够支撑图书馆员不计个人得失地向社会提供高水平的图书馆服务。没有这样一种职业精神,图书馆事业难以为继。[8]另外,图书馆职业精神会不断地去激励馆员创造出更佳的服务成绩,为获得读者的满意而重塑自己良好的职业形象,追求馆员自己人生的更大价值实现。

4 结语

目前的图书馆工作似乎是技术在主导一切,信息技术冲击着职业精神在图书馆人服务工作中的重要地位。职业精神似乎可有可无,不被人们重视,职业精神匮乏乃至缺失现象普遍存在。因此解读图书馆职业精神,目的是唤醒图书馆人的职业自觉和职业追求,使图书馆职业精神能在图书馆中得到弘扬。虽然图书馆职业精神的内涵是在不断演变的,不过随着图书馆事业的发展,对于图书馆馆员会赋予更多的职业意义。并且无论是怎样的发展,每个人对职业精神的理解角度和深度怎样,图书馆职业精神的实质应该是永恒的。

参考文献

[1]http://zhidao. baidu. com/question/13403281. html. [2006-11-18]
[2]程焕文. 实在的图书馆精神与图书馆精神的实在. 大学图书馆学报,2006(4)
[3]曹树金,陈忆金. 论图书馆精神与图书馆价值观. 图书馆论坛,2005(10)
[4]赵长海. 什么是图书馆精神. 情报资料工作,2006(6)
[5]肖红凌. 第72届IFLA大会感受. 图书馆建设,2006(6)
[6]http://media. people. com. cn/GB/22114/45703/45704/3263714. html. [2006-11-18]
[7]韩毅,刘丽. 图书馆精神的历史积淀与层次分析. 图书馆,2006(1)
[8]范并思. 解读职业精神与核心能力. 图书馆学、信息学、资料工作,2006(4)

论图书馆人文精神的起源及其在我国的发展

张　丽(北京大学信息管理系)

图书馆精神是整个图书馆事业的灵魂和发展的不竭动力,但长期以来以技术为核心的科学精神都领先于图书馆人文精神的发展。自从我国学习欧美国家,创办公共性质的图书馆以来,就把目光过多地放在对先进技术的引进和介绍上来,而忽视了作为图书馆核心的人文精神的建设,因此相对于科学精神的迅猛发展来说,图书馆人文精神的建设显得有些落后。随着图书馆事业的继续发展以及社会大环境下"以人为本"的科学发展观和建设"和谐社会"等先进理念的提出,图书馆人文精神建设开始逐渐走入了人们的视野,引起了业内人士的关注,不仅在一些核心期刊上登载了大量的关于人文精神的文章,而且在图书馆各界年会的讨论主题中也渗透出了图书馆的人文精神。① 倡导人文理论,弘扬图书馆人文精神的人文理念开始在图书馆行业中得到了普遍认同,包含着人文精神的图书馆活动广泛开展,作为图书馆灵魂的人文精神在新世纪迎来了自己发展的春天。

1　图书馆人文精神的概述

1.1　人文精神

"精神"(意识)在唯物主义世界观中作为"物质"的对立面,指的是人的意识、思维活动和一般的心理状态。② "人文精神"作为精神的一种,这个概念的

---

① 2005年7月20—24日在广西桂林召开的2005年图书馆学会年会就以"以人为本服务创新"作为大会主题,提出了图书馆要以人为本来提高自身服务,间接体现出了图书馆的人文精神;2006年7月23—27日在云南昆明召开的2006年图书馆学会年会主题为"图书馆发展与和谐社会构建",其中和谐社会的构建就体现出了对图书馆人文精神的弘扬和发展;2007年8月4—8日在甘肃省兰州市举行的2007年中国图书馆学会年会主题为"图书馆:新环境、新变化、新发展",其中图书馆人文精神的变化与发展成为大会讨论的一个主题。

② 辞海编辑委员会编.辞海.1979年版.上海:上海辞书出版,1989:1935

出现起源于西方文艺复兴时期。14、15世纪发端于意大利的文艺复兴运动,冲破了封建社会关系和宗教神学对人的束缚和奴役,强调人的理想存在和自由意志,以现代主体人格取代了传统的依附人格,开始以人为中心,人成为自身命运的塑造者而不是超自然力量的玩物,人们不再关注超自然的力量。相反,生活的目的就是为了发展自己本身的潜能。近代西方世界的人文精神是指文艺复兴、启蒙运动的人文精神,是与中世纪神学和宗教异化相抗衡的人文主义精神。人文精神可以泛指人们在各种认识和实践活动中体现出的对人类生存意义和价值的关注,是一种以人为对象,以人为中心的价值追求,它是人内心深处的一种精神动力,能驱使人们去追求高尚的人生境界、自由奔放的情感和富于想象力的多姿多彩的生活。它是某种在"人"的一切活动中折射出来的精神气质,这种精神气质包容了科学精神、艺术精神和道德精神以及能给予人文关怀的思想。① 人文精神突出了对人的重视,尊重人的价值,关怀人的生存质量和意义,促进人的全面发展,充分调动和开发人的积极性和创造性。

1.2 图书馆的人文精神

在西方,公共图书馆的出现是与资本主义的发展紧密相连的,文艺复兴后,特别是到了西方资产阶级革命的时期,为了适应资本主义工业化的需求,大批产业工人出现,从而图书馆从单纯的学术象牙塔走向社会、走向平民,由贵族式图书馆向平民化图书馆转变,承担起社会教育的职能,方便大众、服务大众的思想从图书馆诞生之日起就贯彻于图书馆活动中。西方世界悠久的人文精神传统也使得图书馆从诞生之日起就和人文精神紧密结合起来,不论是在服务对象、服务方式还是图书馆的布局上来说都体现出了浓厚的人文关怀的色彩。西方数百年人文传统的延续和发展使得西方国家图书馆的发展过程始终都体现着一种人文精神,这种精神支撑着西方图书馆事业的发展,从西方公共图书馆的网点布局、开馆时间和提供的服务等方面来看都能体会到浓厚的人文关怀氛围。

图书馆人文精神就是人文精神在图书馆事业中的应用,这种精神在许多领域,尤其是社会科学领域广泛存在,因为图书馆是一种为人提供服务的行业,直接面对的是人,服务的对象也是人,人是其工作的出发点也是其开展工作的最终目的,因此人成为图书馆的第一要素,人文精神也成为图书馆的根本准则。

---

① 陆士桢,孟登迎.人文精神与意义探寻.北京:中国藏学出版社,2005:4,2

目前还没有关于图书馆人文精神的确切概念，但图书馆学界内的一些专家在图书馆理论文献中开始频繁地使用“人文精神”这个概念，其中最具代表性的就是肖希明先生，他认为，“人文精神就是在图书馆工作实践和理论研究中体现以人为本的思想，以满足人的需求，实现人的价值，追求人的发展，体现人文关怀，创造美与和谐作为图书馆活动的宗旨”。肖先生对于人文精神的这种理解是基于图书馆事业发展本身的，可以看作是对图书馆人文精神的高度概括。

在世界范围内，也没有关于图书馆人文精神的确切定义，但我们可以从印度“图书馆学之父”S. R. 阮冈纳赞(1892—1972)的图书馆学理论中感觉到西方图书馆浓重的人文主义意蕴。此外，人们从谢拉、巴特勒的图书馆学思想，以及从《大不列颠百科全书》、《法国大百科全书》、《美国大百科全书》、《苏联大百科全书》等“图书馆”词条中感到人文思想的深深印迹。[1] 从而形成对图书馆人文精神的认识。

2 图书馆人文精神的起源

2.1 西方图书馆人文主义传统

西方人文主义传统历史悠久、源远流长，最早体现图书馆学人文思想观念的应该是法国图书馆学开拓者 G. 诺德(1600—1653)，他在 1627 年发表了第一篇西方图书馆学重要学术论文《创建图书馆指南》。他认为：“图书馆必须向一切研究人员开放，经营图书馆的目的不在提高图书馆所有者(君主、诸侯、贵族等人)的声誉。”1642 年，他任马萨林图书馆馆长时，提出了更为开放的办馆宗旨——“向一切愿意来馆学习的人开放”，这种思想可以看做是早期图书馆人文精神的体现。此外，图书馆学理论体系的创立者德国的 G. W. 莱布尼茨(1646—1716)也阐述了图书馆人文思想观念，他认为“图书馆头等重要的义务是，想方设法让读者利用馆藏，为此必须配置完备的目录”。他主张“尽可能延长开馆时间，不要给图书出借规定太多的限制”。他要求“馆内必须有取暖设备和灯光设备”。他建议建立全国性的图书目录组织并指出“只有确保每一个学者能够迅速准确而简便易行地检索有关他研究题目的已有的全部学术成果，才能谈到学术研究的真正进展”。这些体现了一个实业家在具体的图书馆活动中

---

① 韩继章. 中国图书馆发展的人文化趋势. 图书馆，2000(1)

对人文精神的贯彻和实施。[①]

西方倡导人文思想观念的理论大师也很多,其中最杰出也是最具代表性的有如下三位:第一位是美国图书馆学理论和教育家 P. 巴特勒(1886—1953),在其代表作《图书馆学导论》中,他认为图书馆学理论有两个基本特征,一是强调图书馆学的学科地位,二是强调人文因素。第二位是世界著名图书馆家 J. H. 谢拉(1903—1982),他认为:①尽管图书馆学在逐渐地利用各门科学的研究成果,同社会科学有密切关系,但其实质仍然是人文主义的,"图书馆事业"主要还是一个人文主义的事业;②"图书馆更接近人文科学而不是'硬科学'";③"图书馆员首先应该关心的是思想,而不是物质实体"。第三位是印度著名的图书馆学家 S. R. 阮冈纳赞。他 1931 年创立的《图书馆学五定律》极其充分地强调了人文因素。五条定律的前四条(书是为使用的;人有其书;书有其人;节约读者的时间)都直接面对读者,跟人有直接关系,充满着浓厚的人文色彩。[②]

一些法律法规的颁布也显示出了人文关怀和人文精神在图书馆中的重要地位。1950 年颁布的英国公共图书馆法,促成此事的主要人物 E. 爱德华兹(1812—1886)在一部长达 200 页的巨著《图书馆纪要》中表达了他对各种开放式图书馆的关注及公共图书馆事业发展的前景,并为世界亿万人民可以永远享受信息公平和信息民主带来了一种新的机构/制度——公共图书馆,还指出了人文思想的精髓。日本图书馆协会于 1954 年通过、1979 年修订的《图书馆自由宣言》也鲜明地指出,"全体国民任何时候都有获取、利用所需资料的权利,这种权利得到社会保障……图书馆正是肩负着此种责任的机构","所有国民,都有利用图书馆的平等权利,不能因人种、信仰、性别、年龄以及其他设置条件的不同区别对待"。[③] 1995 年 12 月美国图书馆协会发表了《美国图书馆事业发展的 12 条宣言》,内容包括:"图书馆应消除社会的障碍,向阅读能力较低的人、文盲或者不懂得英语的外来移民提供识字的条件。图书馆是改变社会不公平现象的基地,图书馆应该不论贫富和等级,向社会所有的人平等地提供资料。"[④]这些法律条例的颁布为图书馆人文精神的实施提供了法律保障,从而促进了图书馆人文精神的发展。

进入 20 世纪的美国,1986 年在隆重纪念图书馆学教育 100 周年时,美国学者 M. F. 施蒂格强调"人文价值观念是图书馆职业的核心"。1987 年,E. G. 霍利

---

①② 蒋建林. 我国图书馆人文精神研究综述. 图书馆,2004(1)

③④ 程亚男. 关于阅读的另一种诠释——兼及图书馆的人文思考. 图书馆,2002(4)

说："我们的职业基本上是一种人文职业，我们的目标实质上是人。"①这些都放映出了西方源远流长的人文主义传统。

目前美国的图书馆事业在全世界范围内都居于领先的地位，不仅体现在其先进的技术手段上，最重要的是其悠久的人文主义传统和体现人文关怀的图书馆理念。《图书馆》杂志在1999年第4期上刊载的程亚男访问美国几个图书馆的情况，可以视为当代欧美图书馆人文意识的缩影。"美国公共图书馆的电话咨询不仅免费而且服务内容五花八门，包括查询电话号码、看病找医生和如何做菜等，每天平均要接听300多个电话，而且全部免费。图书馆有书籍和电脑可以帮助读者写履历表，如果读者想继续进修，图书馆还有各种专科学校的目录和入学申请表"。图书馆真正成为人们生活、学习的好帮手，而且在美国办理图书馆证件的程序非常简单，图书馆网络布点也很发达，使得人们可以很方便地接近图书馆，人文关怀体现在图书馆的每一个具体的行动中。[4] 现代西方图书馆人文精神的集中体现就是平等和免费观念在图书馆实践中的贯彻，1972年被视为"世界图书馆宪章"的联合国教科文组织《公共图书馆宣言》就明确地指出"公共图书馆应当随时都可让人到馆，而不管他们的种族、肤色、国籍、年龄、性别、宗教、语言、地位或教育程度"，充分体现了这两种观念，用宣言的形式加以表述，更体现出它的行业认同度，并给予其相应的法律保障。

2.2 中国图书馆人文精神的起源

我国也有人文主义的传统，只不过这种精神在强大的封建正统思想的压迫下没有得到充分的表述和发展。"人文"一词最早可以溯源到《周易》"贲卦"的彖辞（文明以至，人文也。关乎天文，以察时乎；关乎人文，以化成天下）。我国明清之际也曾出现过人文主义的萌芽，但在巨大的以儒家文化为主流的传统文化压制下未能得以发展，在封建正统文化的围剿下，人文主义思潮显得势单力薄而没有产生像西方文艺复兴和启蒙运动时期声势浩大的影响。我国近代图书馆从一开始产生就是一个对西方人文主义接受和学习的过程，但受到中国传统文化的影响，这种体认和接受显得过于缓慢，直到20世纪80年代以来，我国对于人文主义的研究和扬弃才有了长足发展。

图书馆人文精神在我国是吴晞先生首次公开提出的，刊登在了《图书馆》1999年第1期，而在图书馆学理论文献中，是蒋永福先生最早（1991年）采用人

---

① 蒋建林. 我国图书馆人文精神研究综述. 图书馆，2004(1)

文精神字眼的，他说："人本主义图书馆学所极力提倡的是人的主体性，及弘扬人文精神，它要在现实的图书馆学土壤中，全面实现人性的复归。"直到20世纪80年代起，我国图书馆人文精神研究才开始进入系统的轨道，如果以吴晞先生发表的《图书馆与人文关怀》一文为起点，人文视野中的图书馆学研究才有十来年的发展历史。根据韩继章先生对人文图书馆学的划分，可以分为如下3个阶段：第一个阶段（1998—2004年）为人文图书馆学研究的培养孕育期；第二个阶段（2004—2005年7月）为人文图书馆学研究的高峰期，以公共图书馆精神为核心内容的图书馆人文精神研究受到关注；第三个阶段（2005年之后）为人文关怀和公共图书馆精神向实践发展的延伸时期。从中我们可以看出人文图书馆学虽然在我国正式开始研究的时间很短，但发展是非常迅速的，而且还涌现出了一大批具有人文主义观念的理论家和实践家。如蒋永福根据实践的发展需要就构建了一种新的理论，他把这种理论称之为"人本主义图书馆学"或"人文图书馆学"，这种理论的特点就在于：它以人——用户为出发点，以探索一种崭新的人——用户利用文献信息的心理机制与社会机制为核心内容。1992年，程焕文先生又进一步明确提出和阐述了"人文图书馆学"概念，他指出："一种以人为研究中心的图书馆学流派已呈现出形成的潜势，这里姑且把它称为'人文图书馆学'。"肖希明先生对图书馆人文精神也有所研究并给出了"人文精神"的含义，后被多篇论文引用成为这个概念的经典描述。图书馆人文精神还作为一个主要的议题，多次在图书馆学年会和峰会上进行讨论，2006年中国图书馆学会还组织编写了《人文视野中的图书馆学》一书，把图书馆实践工作者对图书馆人文精神的切实感受和认识结集成册，充分显示出了图书馆人文精神在图书馆事业发展新时期的重要地位和其研究的丰硕的成果。

3 我国图书馆人文精神的发展

西方有悠久的人文主义传统，因此图书馆从诞生之日起就与人文精神紧密相连，在图书馆事业比较发达的欧美国家，我们可以感受到其浓厚的人文色彩。其实，人文精神在西方图书馆的贯彻也经历了一个曲折的发展过程，也不是生来就具备的，也是一步步发展成熟起来的。在西方图书馆的发展中，一开始为了防止图书馆书籍的丢失，图书都是被锁链拴住的，后来逐步发展，锁链被摘除并作为旧铁卖掉，由于当时的书籍非常珍贵，印刷技术也没有普及，书籍的生产量还比较小,图书馆大多把图书当作重要的财产,因此使用者多被限制在有选择的少数人中。随着科技的发展,机器印刷术的进步,书籍生产变得相对容易,于是图书馆的读者范围开始扩大,那些付得起款的人开始被准许利用图书馆。最后不断发展进步,使图书馆向所有的人免费开放,不过,只限于在图书馆使用,读者还不能携带图书出去,后来图书可以自由地被读者借出并免费向所有的人开放。现在西方人文主义观念已经成熟并深入人心,在图书馆的实际服务工作中也得到了很好的体现。我国现代图书馆人文主义精神的崛起很大程度受到西方人文主义传统的影响。

3.1 图书馆人文精神发展的概述

我国图书馆人文精神的发展是同图书馆事业的发展紧密相关的。众所周知,我国近代图书馆脱胎于封建藏书楼,因此"重藏轻用"的思想在图书馆发展中还有存留。我国图书馆事业完成从封建藏书楼到近代图书馆的转变就是因为国门的打开,走出国门的资产阶级维新派看到了西方图书馆在提高国民素质上的重要作用,他们在探索国家富强道路的过程中,认识到了图书馆在社会教育中的重要作用,因此积极倡议向公众开放西式图书馆。他们认为"今日振兴之策,首在育人才,育人才必能新学术,新学术必改科举,设学堂,建藏书楼",紧接着1901年慈禧推行"变法",大肆兴办学堂,随着学堂的兴建,学生士人开始增多,提出了建立图书馆的需要。1909年溥仪即位后,清政府为了稳定自身统治,宣布"预备立宪",在文化教育方面颁布了一系列的方针政策,宣统元年(1909)颁布图书馆章程,京师开办图书馆(附古物保存会)。宣统二年(1910年)各省一律开办图书馆。随着这一措施的颁布,各省纷纷筹建图书馆。稍后颁布的《京师及各省图书馆通行章程》又以法律的形式进一步促进了各省图书馆的设立。我国图书馆事业获得的巨大发展,为我国图书馆人文精神的培育提供了重要的前提条件,但由于当时军阀混战,战争连绵,国家没有相对安宁的环境,致使旧中国图书馆事业薄弱,尽管图书馆也提倡开架,提倡举办通俗图书馆,但与广大民众阅读要求相比还是杯水车薪,图书馆人文精神一直以来都发展十分缓慢。新中国成立后,尽管作为我国文化教育事业的一个重要组成部分也取得了很大进步,图书馆也逐渐在拉近与民众的关系,但图书馆人文精神仍然没有得到充分的发展,上个世纪50到70年代受我国自然灾害和阶级斗争等内部环境的影响,再加之"左"的思想的干扰,不可能提出"人文主义"的口号,直到80年代后,改革开放的春风吹入,国际文化交流的增多,图书馆才在"为人民服务”的口号下将“人文化”作为现代化的一项重要内容提出并加以研究。经过了十几年的充分发展,现代图书馆的人文主义精神在我国整个图书馆事业中得到了充分贯彻。

3.2 我国图书馆人文精神的三个发展领域

下面分别从人文主义理论、理念和服务3个方面来看一下我国“人文精神”的发展状况。

3.2.1 理论上的发展

我国早期的图书馆学家们就曾在图书馆人文思想研究领域进行过努力的探索,被称为“北刘南杜”的刘国钧先生和杜定友先生就非常注意从人和书的关系上来进行图书馆学研究对象的讨论,虽然没有明确地提出“人文精神”这个概念,但从他们的思想表述中可以看出已经包含了人文理论的种子。早在1921年刘老就提出:“将注重对象由书籍而变为其所服务之人,使图书馆成为社会之中心。”后来在1931年杜老又提出:“‘书、法、人’为图书馆学的三要素,并指出图书馆学的理论重心经历了三次大的转变,即第一时期以‘书’为重心,第二时期以‘法’为重心,第三时期以‘人’为重心。”从两位图书馆学前辈的表述中可以看出,早在30年代我国的图书馆理论学家们就已经开始注意到了图书馆学的人文思想。随着吴晞先生在1999年首次公开提出“图书馆人文精神”后,一大批图书馆学家开始致力于这个领域的研究,代表性的人物就是蒋永福先生。他曾在多篇文章中表示要坚持以人为主体来进行图书馆学理论的研究,并且从人文的角度提出了“人文图书馆学五定律”:定律一,图书馆是人类进化需要的产物;定律二,图书馆是用户的图书馆;定律三,图书馆是科学精神与人文精神的整合体;定律四,图书馆是体现人类自由与平等理想的圣地;定律五,图书馆是以人为核心对象的科学。此外,蒋永福先生还构建了被称为“人本主义图书馆学”或称“人文图书馆学”的新理论。紧接着程焕文先生又进一步明确提出和阐述了“人文图书馆学”的概念。徐引篪和霍国庆先生在《现代图书馆学理论》一书中也指出:“图书馆学是一门研究人的学问,它的最终和最高目标是为人的全面发展服务。”卢泰宏、肖希明、李超平等图书馆学专家从图书馆科学精神(现代技术)和人文精神相结合的角度给出了自己关于图书馆人文精神的理解。在这些图书馆学专家的努力研究下图书馆人文精神的理论不断发展和完善,并一步步走向了成熟。

3.2.2 理念上的发展

90 年代开始的从闭架借阅向全面彻底的开架借阅的转变可以看做是图书馆人文精神在理念上的最早发展。开架借阅充分尊重了读者的阅读权利,从方便读者的角度来考虑,这种理念充分尊重了人的自主性,体现了以人为本的思想。

平等、免费的服务理念作为图书馆人文精神的基本理念随着图书馆事业的不断发展开始深入人心,我国目前正在制定的图书馆法就从法律的角度对这个观念的认真贯彻提供了保障。一些理论家凭借自己较强的职业敏感性,开始关注“人文精神”在图书馆实践领域的推行,把平等和免费的理念从理论界延伸到了现实的实践活动中去。如王子舟教授在2004 年就曾组织研究生赴5 省10 县进行大范围基层图书馆调查,撰成《基层图书馆生存状态忧思录——5 省 10 县图书馆调查纪实谈》。2005 年李国新教授利用暑期的间隙赴湖南衡阳调研基层图书馆状况,调研后发表文章《我国公共图书馆事业进一步发展的突破口——县级图书馆的振兴与乡镇图书馆的模式》,这些文章都反映出了我国基层图书馆发展的艰难困境,指出要贯彻图书馆平等的服务理念首先就要保证基层图书馆网点的布局和建设问题。理论家的呼吁引起了国家的高度重视,在刚刚出台《国家“十一五”时期文化发展纲要》中,政府就把“抓好基层文化建设,加大力度改善农村及中西部地区公共文化基础设施条件,完善公共文化服务体系,保障农民和城市低收入群体的基本文化权益”作为“十一五”时期文化发展的重点之一。国家开始加大力度进行图书馆服务网点的建设这也充分体现了图书馆“人文精神”中平等的服务理念。此外王子舟教授还申请了“弱势群体知识援助的研究”课题,并撰文呼吁社会关注知识弱势群体对图书馆利用的现实情况,使得弱势群体能够同其他群体一样平等地利用社会公有的信息资源,图书馆作为一个机构在其中就应该发挥重要的作用,这也是图书馆平等理念实施的一个重要方面。近年来读者的权利意识在逐渐增强,维权意识也开始觉醒,针对图书馆一些不合理的收费现象,读者开始懂得拿起法律武器来维护自身的权利,“免费”的观念得到人们的认同,公共图书馆办证收费、借阅交押金、复印双重收费等问题在“免费”服务理念的影响下越来越受到了人们的质疑,人们以“免费”的服务理念为武器来展开对这些现象的抨击。理念上的发展推动了人们的实际行动,而在实际行动中又强化了人们对这种理念的理解,作为“人文精神”核心的“平等”和“免费”的服务理念在新时期获得了不同程度的发展。

3.2.3 服务上的发展

(1)图书馆网点布局更加广泛

图书馆“人文精神”在图书馆服务上的集中反映就是图书馆网点布局的建设问题。图书馆要体现出自己对读者的人文关怀，首先要使读者与图书馆接触，使其能够方便地利用图书馆。欧美等发达国家在这方面做得非常好，值得我们学习借鉴。在美国图书馆网建设非常发达，平均每1.5公里的范围内就会有一所公共图书馆，各地政府都根据人口数来设立图书馆。例如旧金山有人口70万，公共社区图书馆30多座；底特律有人口100万，社区图书馆50多座；纽约市仅一个皇后区就有62个通借通还的社区图书馆。在欧洲公共图书馆有20万座左右，无论是在繁华的闹市还是僻静的街角，都会碰见图书馆。英国平均每1万人就拥有一座图书馆，是世界上占有公共图书馆份额最多的国家，约60%的居民经常去所在社区的图书馆。我国也逐渐意识到图书馆网点布局的重要性，开始加大对图书馆网络体系的构建，尤其是加强了对面向大众的基层图书馆网络的构建，很多地区都以不同的形式来构建图书馆网络并取得了成效，如广东的“流动图书馆”、深圳的“图书馆之城”、广东佛山的“联合图书馆”、广东东莞的“图书馆集群”、杭州的“公共图书馆联盟”、北京的“社区图书馆建设”、上海的“15分钟借阅点”、天津的“图书馆延伸服务”、苏州的“总—分馆制”，还有吴江的“村镇联动”。这些地区根据自己地方的特色和图书馆发展的现状找到了适合自己的图书馆服务体系网络的建设道路，并取得了巨大的成功。他们采用总馆分馆的体制和流动服务车等多种形式在数量上来保障广大读者对图书馆使用的需求。

(2)图书馆建筑更加人文化

图书馆不仅在数量上不断丰富，尽量满足读者的需求，而且在图书馆建筑上也体现出了浓厚的人文色彩。如上海图书馆、深圳南山图书馆在新馆设计中都取消了围墙这一护卫性建筑，使图书馆彻底走出了“高楼深院”这一固有模式，它在向人们昭示，图书馆已打破了所有与社会与读者之间的隔膜。深圳南山图书馆的外形设计更加具有匠心和人文意味：从外面看不知道图书馆的大门在哪里，只有一扇“知识大门”的白色浮雕吸引住人们的视线，这种设计给人以亲切感，了却了来馆读者的门庭森严之感。新建的浙江省图书馆据说周围也仅设低矮的护栏，建筑上的这种人文风格，反映图书馆人的一种全新的人文主义理念。

(3)图书馆馆内布局和设备更加人性化

图书馆在馆内的布局和设备的陈设上也尽量体现人文关怀，努力营造一种人文化的阅读环境，在深圳图书馆的大厅内就摆放着厚实的气垫床，供读者休息放松，人们或坐或躺采用各种舒适的姿势，体现的完全是一种家居阅读的氛围,读者在馆中阅读完全是一种轻松舒适的享受。广东东莞图书馆布局上追求通透明亮,装饰上讲究明亮简洁,室内安放了高矮相宜的书架,休闲的桌椅,营造了一种“人在书中,书在人旁”的阅读环境,每一层还设有自动存包柜和饮水机,体现了一种“读者第一”、全心全意为读者服务的人文化图书馆理念。在服务内容上这些新馆也追求自己的特色,例如东莞图书馆就设有衣食住行图书馆、东莞书屋、台湾书屋、粤剧图书馆、漫画图书馆,还设有礼仪之家,既凸显了地方特色也能够满足读者的不同的文化需求。计算机技术和网络技术在图书馆实际工作中的应用,为图书馆的人文化建设提供了条件,在计算机自动借还系统的辅助下,东莞新馆率先实现了自动图书馆 365 天 24 小时的开放服务,读者不受开馆时间的限制,在任何时间都可以借还图书。总分馆的建设模式使得其真正实现了“一馆办证,多馆借书,一馆借书,多馆还书”。开放时间的长短也可以作为衡量一个图书馆是否具有人文精神的评价标准,现在大部分图书馆都尽量在延长自己的开馆时间。在服务方面也于细微之处体现人文关怀,如在每一层都设置饮水机方便读者,在每个阅览室安放检索设备,在检索机器旁边放置纸笔供读者做暂时性记录使用,在阅览室内开办复印室,在书架之间摆放小凳子以供读者获取书架顶层的图书,在阅览室宽敞的空地放置休闲沙发供读者阅读使用,在图书馆进门处设有取款机和圈存机等设备。此外图书馆还提供馆际互借、资源共享和参考咨询等丰富多样的服务满足读者对文献信息的需求。

(4)图书馆资源共享更加充分

资源共享是图书馆一个很重要的服务项目,长期受到图书馆业界的关注。图书馆界为了能提高对读者的服务水平,一直把资源共享摆在一个很重要的地位。如 2006 年新启动的高校人文社会科学共享项目 CASHL 是一种新型的资源共享形式,通过共享使得图书馆的资源更加丰富,从而可以更好地为读者服务。这是图书馆的宗旨之一,也是图书馆人文精神的一种体现,毕竟读者利用图书馆的最终目的是获取自己所需的资料,图书馆提供给读者所需的文献资料也是人文精神的一种体现。

3.3 我国图书馆人文精神发展中存在的一些缺憾和不足

21 世纪是我国图书馆发展的大好时期,总体来看图书馆的服务方式更加多样,服务手段更加现代化,人文精神的理念也得到了很好的贯彻,但仍然存在着一些不足,发展也有不尽如人意的地方。

人文精神中平等的服务理念还没有得到全面的实施。2007 年 6 月 7 日的

《北京晨报》对国图、首图不合理的收费现象进行了披露:“在国图办理一个临时读者卡的工本费是5元,非临时读者卡的工本费是20元,此外借阅外文书籍还要交押金1000元,其他的扩展押金是100元,首图最高收取押金达500元,这些借阅押金的设置为读者借阅图书利用图书馆设置了门槛,很多读者表示因为这些限制将放弃对图书馆的使用。在一些阅览室还根据读者的学历进行区别对待,人为地对读者进行分类,这违背了图书馆人文精神中的‘平等’观念。”像国图、首图这样的图书馆尚且存在这种现象,的确值得我们深思。图书馆的门槛如此之高,又如何能奢望图书馆读者如云?读者来馆尚且有顾虑,我们所倡导的图书馆人文精神又从何谈起?

我国图书馆事业发展的严重不平衡,是我国图书馆人文精神发展的另一个障碍。相对于上文中所介绍的那些大都市的现代图书馆新馆来说,我国广大的县级图书馆的情形更令人担忧,不要说在服务内容上不能与之相提并论,甚至连基本的服务理念都不具备。某县的一个图书馆甚至把图书馆的“开放时间”写成了“营业时间”,它的开放时间的告示板上鲜明地注明“冬天上午8:30—12:00,下午2:00—5:00;夏天上午:8:30—11:30,下午3:00—6:00,周六、周日休息”,这与前面介绍的一些新馆的服务情况形成了鲜明对比。广大的基层图书馆不仅在服务理念上远远落后了,在服务内容上和服务设施上也存在着很大的差距,一些图书馆甚至连自己的馆舍都没有,一些基础性的设施都不具备,采光和供暖设备也达不到要求,不要说是对读者的人文化关怀了,就连读者基本的阅读要求都不能满足。这种情况同样存在于我国新兴的民营图书馆中,北京大学信息管理系的张广钦老师目前正在进行民营图书馆的课题研究,在其搜集到的全国民办高校图书馆的调查问卷中,一些读者甚至把增设阅览座位,周六、周日开馆、免费办理借阅证等基本的图书馆服务作为一种愿望提出,看了着实令图书馆的从业人员心寒。不过通过对基层图书馆现状的反映也可以看出图书馆人文精神已经开始深入人心,正因为人们的关注才逐渐发现了基层图书馆存在的严重不足,才会激励我们不断去完善、去弥补这种不足和缺憾。

4 结语

图书馆人文主义思想起源于西方,通过中西文化的交流传入我国,在消化吸收的过程中逐渐得到了我国图书馆从业人员的认同。从20世纪90年代开始,图书馆人文精神进入我国图书馆事业的研究领域,在短短的十几年的发展中在理论领域和实践领域都取得了巨大的成就,当然其中也存在着一些不足和缺陷,尤其是与西方图书馆服务中的人文关怀相比还有很大的差距,比如办理借阅证的手续还比较烦琐,图书馆开展的一些服务活动还不够丰富多彩,比起美国公共图书馆包罗万象的服务项目还显得十分逊色,图书馆的网点分布也不完善,居民远离图书馆的实际情况没有得到根本解决。

要想在我国成功地贯彻实施图书馆的人文精神,首先应该降低读者利用图书馆的门槛,如果读者都被我们拒之门外,我们的人文关怀又从何谈起? 他山之石,可以攻玉,美国图书馆的一些做法是值得我们学习的,可能目前我国的经济发展状况还不允许我们达到美国那样的服务水平,但可以作为我们的一个努力方向。我们要积极引进和借鉴西方发达国家图书馆发展图书馆精神的经验,来推动我国图书馆人文精神的发展。随着中国现代化进程的加速,图书馆的人文化趋势越来越明显地摆在了我们面前,我们要顺应历史的潮流,加快前进的步伐,在推进图书馆人文精神建设的道路上担负起我们的责任,贡献出我们的力量。

参考文献

[1](美)斯塔夫里阿诺斯著;董书慧译. 全球通史:从史前史到21世纪(第7版)下册. 北京大学出版社,2005

[2]许苏民. 人文精神论. 湖北人民出版社,2000

[3]肖希明. 图书馆呼唤科学精神和人文精神的融合. 图书馆,2000(1)

[4]程亚男. 恰是郁金香飘时——走马美国图书馆. 图书馆,1999(4)

[5,11]韩继章. 图书馆人文精神:从理论走向实践. 新世纪图书馆,2006(5)

[6]蒋永福. 人文图书馆学论纲. 中国图书馆学报,2002(4)

[7]汪康年. 论中国富强宜筹易行之法. 时务报,1896-12-05

[8]来新夏等. 中国近代图书馆事业史. 上海人民出版社,2002

[9]周利红. 关于人文视野中的图书馆学五定律的思考//中国图书馆学会编. 人文视野中的图书馆学. 北京图书馆出版社,2006

[10]郭长岭. 简论新世纪中国图书馆的人文精神//中国图书馆学会编. 人文视野中的图书馆学. 北京图书馆出版社,2006

[12]国家"十一五"时期文化发展规划纲要(全文)[2007-02-26]. http://news.xinhuanet.com/politics/2006-09/13/content 5087533 1. htm.

[13]张彤. 国内外城市社区图书馆发展现状的比较与思考. 图书馆工作与研究,2006(5)

[14]王娟,白明辉. 国图首图被指借阅押金高. 北京晨报(聚焦). 2007-06-07

浅谈图书馆人文精神的起源与发展

赵文香(陕西省医学图书馆)

人文精神,是指人类的文化精神。一般以为,“人文”范畴起源于14世纪欧洲的资产阶级文艺复兴时期,是文艺复兴文化的基本范畴。当时的人文主义思潮是针对以基督教神学为中心的封建文化,热衷于发掘古希腊、罗马的文化遗产,是对其语言文字、自然科学和哲学进行研究,提倡一种以人和自然为研究对象的非神学的世俗文化。尤其强调人在对天道认识的基础上,充分发挥自身的主观能动性,对进退、存亡、死生、荣辱作出正确的价值判断,从而进行取舍和追求,以美化人的生活,实现人的价值,因而它与“神文”是相矛盾的。中国传统意义上的人文精神,实质上就是儒家的教化天下的思想,也就是主张通过诗书礼乐等来塑造符合儒家社会理想的人。

人文精神在图书馆的体现,是指图书馆工作实践与理论研究中体现以人为本的思想,“以满足人的需要,实现人的价值,追求人的发展,体现人文关怀,创造美与和谐作为图书馆活动的宗旨”。

图书馆的人文精神就是:(1)强烈的民族自尊、自信与自强精神。(2)强烈的自爱、自豪与牺牲精神。(3)大胆地吸收、探索、改革与创新精神。(4)读者至上精神和嗜书如命精神,即爱书、爱馆、爱人的精神。也可以说是馆员的政治态度、精神风貌、思想情操和职业道德等多种群体意识和群体精神。自图书馆诞生之日起,图书馆事业就与人的发展和人类文化的发展息息相关,它始终关注的焦点是人类文化的保存、传播和延续,人类自身的发展和进步。这其中所贯穿的就是图书馆所固有的人文精神。

图书馆人文精神,就是对馆员的人文关怀。现代技术的应用,把大多数馆员从繁琐的图书编目、整理、馆藏、借阅等工作中解放出来,这样馆员就更有时间和精力去追求个性的自由和发展。图书馆应该营造一种热情浓烈的学术氛围,让每个馆员都有自我发展的空间和机会,让每个馆员的个性都得到张扬,这样我们的图书馆才能朝气蓬勃、欣欣向荣。

图书馆人文精神内涵分三层:一、理念层内涵。包含公益性质理念,服务功能理念,读者目标理念。二、行为层内涵。包含开放原则,自由平等原则,助人原则。三、视觉层内涵。包含建筑:便利与意蕴;设施:秩序与整洁;色彩:典雅与柔和;人气:微笑与礼节。

人文主义的基本特点是:(1)与把人看作神的秩序的神学观点和把人看作自然秩序的科学观点不同,人文主义的焦点是在人的身上,是从人的经验开始的。(2)每个人都是有价值的或者说是有尊严的,其他一切价值的根源和人权的根源就是对此的尊重。(3)它始终对思想十分重视。在图书馆的发展史中,正是这种思想促使了近代公共图书馆的产生。图书馆成为人们发展和完善自我、发掘自我价值、培养思想的重要场所,成为人文主义者所大力提倡的教育的重要组成部分。然而,具体到图书馆的学术与实践,却不能简单地把人文主义与图书馆的人文精神画上等号。毕竟图书馆的人文精神不仅仅来自人文主义,而且是在人文主义基础上的发扬、改进、充实和具体化。

1 图书馆人文精神的起源和发展

17世纪中叶英国资产阶级革命后,新兴资产阶级提倡个性自由和精神解放,要求打破封建贵族对文化的垄断,图书馆从此开始进入近代图书馆发展的历史阶段。随着服务对象扩大到社会各阶层的人,服务方式从闭架借阅发展到开架借阅,图书馆的人文传统开始形成,并逐渐升华为一种崇高的人文主义精神。这种精神集中体现在印度图书馆学家阮冈纳赞著名的"图书馆学五法则"中:(1) 图书在于利用;(2) 人各有其书;(3) 书各有其人;(4) 为读者节约时间;(5) 图书馆是个正在发展的有机体。

20世纪80年代,美国学者M.F.施蒂格在一次讲话中强调指出"人文价值观念是图书馆职业的核心"。正如E.C.霍利曾在《步入第三个世纪》中说:"我们职业(指图书馆)基本上是一种人文职业,我们的目标实质上是人。"图书馆毕竟不是技术科学,技术只是图书馆用来行使其职能,实现其价值和目标的必要工具,支撑和推动图书馆不断向现代化迈进的,最根本的是其内在的价值观念和精神源泉,即图书馆人文精神。

20世纪90年代,一种以人文研究为中心的图书馆学流派"人文图书馆学"或"人文主义图书馆"在我国兴起。1991年蒋永福最早提出"人文图书馆学"的名称。1992年,程焕文也认为:"一种以人为研究中心的图书馆学流派已呈现出形成的潜势,这里姑且把它称为'人文图书馆学'。"

进入新世纪以来，受到全球数字图书馆发展势头减缓的大环境影响，我国数字图书馆的开发热潮逐渐降温，信息技术带来的各种问题开始引发图书馆理论家们重新思索人文精神存在的价值，人文理念开始复苏。图书馆学理论家关注焦点集中在图书馆人文精神、图书馆核心能力、图书馆制度、图书馆权利、图书馆法理等问题上。如：范并思先生研究“图书馆精神”，李国新先生研究“图书馆权利”，吴建中先生研究“图书馆职业理念”，蒋永福先生研究“图书馆制度学”等。图书馆学主要专业期刊也推出了一系列专栏。如《图书馆》推出“21 世纪图书馆运动”专栏等等，为人文思潮发展推波助澜。可见，一场理论界的“新图书馆运动”正开展得如火如荼。

2 人文精神在图书馆中的价值

在人文精神相对滑落，科学精神占据主导地位的今天，更应该提高对人文精神在图书馆发展过程中的核心地位和作用的认识。图书馆人文精神可以这样来理解：首先是图书馆的发展已经开始从技术主导阶段上升到人本主导阶段，一切技术，包括 IT 技术，最终不过是工具而已，它不能最终完成图书馆要完成的使命，更不能完成图书馆的终极使命。图书馆的技术，无论是传统的还是现代的，它们都有一个共同特点，那就是很“玄”，越来来越对读者的意义不大。无论是分类法、编目规则或是图书馆工作的其他工具、方法，它必须成为一个人人可以得而用之的东西，如果不是，这种工具或者方法的意义就不大了，其发展空间也会越来越小。我们知道，用户在网上检索信息，其方法非常简单，不需要经过培训就能查到所需要的信息，这才叫工具。这些实际上对图书馆的发展方向是有很大启示的，也就是说，图书馆的发展应该从技术主导转向人本主导。其次，从这个社会的发展和对图书馆的看法，我们就能明白人文精神的重要了。图书馆事业没有时间走弯路了。最后，是从世界潮流到持续发展看图书馆人文精神的重要，不只是要学习西方的先进技术更是学习先进的管理理念。人文精神的作用具体表现在：

2.1 构建和谐社会要求发扬人文精神

图书馆是社会需求的产物。随着和谐社会的发展和人的自我意识的显著提高，人们的社会进化观已经从致力于物的发展，以物为中心逐渐过渡到以人为中心,强调人的发展是经济和社会发展的基础和动力。和谐社会现代化以人的现代化为首要条件,社会和谐应以提高人的知识素养和实践能力为目标,以人获得自由为体现。在这种和谐社会进化观的指导下,西方传统的人文主义精神重新为人们所理解和重视,在注重技术发展的同时,人自身的价值也得到越来越多的尊重和关注——人文主义的核心正在于此。从这个意义上讲,图书馆继承和发扬传统的人文精神乃是整个社会和谐对它的要求。

2.2 实现图书馆自身价值需要人文精神

图书馆的价值取向始终以提高整个社会的科学文化水平及思想道德素养为己任,推动社会和谐文明进步是图书馆一直所追求的社会目标。图书馆人把人类根本价值的实现作为自身价值的源泉和基础,离开了人类的价值,图书馆的价值就无从谈起。图书馆的价值观充分体现了其人文精神和人文传统。人文精神正是图书馆价值观的核心。无论图书馆的管理方式、技术手段发展到多么先进的程度,如果它的价值观保持不变,那么人文精神就不会消失。

2.3 发扬人文精神是现代图书馆实现社会职能和维持社会地位的必要手段

很久以来,图书馆担负着保存人类文化遗产、开展社会教育、传递科学信息、开发智力资源、提供文化娱乐等主要的社会职能。实现这些社会职能,依靠的不仅是政策的财政支援,更关键的是图书馆人热爱人类文化事业,具有无私奉献的人文精神,能够不断自觉地改进和提高图书馆的管理和服务水平,实现信息的有效组织、利用及增值,从而满足社会和读者的需求。另外,图书馆要与其他信息服务提供者相互竞争,不仅仅要有技术支持,人性化的服务也将是一个竞争的重点。具有浓厚人文传统的图书馆理应发挥其“以人为本”的服务精神,从而吸引更多读者,取得竞争的优势。

3 对图书馆实施人文精神的几点思考

3.1 加强开放理念

图书馆可尝试向周围居民、学校从业民工及研究所开放。周围居民只能到本地区公共图书馆借阅,那里的文献资源少且路程又远;从业民工是典型的无助知识弱势群体,若是他们有信息需求也应满足他们就近需求欲望;研究机构有时文献不全需利用图书馆这个信息平台,也应满足他们,他们多是需求网络资源,不存在利用冲突。注意图书馆网的建设,图书馆的网点多少是决定图书馆能否接近居民的关键。如果网点稀少,势必使图书馆仍然远离人民。

3.2 树立图书馆的开放形象

图书馆的开放形象是其区别于旧式藏书楼的基本标志,也是图书馆最具人文意蕴的重要理念。改革开放以来随着对外交往的增多,国外图书馆的全开放形象在我国图书馆广为效尤。我国图书馆的开架从20世纪20年代提倡已走过大半个世纪的历程。在图书馆,“开架”的理念已深入人心,书刊开架范围已变得相当大。书架中设置了供读者休息的椅子和鲜花,为读者营造了一种宁静、宽松的极具人文意蕴的阅读氛围。

3.3 强化服务理念,提供全方位服务,构建强有力的图书馆服务文化

人文精神已成了制约图书馆发展的瓶颈,既然我们已在资源组织的“藏”技上费尽了苦心,同样应绞尽脑汁去思考如何将所“藏”让读者最大限度地“用”,而走出“用”的困境的唯一出路就是——人文关怀精神。在图书馆服务全程中应处处体现以人为本的思想,尊重读者,关心读者,与读者沟通、合作,建立一种亲切、平等、相容的关系,体现图书馆对读者的人文精神:对读者有百问不厌的服务精神、百问不倒的服务素质,让读者真切感受到“读者第一”,“一切以读者为中心”,构建强有力的图书馆服务文化。服务文化有强大的渗透力,它是图书馆最有效的管理手段,也是和谐社会文化乐章谱写的强有力影响者。我国图书馆,尤其是公共图书馆在为读者服务方面不断拓展服务领域,深化服务内容,为读者提供各种各样的服务,如内阅服务、外借服务、互借服务、复印服务、咨询服务、检索服务、跟踪服务、代借服务、视听服务、讲座服务、培训服务,甚至延伸到一些居民日常生活的服务,如电话咨询服务,以及一些有助于扩大图书馆影响的服务,如一些图书馆尝试举办的会展等。服务的对象除一般居民外,还注意到为一些特殊读者群的服务,如为领导决策服务,为下岗职工服务,等等。由于图书馆的全方位服务,使得它在构建和谐社会上取得丰硕的成果。

3.4 增强平等理念,将区分服务减少到最小化

平等的理念是人类社会普遍追求的理念,也是图书馆与生俱来的理念。平等的原则是国际图书馆倡导的基本原则,职务高低、年龄大小,在图书馆都是读

者,享受同等的服务。

3.5 强化教育理念,加强与读者沟通

图书馆除了有科研人员的服务职能外,还承担着教育职能。1997 年病中的巴金参观上海图书馆新馆时就题下了“散布知识,散布生命”的语句,可见图书馆对人一生的影响之大。很多伟人都将自己的成功归功于受益图书馆,所以我们应千方百计激发读者阅读兴趣,把读者吸引到图书馆来,并且除了满足其知识需求,还要对其精神心理问题进行关注、探索、指点和解答。

从我国图书馆界这几年所取得的研究成果和实践可以看出,中国图书馆人文精神,历经磨砺而萌发重生,虽陷入过低潮却再度高涨。它是图书馆事业发展的新的活力。图书馆的人文精神作为图书馆发展的内在动力和精神内核,在图书馆步入现代化阶段时仍将发挥其重要作用。我们要珍视这种宝贵的传统,以人文精神指引图书馆人的思想和工作,使人文精神在信息时代焕发出新光彩,让人文精神为图书馆事业增添更多的生机与活力。

参考文献

[1]高晓帆. 人文关怀视野中的读者权利与图书馆员的权利. 图书馆建设,2006(6)

[2]范并思,邱五芳,韩继章. 新世纪　新视野:三人谈之追寻 20 世纪的图书馆精神. 图书馆,2002(3)

[3]施强. 我国图书馆精神研究综述. 图书馆,2006(3)

[4]肖希明. 图书馆呼唤科学精神与内涵. 图书馆杂志,2003(1)

[5]蒋永福,王丽云. 论图书馆人文精神的内涵. 图书馆杂志,2003(1)

[6]程焕文,周旭毓. 图书馆精神——体系结构与基本内容. 图书馆,2005(2)

[7]肖希明. 图书馆呼唤科学精神与人文精神的融合. 图书馆,2000(1)

[8]曹树金,陈忆金. 论图书馆精神与图书馆价值. 图书馆论坛,2005(5)

[9]http://blog. sina. com. cn/u/1255885493

[10]http://blog. sina. com. cn/u/1255885493

[11]刘秀华. 高校图书馆服务质量评价与人文关怀. 图书馆建设,2006(6)

[12]兰小媛,范并思. 信息化浪潮中的图书馆人文精神. 图书馆,2006(5)

[13]韩继章. 中国图书馆发展的人文化局势. 图书馆,2000(1)

公共图书馆精神就是民主精神

——读《公共图书馆宣言》随感之一

沈占云(桂林电子科技大学图书馆)

公共图书馆自19世纪中叶以来蓬勃发展,二战以后更成为欧美先进国家民主政治之资源。二战以后,西方46个国家要求成立联合国教科文组织。1949年颁布,1972年修订,1994年再次修订的"联合国教科文组织公共图书馆宣言",再三强调公共图书馆是现代民主政治的产物,是民主信念在普及教育的实证,作为一个民有、民享的民主机构,公共图书馆必须是依法设立及运作。二战以后,西方进入了一个经济繁荣、福利制度完善的新阶段,或者公共服务与福利制度会有所更改,但免费的公共图书馆作为一种信息公平、信息保障的制度安排,从来没有发生过变异,《公共图书馆宣言》只会经过修订嬗变得更加完美,自二战以来的半个多世纪里,《公共图书馆宣言》始终像北斗星那样恒定的闪耀着光芒。

让我们来看1994年版的《公共图书馆宣言》的要旨:"社会和个人的自由、繁荣与发展是基本的人的价值。只有当有文化的公民能够行使其民主权利并能在社会上积极发挥作用时,这些价值才能实现。富有成效的参与和民主的发展有赖于良好的教育和对知识、思想、文化及信息的自由和不受限制的获得"。

再来重温1972年《公共图书馆宣言》的要旨:"公共图书馆:教育、文化与信息的民主机构。公共图书馆乃是民主信念在普及教育的实证,对人类知识与文化成就做持续评估的过程。"

第二次世界大战后不久,1949年版本的《公共图书馆宣言》给我深刻的印象:"公共图书馆是民主的教育机构,公共图书馆是民主政治的产物,也是终身教育过程中民主信念的实证。"

西方民主社会自资产阶级革命之后已经存在许多年了,支撑西方公民社会的三大支柱之一是民主理念,它是现代社会必然和进一步的发展。民主理念具体体现在林肯的名言——“民有、民治、民享”中。民主是需要条件的，按照西方学者卡尔·科恩的说法，如果要实行并保持民主，必须满足五类条件，即物质的、法制的、智力的等方面的条件。是的，公共图书馆提供的就是民主的智力条件，它涉及公民履行民主所赋予的各种任务的智能，以及为这些智能提供必要的信息和训练。愚昧无知是无法实现民主的，因而民主政体所不可或缺的首先是广泛的教育。

可以看出，早在启蒙时代，关于民主的理念就产生了，它和社会契约论有着内在的联系。虽然经过几百年的不断完善，这一理念仍然在继续完备，人们只能说民主政体是诸多政体中危险最小、坏处最小的一种，但并不是没有弊病，原因就在于上述条件是很难完美达到的。民主并不是什么神奇的力量，它不可能超越其社会成员的物质和智力的水平而对社会有什么作为。民主的命运掌握在其成员自己的手中，这是民主的弱点，又是民主的优点。民主的成败完全取决于全体公民所表现出来的集体的智慧和力量。从西方的民主政治发展的曲折历程，我们可以坚定这样一种信念：欧美先进国家的公共图书馆理念与民主的理念一样成为不可逆转的时代要求。

尽管在我们的印象中，西方国家特别是英国，早在18世纪就实行了民主宪政制度，但事实上，民主的理念还没有像自由主义或后来的马克思主义那样形成一种意识形态。它是借助其他思想慢慢地渗透进人们的头脑，几乎还没有坚决的支持者。它没有什么堂皇的学说作为后盾。真相是这样的：历史上的思想传统基本上是反对它的。自由主义思想家约翰. 穆勒在19世纪中期就指出：“潮流转向民主，这不是哲学家的产物，而是日益强大的社会大多数人的利益和本能的选择。”

即使是欧洲启蒙运动的领衔人物，也带有强烈的反民主色彩，这么说是因为它怀疑大众的智慧，进而怀疑用多数表决而不是由理性做出决策的智慧。启蒙运动的先驱者培尔认为，在平民百姓中找不到“任何忠告、理性、鉴别力、学问和精确的描述”。大众的非理性是从弥尔顿到伏尔泰的著作中的一个主题。许多人也注意到，尽管他们不喜欢民主，但是民主代表了未来的潮流。19世纪的思想者曼宁认为，“欧洲现代化的过程似乎趋向于通过召唤大量的人民进入权力，从而保存民族生活和行动的发展”。民主在扩散，欧洲的所谓的轻视民众的社会精英无论如何抱怨也无济于事，那么，就几乎只能顺理成章地接受民主这一结果。最好的社会应该是让所有的人分享好处与参与政治的社会。这种观念开始深入19世纪后期人们的思想，并且变成了伟大的信仰原则。令人吃惊的是欧洲的思想家中还有另一位叫做索雷尔的,他对民主的憎恶简直到深恶痛绝的地步。他认为,暴君是一个人,还是一群人,这并不重要,暴君就是暴君,那种认为建立在议会基础上的政府所带来的麻烦至少要少一些的信念就令索雷尔大为震怒。他指出:“我们每人身上都有一点点暴君的影子和奴隶的气息!”本着同样的精神,他认为,由民主选举所产生的议会如果威胁到了自由,那么它的神圣权利也与国王的“神圣权利”一样应该受到抵制。也许此人的话有点儿道理,法西斯主义在20世纪上半叶盛行,就是利用民众的心理造势。法西斯主义骨子里是反民主主义的,只是察觉应该以群众民主建立虚有其表的民主政治形式。战后重整的英国等国家感到了训练民众素质的重要性,虽然这种训练自19世纪中期就已经开始。1850年,英国颁布了第一部《公共图书馆法》,主要的就是基于这种理念。

“民主”(democracy)一词的cracy在希腊文中是kratos,即权利的意思。Demos在希腊文中是人民的意思,而且包含有穷人和许多人的意思。在市场经济发达的今天,在民有、民享、民治的现代社会,公共图书馆是民主化社会中纳税人的必然选择,公共图书馆存在有其必然性与内在的合法性。民主在西方其实一直被诟病,这一点可能出乎我们的意料吧。巴士底狱陷落以来,“人民”、“主权在民”等理念高歌入云,近代资本主义时代在某种意义上总是民主的时代,但民主也总是像“摸黑一跃”。民主制实际上是在19世纪后几十年形成的,无论是这个词的政治意义还是社会意义而言,都是如此。即使如此,1867年的《伦敦时报》上的社论还是指出:“有人提议,把权力从有钱人和有才智的人手里转移到每天必须为生活而苦苦挣扎的那些人手里,我认为这个提议是国家面临的最大威胁之一。”但是,1867年和1884年,英国一步步地实现所有男性公民的选举权,到了1910年,女性也强烈要求选举权。就连保守主义者也指出,所有的政府都必须关注公共舆论。公共舆论可能是好事,也可能是坏事,这取决于公共舆论的开明程度。因为,就连最开明的自由主义思想家托克维尔和穆勒都不相信民主,因为他们同样担心智力和素质的低下。这种对民主的审慎可能源于这样的洞见:最初,理性是少数人的特权,在受教育非常有限的环境中,理性基本上可以视为一种世袭特权,教育开始普及,就是将一种特权转变成人人皆有的权利。批评民主制度者向来喜欢指责民主的社会成本。穆勒为民主作的最有力的论证是,它可能成为一个逐渐提高大众水准的教育过程。穆勒说,民主是最广义的大众教育,政府不仅必须有效率地完成公共事务,还必须致力于促成公民长进。在这种思想的驱动下,许多国家建立起公共教育制度,并将报纸、书籍、期刊组织起来，开办图书馆，供人们免费阅览。19世纪在动荡变化的社会环境中，英格兰数以百万计的农民离开了传统的农业环境，进入大城市，进入到自由竞争的市场经济发展的新环境，穷人的图书馆产生了，并开始作为一种信息公平与社会信息保障的制度而保持下来。但是，这并非一个简单的过程。到了19世纪末，力推公共图书馆精神的议员尤尔特在议会讨论《公共图书馆法》时，还曾经为公共图书馆的必要性与内在的合法性而与其他反对派发生了激烈的争执。1850年英国通过的公共图书馆立法只适用于公共图书馆，但它的意义却远远超出了公共图书馆。公共图书馆立法所确定的立法精神，是真正的公共图书馆精神。公共图书馆是一个使普通民众可以自由获取文献知识的公共机构。

第二次世界大战结束后，国际图书馆事业进入了一个新的发展时期。图书馆对图书馆精神的认识进一步升华。他们将图书馆事业与政治民主与人的信息权利相联系，站在信息公平与社会信息保障制度的高度看待公共图书馆的社会意义。也就是说，图书馆精神的实质在图书馆信息关怀的基础上又增加了民主政治保障的内涵。1949年，联合国教科文组织通过了《联合国教科文组织公共图书馆宣言》，这是图书馆事业史上最重要的事件之一。它是图书馆事业在世界范围内发展成为一种社会事业的标志，它使图书馆存在的意义脱离了收藏与利用文献这一单纯的图书馆内活动的范畴，使图书馆活动成为国家民主化建设中的组成部分。《公共图书馆宣言》所宣明的精神虽然源自19世纪，但直到《公共图书馆宣言》问世，图书馆界才有了权威的、准确的表达它的文字。《公共图书馆宣言》是1850年以来图书馆学家探索公共图书馆理论的全部成果的结晶。《公共图书馆宣言》所表达的立场虽然专指公共图书馆，但却是对图书馆精神的最高认识，包括：公共图书馆是社会民主政治的产物，也是民主社会的保障之一；必须立法保障并由公费支持公共图书馆事业；对社区所有成员实行同样的服务，对所有人免费服务。公共图书馆作为一种信息公平、信息保障的制度，作为一种民主政治的资源，一直得以保持下来，虽然这半个多世纪来西方社会经历了许多动荡变化。

参考文献

[1]范并思. 建立一个信息公平与信息保障的制度. 图书馆，2004(2)

[2]老槐也博客. http://oldhuai. blogchina. com/5254425. html. [2006-06-17]

近代美国公共图书馆运动的精神成果

张久珍(北京大学信息管理系)

1850年2月,英国议会通过了公共图书馆法案,这一历史性事件被认为是近现代公共图书馆运动(Public Library Movement)的开端。随后,公共图书馆运动遍及世界各地。从相关的研究资料可以看出,从19世纪中期到20世纪初期,美国、加拿大、日本、印度、澳大利亚、丹麦、挪威、芬兰、中国以及非洲一些国家都轰轰烈烈地掀起了公共图书馆运动的热潮。人们对公共图书馆运动的广泛关注使之成为图书馆史的一个重要研究内容。19世纪后期美国成为公共图书馆运动的中心,在此期间,美国公共图书馆事业发展迅速,大大小小的图书馆在全国各地建成,图书馆馆藏数量、馆员数量不断增多,出现了一批优秀的公共图书馆运动先驱和图书馆学理论家,发展出优秀的图书馆思想和信念,可以说近代美国公共图书馆运动形成的思想成果至今仍然闪耀着理论精神的光辉,在指导图书馆实践工作方面仍然具有跨时代的生命力。

成果一:图书馆免费使用的思想

公共图书馆的历史并不长,免费的供公众使用的图书馆的历史就更短了。就在1731年,富兰克林(Benjamin Franklin,1706—1790)创建了一种新型的图书馆——费城图书馆公司(Philadelphia Library Company),这种图书馆只对能付得起费用的人开放。到19世纪中期,要求建立公共图书馆并免费提供书籍阅读的思想不断得到发展,美国著名的图书馆学家杜威(M. Dewey,1851—1931)坚决主张:除了免费的学校之外,还应该有免费的图书馆。钢铁大王、美国图书馆事业的慈善家卡内基(Andrew Carnegie,1835—1919)是美国公共图书馆运动史上一个不能忽视的人物,他曾经说过:由人民维护的免费的图书馆是民主的摇篮。本着这样的信念,他在美国资助建立了1419所公共图书馆,资助金额达6800万美元。卡内基的图书馆观念极大地激发了美国公共图书馆运动的热情。随着免费使用图书馆思想的扩散,越来越多的人主张用纳税人的税金来发展公共图书馆,这促使地方政府通过立法来保证图书馆的经费来源。例如,1810 年,康涅狄格州索尔兹伯里镇(Salisbury)议会议决从镇的财政开支中拨款 100 美元供宾厄姆青少年图书馆(Bingham Library for Youth)添购图书,这开创了政府机构资助图书馆的先河,恰恰以此为由,索尔兹伯里称自己是美国公共图书馆运动的发源地。第一个获得地方政府稳定的财政支持的是新罕布什尔州的彼得博罗镇(Peterborough)公共图书馆,1833 年,该镇议会决定从今以后每年为镇公共图书馆提供经费支出。因其经费来源的稳定性,该镇图书馆又被称为是第一个真正的公共图书馆。1851 至 1857 年间,马塞诸塞州、佛蒙特州、缅因州、罗得岛州、康涅狄格州纷纷通过立法允许各市镇用税收来支持公共图书馆。1895 年,在华盛顿州,妇女阅读俱乐部诉求当地政府通过一项建立税收支持的免费的公共图书馆的法案。1876 年美国教育部发布了《美国公共图书馆的历史、现状与管理》,根据该报告的统计数字,免费对公众开放的图书馆数量如下:1875 年有 342 所,其中有 164 所图书馆集中分布在东部海岸地区,马塞诸塞州有 151 所,俄亥俄州有 11 所,爱荷华州有 6 所。而在当时的英国,公共图书馆的数量只有 75 所,到 1880 年俄罗斯有 145 所公共图书馆。相比之下,美国公共图书馆运动取得的成就非常显著。显而易见,没有公共图书馆运动的普及,就不可能产生 19 世纪 70 年代以后美国图书馆事业的繁荣。

图书馆免费服务的思想已经通过图书馆立法精神和职业道德规范反映出来。很多国家的图书馆法或公共图书馆法案有关条款都明确规定本国人都能够通过图书馆免费获取书籍及其他资料。《北京市图书馆条例》第 29 条规定读者在图书馆享有免费进行书目检索与免费借阅图书、报刊的权利。新西兰图书馆协会 1978 年制定的《关于信息获取的声明》规定公共图书馆免费向所有人开放。英国图书馆协会的《信息存取声明》规定图书馆应向公众开放,并且为公众免费利用。美国大学与研究图书馆协会的《学术图书馆的知识自由原则》规定图书馆服务应该在任何时候都可以免费地提供。乌克兰的《图书馆民主化宣言》规定免费为公民提供信息的权利应当得到国家的保障。图书馆免费服务对促进知识传播、公共教育、文化繁荣、社会进步具有重大意义。例如,在芬兰,中央和城乡政府联合投资建立全国图书馆网络服务,为所有人免费提供借阅全国各图书馆图书的服务,完善的全国图书馆网络服务被认为是芬兰基础教育成功原因之一。

图书馆轻视免费服务思想产生的后果是严重的。我们国内图书馆界曾经出现过有偿服务、产业化、“一馆两制”等说法和做法,收费名目繁多,例如办理借阅证、借热门书、听讲座、查阅期刊、存包、使用自习室、填索书条等，这种对图书馆公益性的否定导致图书馆职业形象受损。图一时之利而收费服务已经在更大的层面上损害了自己的利益。近在眼前的《信息网络传播权保护条例》(草案)公布，公共图书馆在争取合理使用豁免面临的障碍就是来自出版界指责我们进行有偿服务。所以，“我们发言的力度，在一定程度上是自我削弱的”。

图书馆收费与免费之争伴随着图书馆的发展历程，至今仍然存在。就在2005年第1期《图书馆》杂志推出的“21世纪新图书馆运动论坛”专栏中，登载了蒋永福一篇随笔《图书馆：请放弃有偿服务》。就是在今天，这篇文章也难免被一些人讽刺抨击，在网络图书馆学论坛“老槐也博客”推介出这篇文章后，不仅有人跟帖反对免费服务，甚至还对文章作者恣意批评。可见，图书馆免费服务的思想至今还没有全面确立。重读公共图书馆运动的历史资料，当年图书馆的先驱们为免费服务所付出的努力，所作出的论证，所产生的社会影响，在今天看来，还是有借鉴意义的。

成果二：图书馆对普通公众开放的思想

早期会员图书馆的使用人群是非常有限的，富兰克林会员图书馆起初有50名会员，1750年南卡罗莱纳州的查尔斯顿图书馆团体(Charleston Library Society)有会员160人。使用图书馆受限于社会地位和经济地位。公共图书馆运动的一项重要成果是实现了图书馆的“公共性”，即所有人都可以使用图书馆，公共图书馆运动张扬了文化知识并非少数人所有而是属于全民共有的民主精神。1888年，在明尼苏达州，曾任美国图书馆协会主席的Herbert Putnam(1861—1955)把原来的一家会员图书馆发展成为公共图书馆，他认为公共图书馆应该为大众提供服务，满足大众的需求。就在同一年，洛杉矶公共图书馆馆员Jessie Gavitt(1884—1889在任)写信给《洛杉矶时报》：公众有权利用书架上的每一本书，当时的馆藏数量是6000册。明尼苏达公共图书馆运动的先驱Gratia Countryman(1866—1953)认为好的书籍应该广为诵读，可以造就有智慧的民众，图书馆就是建立在这样一个坚定信仰之上有活力的组织，她极力推动公共图书馆的广泛建立，为失业者建立阅览室，在医院、学校、企业建立图书馆。注意到当时明尼苏达州16所公共图书馆满足不了大多数人使用图书馆的需求，从1893年开始，她着手组建流动图书馆(Traveling Library)，并寄希望于流动图书馆的影响来促使各地建立本地的公共图书馆。1874 年,时任芝加哥公共图书馆馆长的 W. F. Poole(1821—1894)建立了传递站制度(Delivery Station System)来为图书馆服务未触及的地区提供图书,利用者可以在最近的商店、教会、工厂等地从目录中指定所需图书,图书馆用马车为这些用书场所送书。美国公共图书馆很早就形成了重视为特殊人群服务的传统,1894 年丹佛公共图书馆首次开辟了儿童阅览室,1901 年新泽西州纽瓦克自由公共图书馆(Free Public Library of Newark)为医院病人提供服务,还专门为移民提供非英文图书。杜威在担任纽约州立图书馆馆长时采用流动书车为偏远地区的广大居民服务,尤其为农民服务。这些公共图书馆精神的实践比 1972 年国际图联制定的《公共图书馆宣言》所倡导的"公共图书馆应为所有人服务"的原则声明的颁布要早近 100 年。下面是 1868 年波士顿公共图书馆读者职业分布的统计数字。图书馆读者来源的多样化显示出公共图书馆运动促进了社会大众使用图书馆,促进了馆藏文献信息的广泛流通。

表 1　1868 年波士顿公共图书馆读者职业分布比例

职业	制造业	店主	商人	专业人员	政府官员	工人	其他	无职业(妇女)
比例	15%	2%	19%	11%	1%	2%	13%	37%

早期的公共图书馆还采取了很多措施来真正实现面向普通大众的服务。除服务对象的开放外,图书馆对外开放时间的延长也是公共图书馆运动争取的结果。1871 年,辛辛那提公共图书馆首次实行星期日开馆。1885 年 10 月,一位署名"W. H. H."的用户曾写信给《洛杉矶时报》,要求洛杉矶公共图书馆在假日开馆。信的内容是:图书馆员有权利享受假日,但是没有必要关闭图书馆,因为在假日人们会涌现在城镇里,图书馆是最让人赏心悦目的场所之一,图书馆理事会可以指派一名工作人员在假日为大众服务,并付以 2—3 美元的报酬。

公共图书馆为所有人提供服务体现了"美国式的民主文化"。Sidney Ditzion(1908—1975)在 1947 年出版的专著《民主文化的宝库:1850—1900 年间美国新英格兰和中部各州公共图书馆运动的社会历史》是研究公共图书馆运动史的一部重要著作,从其书名我们可以感受到美国公共图书馆的起源及发展与民主精神是分不开的。公共图书馆被认为是实现公民权利的民主机构(Democratic Institution)或者说一种民主制度,正是基于这样一个制度的建设才有了后人所称的图书馆应该"走近平民,关心弱者",呼吁图书馆建立全社会信息保障和信息公平的制度。时至今日,图书馆面向社会开放的思想并不过时,2003 年"信息社会世界峰会"在日内瓦发布了《建设信息社会:新千年的全球性挑战》

的原则宣言,该宣言倡导:每一个人都有平等享受公共图书馆服务的权利,而不受年龄、种族、性别、宗教信仰、国籍、语言或社会地位的限制。现在图书馆界热烈讨论的信息自由、信息平等、信息公平、图书馆权利、图书馆精神等问题归根结底都需要图书馆面向全社会民众开放服务来实现。

在今天,在我们国家,继续深入倡导图书馆的开放服务精神仍然是很有必要的。从下面一组数字可以发现在我国实现图书馆向普通公众开放的任务仍然非常艰巨。据统计,英国有公共图书馆5183家,每一万居民有一家图书馆。德国每6600人有一家图书馆;芬兰5000人;奥地利4000人;挪威4000人;瑞士3000人。而我国平均47万人才拥有一所公共图书馆,图书馆数量少就无法让民众随时随地获取图书馆的服务,这是我国图书馆没有充分实现向民众开放服务的困境之一。困境之二是,很多地方的图书馆是有图书馆之名,而无图书馆服务之实。在国家图书馆馆长陈力给浙江大学李超平的信中我们可以发现这个问题:"许多地区没有图书馆,有的虽有图书馆的设置,但没有服务,甚至还不如没有图书馆,因为它还要养人、浪费公共资源,并且给人造成一个有图书馆与没有图书馆对老百姓的生活没有什么影响。"更严重的是,"有名无实"的图书馆并不在少数。据调查,全国有700多个县市图书馆没有一分钱购书费,很多馆已经10年没买一本新书了。图书馆数量少及其事业发展经费不足严重影响我国图书馆真正实现开放服务。我们期待图书馆开放服务的理念在新的世纪能够被普遍接受,期待促进图书馆开放服务的政策支持和经费保障。

成果三:图书馆具有教育功能的思想

公共图书馆运动的先驱意识到公共图书馆运动的成功离不开免费的"公共教育"这面旗帜,在1852年,波士顿公共图书馆理事会撰写了一份关于波士顿公共图书馆的目标的报告,报告指出,国家的未来有赖于对人民的教育,图书馆是人民教育的重要组成部分,一所大型的公共图书馆对于我们建立完善的公共教育制度至关重要。该报告撰写人之一、波士顿公共图书馆的理事、哈佛大学教授George Ticknor(1791—1871)主张公共图书馆是广大人民进行自我教育的必不可少的机构,一所免费的适合人民需要的公共图书馆将是我们这个城市公共教育无比的荣耀。当时的波士顿有人口近14万,是马塞诸塞州第一大城市,波士顿公共图书馆服务人口众多,其建馆思想和管理方式产生了深远的影响,在图书馆史上具有重要的地位，它的建立甚至被认为是美国公共图书馆运动的真正开始。美国教育部发布的关于公共图书馆的报告第一句话就明确宣称公共图书馆是公共教育的辅助机构。正因为图书馆活动家们坚持公共图书馆是公认的公共教育的伙伴，公共图书馆才能够获得与学校同样的税金。把公共图书馆同公共教育紧密联系在一起是发展公共图书馆的重要策略，因为只有这样才能让公众清楚地认识到公共图书馆的功能与作用，也才能让政府、管理者重视图书馆，从而给予更多的政策支持、经费支持。在今天看来，立足于这样一个发展策略至今仍有其可行性和必要性。由于公共图书馆的免费教育精神，图书馆学家认为公共图书馆体现了为每一个公民，无论其地位和身份，提供免费教育的"美国使命"。图书馆是免费教育的中心，免费的公共图书馆将成为"人民的大学"(People's University)，每一个人都可以在其中学习。公共图书馆运动的一个直接产物就是在整个社会形成了好的学习和阅读环境，这对于促进社会发展与进步具有不可低估的作用。正是继承了公共图书馆运动的精神，才有了1939年美国《图书馆员伦理守则》所宣称的"图书馆员应该认识到图书馆事业是一种教育事业"，以及联合国教科文组织与国际图联联合发布的《公共图书馆宣言》所宣称的"深信公共图书馆是教育事业活跃的推动力"。对图书馆教育功能的认识使我们能够更加清楚地理解图书馆的本质。

现代社会是学习型社会，学校教育不是一劳永逸的事情，图书馆是终身学习的重要场所。然而，形成良好的学习风气和读书风气不是一件容易的事。2004年第三次国民阅读与购买倾向抽样调查报告反映这样一个问题：五年来国民阅读率持续走低，2003年我国国民平均图书阅读率为48.6%，仅5%有日常读书习惯。读书的重要性我们就不必赘述。在这样的社会风气中图书馆的使命就是倡导人们多读书，读好书。我们应该认识到在一个读书风气不振的社会中图书馆教育职能的用武之地是非常大的。而且，我们还可以肯定地说，只要这个社会需要读书，图书馆的教育功能就不会削弱，图书馆就不会走向消亡。这也是刚才我们为什么说"对图书馆教育功能的认识使我们能够更加清楚地理解图书馆的本质"。对于这一点，我们图书馆界中人应该加深认识，促使图书馆承担的教育职能得到不断加强，促使图书馆教育的形式更加多样，促使其影响范围日趋广泛，那么图书馆教育职能存在的意义也就更加深远了。

参考文献

[1]Anna M. Rice. Free to All: Minnesota's Public Library Movement. http://www.section216.

com/history/minlib. pdf. [2005 - 02 - 23]
[2]Jesse H. Shera. Introduction to library science. Libraries unlimited, 1976
[3]Anne Davis. SLIS 500 - Timeline Assignment 1850—1874. http://www, joannafreeman. com/500/SLIS_500. html. [2005 - 03 - 10]
[4]卢枫. 芬兰基础教育成功原因初探. http://www. edu. cn/20030303/3078827. shtml. [2006 - 02 - 10]
[5]李超平. 媒体忽悠我成了叛徒. http://mzgw. blogchina. com/3627931. html. [2006 - 02 - 11]
[6]《图书馆》的21世纪公共图书馆运动. 老槐也博客. http://oldhuai. blogchina. com/blog/article_56306. 1003566. html. [2005 - 03 - 04]
[7]杨威理. 西方图书馆史. 商务印书馆,1988
[8]勾学海. 记芝加哥公共图书馆. 江苏图书馆学报,2002(2)
[9] Paul Sturges. The Public Library and Reading by the masses: Historical Perspectives on the USA and Britain 1850—1900. 60th IFLA General Conference, Conference Proceedings, August 21 - 27, 1994. http://www. ifla. org/IV/ifla60/60 - stup. htm. [2005 - 02 - 23]
[10]Ralph E. Shaffer. Public Library. Letters From the People: The Los Angeles Times Letters Column, 1881—1889. Pomona, Calif. : History Department, California State Polytechnic University, Pomona, 1999. http://www. intranet. csupomona. edu/ ~ reshaffer/libex. htm. [2005 - 01 - 20]
[11]Ditzion Sidney. Arsenals of a Democratic Culture: A Social History of the American Public Library Movement in New England and the Middle States from 1850 to 1900. Chicago: American Library Association, 1947
[12]Declaration of Principles Building the Information Society: a global challenge in the new Millennium. http://www. itu. int/wsis/docs/geneva/official/dop. html. [2004 - 02 - 01]
[13]今日话题:中国人需不需要公共图书馆? http://news. sina. com. cn/cul/2005 - 01 - 12/3071. html. [2006 - 01 - 08]
[14]李超平. 有一种数据叫沉重. http://mzgw. blogchina. com/4031521. html. [2006 - 01 - 15]
[15]书吃人还是人吃书? 1/4县级图书馆没钱购书. http://news. xinhuanet. com/newmedia/2005 - 08/22/content_3385952. htm. [2006 - 02 - 09]
[16]Upon the objects to be attained by the establishment of a public library, report of the trustees of the public library of the city of boston, July 1852. http://www. scls. lib. wi. us/mcm/history/report_of_trustees. html. [2005 - 02 - 23]
[17]Jolie Valentine Matedne. Advancing the Community: Women, Schools, and Popular Culture in the Public Library Movement. Senior Thesis in History, California State Polytechnic Uni-

versity, Pomona, November 26, 2001. http://www. csupomona. edu/ ~ zywang/Matedne. htm. [2005 - 01 - 20]

[18] 1939 Code of Ethics for Librarians. http://www. ala. org/Template. cfm? Section = History1&Template = /ContentManagement/ContentDisplay. cfm&ContentID = 8875. [2005 - 01 - 23]

[19] IFLA/UNESCO Public Library Manifesto 1994. http://www. ifla. org/VII/s8/unesco/eng. htm. [2005 - 02 - 20]

[20] 2004 国民阅读调查. http://news. xinhuanet. com/book/2005 - 02/25/content_2618050. htm. [2005 - 05 - 12]

图书馆人文精神的起源与发展

张玉梅(北京市平谷区图书馆)

在科技飞速发展的今天,图书馆正在进行着前所未有的大变革、大转型,读者服务由传统服务逐步向着数字化、智能化服务转变。在此变革期间,引来了不少新的研究课题。其中图书馆人文精神的研究已成为图书馆界近年来研究的重要课题之一。图书馆是文化传播的阵地,人文精神的家园。构建图书馆人文精神已迫在眉睫,它既是图书馆立本之需,也是图书馆发展之要。

1 图书馆人文精神的内涵

所谓人文精神,就是指对人的价值、人的尊严、人的生存意义和生活质量的关怀,对真、善、美的自觉认知与思考。在汉语中,“人文”是指与自然天象相对应的人类文明或文化。《周易》说“文明为止,人文也。观乎人文,化成天下”。现指人类社会的各种文化现象。因此,人文精神的实质就是珍视人的生命和自由,尊重人的价值与尊严,坚持人类进步是社会发展的目的。“人文精神是在追问人的存在的合理性或人的存在进行理性探询的过程中产生的,它把人本身存在的价值和意义作为认识和实践的最高准则与目的,追求专属人的特性的开发与弘扬,推动一种有别于科学认识的探索活动,去展现人的丰富的内心世界”。

图书馆人文精神是指“图书馆工作实践的过程中所体现以人为本的思想,以满足人的需求,实现人的价值,追求人的发展,体现人文关怀,创造美与和谐作为图书馆活动的宗旨”。

2 图书馆人文精神的起源

17 世纪中叶,新兴资产阶级在提倡个性自由和精神解放的同时,要求打破封建贵族的文化垄断。图书馆被资产阶级视为社会教育的组成部分,并大力兴办公共图书馆为平民服务，图书馆从此开始进入一个新的历史阶段——近代图书馆时期。近代图书馆最显著的特点就在于其社会职能从文献收藏发展到文献利用，其服务对象是全社会各阶层的人，其服务方式则由闭架借阅发展到开架借阅。图书馆的人文传统由此而形成。

在西方国家图书馆现代化的进程中，这种人文传统不断发扬光大，并且逐渐升华为一种崇高的人文主义精神。而进入现代图书馆时期，西方图书馆的人文精神更闪烁其灿烂的光彩。在这种精神的指引下，西方图书馆将其服务功能发挥到了极致，使图书馆真正成为人们生活中不可或缺的一部分。

中国封建社会延续了太长的时间，因此，直至20世纪初，近代图书馆的雏形才开始在中国出现，这时人文精神尚不显著。新中国成立后的30年间，图书馆在面向民众开放方面有了明显的进步。直到改革开放后，才带来了图书馆事业的迅速发展，带来了新的图书馆理念，图书馆的人文主义精神逐渐形成。

3 造成图书馆人文精神危机的原因

在古代和中世纪社会，科学精神和人文精神本是统一的。到了近代，由于科学的发展日新月异以及它对人类的深远影响，技术的作用被极度夸大，相比之下人文精神开始滑坡。

3.1 一系列反传统文化运动，导致了图书馆人文精神在劫难逃

20世纪初的“五四”新文化运动，把中华传统文化的代表——孔孟儒学视为“吃人的礼教”，彻底否定其合理性和必然性，彻底摈弃其全部价值；而到了20世纪50—60年代的“反右”和“文化大革命”运动，对传统文化的摧毁和人性、人格普遍萎缩，人文情怀几乎销声匿迹。文化阵地——图书馆首当其冲受到捣毁。图书馆被当作“毒草”封存起来，图书馆专家被下放劳动改造，没有工作可做，没有学术研究，没有经验交流，只有人人自危。以广东图书馆学会为例，新中国建立14年后的1963年初成立，工作刚刚起步就被迫停止，到1980年初才恢复，而这既是建国后中国内地成立最早的图书馆学会，也是建国后30年间全国唯一的图书馆学会。我国图书馆事业状况足可窥见一斑。图书馆人文精神更是无从谈起。

3.2 科学技术的迅猛发展,淹没了图书馆人文精神

20 世纪 80 年代以后,计算机、通信、网络技术的迅速普及,延伸了人类生活的时空领域,带给了人们空前的便利和快捷。同样,也带给了图书馆空前的发展,图书馆出现了前所未有的成就。图书情报界对此表现出极大的热情,自动化热、网络化热、数字化热一浪高过一浪,有人预言未来的图书馆将是建立在"键盘"之上的、无砖无纸的、虚拟的图书馆,传统的图书馆将走向消亡;还有人甚至认为图书馆学专业无需继续开办下去,在读的学生赶紧转系。如此等等,"技术万能论"在我国图书馆界一度盛行,从而使得本已苍白无力的图书馆人文精神更是雪上加霜。

3.3 馆员素质参差不齐,图书馆人文精神落不到实处

由于历史遗留等问题,我国的各级各类图书馆曾经成为"疗养院"、"养老院"的代名词。国人普遍认为图书馆是个休养生息的好地方,"皇亲国戚"、退役文体人员、老弱病残等大量涌入图书馆。就是到 21 世纪的今天,图书馆还被视为"安置办"。政府减编人员、引进人才家属、不适合教学岗位的教师等都安置到了图书馆。另外,虽然从 1978 年恢复高考以后,50 多所大学陆续开办了图书馆学情报学专业,培养了大量专业人才,可毕业后真正从事图书馆工作的或一直坚守图书馆阵地的人才不超过半数。基于上述原因,造成我国图书馆员良莠不齐,而且是良少莠多。事实上,图书馆的工作性质要求图书馆员必须具备较高的文化水准、较宽的知识层面、较好的人文素质。国外对图书馆员的要求很高,如日本的图书馆员必须参加全国性的专门统考,合格后才能进入图书馆工作;美国的图书馆员必须是获得了两个以上学士学位的专业人才。相比之下,不难看出我国图书馆员素质普遍偏低。图书馆人文关怀的实施主体是图书馆员,如此馆员素质,图书馆人文关怀怎能落到实处。

4 我国图书馆界人文精神的现状

目前,我国图书馆界人文精神的现状实在是不容乐观,无论是人文关怀意识或对人文精神的学术研究,还是落实在实际工作中的人文关怀,都不是那么尽如人意。这也许就是我们的图书馆在社会的地位不是那么高,在人们的生活

中不是那么重要的症结所在。

4.1 没有真正意识到人文精神是图书馆生存发展的"内在动力"

我国现行各种各类评估体系,都只是注重图书馆的藏书量、阅览座位、电子阅览室规模、数据库的种类数量等硬件装备,而对馆藏资源的利用率、读者被拒率、阅览室的上座率、读者阅读心理和阅读倾向等却常常忽略不计;各种正式的、非正式的图书馆条例、规程里几乎找不到对图书馆人文精神的描述;各级各类图书馆的业绩报告中也只强调自己采购上架了多少图书,新增了多少数据库,电子阅览室改得多么先进等等,却很少关注读者的满意率、满足自己的读者群的具体需求的程度如何。

4.2 图书馆学术研究、资源投入重"技术"轻"人文"

在我国,图书馆人文关怀的理论研究比较苍白,国家级、省市级年会的主题极少涉及人文精神;在浩瀚的图书馆学论著、论文中,人文关怀方面的所占比例很小。根据《中国学术期刊全文数据库》检索到1994—2004年的19254篇有关"图书馆"的论文,其中有关"人文"的只有71篇,仅占0.03%。关心读者冷暖、满足读者需求、研究读者心理、提供个性服务被视为"技术含量不高"而不受重视,读者的主体地位被技术取代了。

4.3 人文关怀没有在图书馆服务中落实

图书馆和各项规章制度都是单向制约读者的,针对读者的诸如"入馆须知"、"借阅规则"、"赔偿制度"等详尽而严密,并有令必行,有违必罚。而对读者的服务态度、服务质量却没有承诺。图书馆对弱势群体关怀的还有些不够。

人文精神的缺失已经成为我国一些图书馆的痼疾,严重制约了我国图书馆事业的发展,必须认真分析成因,对症下药,才能根治顽疾,使图书馆真正成为人们生活中必不可少的精神依托。

5 构建图书馆人文精神发展的设想

一个民族的灵魂和脊梁,一个国家的文明和进步,一个社会的秩序和良知,一个时代的变革和开拓,一个人的精神风貌和道德修养,都是靠先进的人文文化支撑和塑造而成的。一个图书馆的生存和发展，同样离不开人文精神的支柱作用，人文精神是图书馆的“价值坐标”，是“精神支柱”，是“内在动力”。美国图书馆学家谢拉指出，“图书馆事业主要是一个人文主义的事业，图书馆学始于人文主义”。而我国图书馆的人文危机已经比较严重。下面谈谈个人的设想。

5.1 以人为本，建立图书馆人文精神的理论体系

没有系统理论指导的实践是盲目的松散的。目前，我国图书馆人文状况是“各自为政”的局面，显得没有头绪。因此，首先要明确图书馆人文精神的概念、内涵和范畴，建立完整的图书馆人文精神理论体系。这必须由中国图书馆学会和图书馆学专家学者来定义、规划和规范，然后形成纲领性文件“昭示天下”，如同联合国教科文组织的《公共图书馆宣言》、日本政府颁布的《公共图书馆的任务和目标》一样，将“以人为本”立为图书馆工作总则，将图书馆必须遵循的读者平等原则、扶弱助困原则等人文法则通俗而详细地写进纲领，写进《规程》，写进《评估条例》，实现图书馆里人人平等的理想境地。

5.2 统一思想，让人文精神和科学精神在图书馆有机融合

在世界呼唤科学精神和人文精神整合的今天，图书馆的发展也迫切需要科学精神和人文精神的整合。我们必须统一认识：科学精神和人文精神在图书馆是相辅相成的，并不是两个对立面。图书馆只有以人文精神为基础，先进技术才能得到可持续发展；而人文精神也只有依靠科学技术的支持，才能得以发扬光大，切忌顾此失彼或重此薄彼。具体而言，就是要坚持以读者为本来运用新技术，开发新产品，从而提高服务质量，提升图书馆地位。其实，数字图书馆的出现和迅速发展就是传统图书馆工作的深化和升华，就是人文精神的最好体现。运用先进的计算机软硬件技术、通信技术、网络技术，利用图书馆现有资源，开发出多种多样的数据库，给读者提供海量的信息，快捷方便的检索，美观的页面设计，既最大限度地提高了文献资源的利用率，也最大限度地满足了读者的需求。

5.3 提高素质，把人文精神刻入图书馆员的“DNA”

上海图书馆的王世伟教授曾经提出“馆员第一”的全新概念，充分肯定馆员在图书馆的重要作用。深圳南山图书馆程亚男老师在她的《读者和员工，一个也不能少》一文中提到“员工个个是人才”。因此，积极行动起来，充分调动馆员

的积极性，开发馆员的潜能。加大力度，千方百计给图书馆员灌输人文思想，培养人文意识，将人文精神牢牢印刻到每个馆员的“DNA”。如：开设专题讲座，强调人文关怀的重要性以及缺失人文精神的严重后果。因而造就了一支高素质的、有凝聚力的员工队伍。

5.4 加大管理力度，把图书馆人文精神落到实处

首先，坚守图书馆的公益性原则，坚决取消不合理的收费制度。深圳南山图书馆是一个区级图书馆，从1997年开馆以来一直免费向公众发放借书证，到2001年，5年时间，共发放借书证近2.7万个。南山区将近80万人口（包括外来人口），平均每人每年到访南山图书馆0.85次，而美国公民一年里到访图书馆也才0.6次（以1997年为例）。其次，必须重视图书馆扶弱助困的原则，切实做到关心弱势群体。关注弱势群体，对他们提供全方位的帮助，最能体现人文关怀。给他们如病残人等送书上门，为他们设立专门阅览室，如老人阅览室、盲文阅览室等。

随着社会的发展，图书馆的优劣，是以读者满意为评价标准的。弘扬读者服务的人文精神，就是要把图书馆员的创造精神和潜力充分释放出来，主动从各方面为读者提供富有人文关怀的服务。读者服务工作面对的是各种类型的读者，图书馆员的服务意识、思想道德、文化素养、平等、自由的观念，是评价图书馆重要依据，它们直接关系到读者服务的质量和效益，会对读者的心理产生很大的影响。因此，在市场经济条件下的今天，图书馆读者服务只有弘扬人文精神，才能维持应有的社会地位与良好的社会形象，也才能使自身的价值得到社会的认可。

总之，图书馆人文精神的建立是一个系统工程，需要系统的理论来指导，需要完善的制度来保障，需要高素质的人员来实施；需要良知、责任心和真正的人文情怀。我们坚信通过全体图书馆同仁的共同努力，任何一个图书馆都将成为充满阳光、充满温馨、充满智慧、充满知识、充满读者的圣地。

参考文献

[1]张新夏．社会现代化与人文精神．中国青年政治学院学报，1999(2)
[2]肖希明．图书馆呼唤科学精神与人文精神的融合．图书馆，2000(1)
[3]黄俊贵等．人文关怀——中国图书馆步入新世纪的思考．图书馆，2002(4)
[4]安东梅．图书馆人文关怀应落到实处．科技情报开发与经济，2003(9)
[5]王若慧．图书馆人文精神论．佳木斯大学社会科学学报，2003(5)

论现代图书馆人文精神与信息技术

孙丽曼　路　潇(军械工程学院图书馆)

1　图书馆人文精神的起源

在古代中国,人文一词最早见于《易传》中,《辞海》中解释:人文,人类文化也。在现代中国,人文精神一词经常被哲学界和文学界使用,这里的人文精神是一种普遍的人类自我关怀,表现为对人的尊严、价值、命运的维护、追求和关切,对人类遗留下来的各种精神文化现象的高度珍视,对一种全面发展的理想人格的肯定和塑造,表现出对人与自然不和谐状况的忧虑和反思情怀。

在西方,人文精神首先来源于拉丁语 humanitas 的英文单词 humanity,该词指人类、人性,也可指文化或者教养,由该词衍生的 humanism,则是今天我们所说的人文精神,通常译作人文主义、人本主义、人道主义。狭义的人文精神是指文艺复兴时期的一种思潮,其核心思想为:关心人,以人为本,重视人的价值,反对神学对人性的压抑;张扬人的理性,反对神学对理性的贬低;主张灵肉和谐、立足于尘世生活的超越性精神追求,反对神学的灵肉对立、用天国生活否定尘世生活。广义的人文精神则指欧洲始于古希腊的一种文化传统,后来逐渐演变成一种思想态度,概括起来说:人文精神就是关心人,尤其是关心人的精神生活;尊重人的价值,尤其是尊重人作为精神存在的价值。人文精神的基本含义概括起来就是:尊重人的价值,尊重精神的价值。

图书馆自诞生之日起,图书馆事业就与人的发展和人类文化的发展息息相关,它始终关注的焦点是人类文化的保存、传播和延续,人类自身的发展和进步。这其中所贯穿的就是图书馆所固有的人文精神。在图书馆的发展史中,正是人文主义思想促使了近代公共图书馆的产生。图书馆成为人们发展和完善自我、发掘自我价值、培养思想的重要场所,成为人文主义者所大力提倡的教育的重要组成部分。因此,可以说图书馆人文精神是在人文主义思想基础上的发展、充实和具体化。现代图书馆人文精神,就是指在图书馆理论与实践中,体现以人为本的思想，满足人的需求，实现人的价值，追求人的发展，体现人文关怀，创造美与和谐的一种精神，即爱书、爱馆、爱人的精神。这里的人，既包括图书馆服务主体的人——图书馆员，也包括图书馆服务的对象——读者，即图书馆以读者为中心，提倡信息面前人人平等的社会组织精神。

2 信息技术对现代图书馆的影响

图书馆从诞生到形成一门学科，经历了漫长的发展过程，而贯穿其始终的图书馆人文精神同样也经历了一个漫长而又曲折的发展过程，从自然朴素的人文精神到自觉的人文精神。到了现代，由于科学技术的发展，特别是随着计算机网络技术和信息技术在图书馆的广泛应用，传统的图书馆人文精神受到了一定冲击。纵观图书馆发展史，科学技术一直充当着重要的角色。从20世纪40—50年代的机械化热，到60—70年代的自动化热，再到80年代的信息化热，一直到90年代至今的网络化热，科学技术在图书馆得到了广泛而成功的应用，对现代图书馆产生了深远的影响。总之，在过去的几十年中，现代信息技术几乎改变了图书馆工作的所有方面，这些改变使人们对技术崇拜达到了狂热的地步，许多人认为技术就是前途，图书馆只要拥有最先进的技术，一切问题就可迎刃而解，图书馆学界的“技术学派”甚至认为信息技术的高度发展将使图书馆走向消亡。我们应当清楚地看到，图书馆是一个社会化的产物，它的一切活动归根结底是以为人服务为目的，先进的技术只是服务的工具和手段。图书馆紧跟时代步伐，走信息化、网络化的发展道路无疑是识时务之举，也是摆脱生存和发展危机，实现历史性跨越的正确选择。但唯技术至上、过分强调技术的重要性而忽略图书馆的人文性则给图书馆的发展带来消极影响。①加剧了信息鸿沟。信息鸿沟是近年来人们关注的热点问题，是指信息富有者和信息贫困者之间的鸿沟。它产生的原因是由于信息基础设施、教育水平和信息化普及水平的差异，在高教育程度、高收入人群和低教育水平以及相对贫困人群之间出现的对信息、知识、发展机会之间的差距。图书馆过分强调采用先进信息技术而忽视必要的人文关怀无疑在某种程度上加剧了信息鸿沟。②在学术研究方面，许多研究多停留在技术层面，对“人”的关心不够，图书馆人文精神没有得到真正的体现。③在资源建设方面，过分重视新技术新产品的引进，投入经费过大；许多数字图书馆建设项目，用户注册、安装、登录、阅读，操作过程复杂无比，不从人

化服务体系中的一个环节，作为社会基础建设支柱之一，应该最大限度地实现资源共享。馆藏文献信息资源必须向各企事业单位、国家机关、各用户群体、各级各类公共图书馆开放，形成“大资源”共享的态势。建立一个至少是全国范围内的图书资源共享网络，而每一个国有公共图书馆都应该是这张大网络整体上的一个节点或一个部分。因此，在制定信息资源建设的规划时，应该本着“本图书馆—各区县图书馆—全国各省市图书馆—全球著名图书馆”的“大图书馆”理念，以这一纵横交错的大网络作为本馆文献信息资源系统建设的宏观思路。而信息资源方面的建设重点要按照“统筹规划，合理布局，共同建造，资源共享”的建设方针来执行。各个独立公共图书馆集中力量发展自己馆内的特色资源，而普通的大型数据库资源、电子信息资源则以从这张虚拟大网络上获取为主，并建立以计算机网络为主的文献信息资源网络模式，建立各馆现实馆藏资源和虚拟网络馆藏资源、印刷型文献资料与各种文献资料数字化载体相结合的资源优势互补与“大资源”共享的概念。要把共同策划、共同建造、共同分享的思维方式作为现代公共图书馆建设的指导思想，一定要避免各级各类公共图书馆再次走各自为政、缺乏交流、重复建设的老路。这才是我国未来新型图书馆的发展之路，才是公共图书馆建设理念上的创新思想。

资源共享应建立在共建的基础上，只有各级各类公共图书馆从新型图书馆建设的全局出发，无论图书馆规模大小，都要成为文献的输出馆。图书馆应当是信息资源的集中地和中转站，而不应该是信息资源的存放地。公共图书馆资源共享是一个系统工程，影响其建设成败的因素众多，只有建立具有权威的协调机构，制定一系列有约束力的、行之有效的资源共享工程的行为准则，才能保证资源共享的正常进行。从目前我国图书馆资源共享的现状来看，制约我国公共图书馆资源共享的最主要的因素不是技术而是管理，解决了这个问题，资源共享工程就会有一个飞跃性的发展，这才是建立和谐社会的具体表现。

2 人本管理制度的创新理念

我们知道公共图书馆是从事信息资源管理与信息资源服务活动的公共性服务性机构，它成立的目的就是为公众服务的，无论馆内定什么管理制度，都是为了最大限度地方便公众，服务读者的。

笔者这里所提到的“人本管理”制度是一种把馆员作为管理制度的核心和

组织的最重要的资源，把这个组织内全体馆员作为管理的主体，围绕如何充分利用和开发组织的人力资源，服务于组织内外的利益和关系，从而实现组织目标和组织成员个人目标的管理理论和管理实践活动的总称。“人本管理”的核心即尊重馆员，理解馆员，关心馆员，激发馆员的热情，满足馆员的合理要求，完善馆员的个性，提高馆员的能力。正如印度著名图书馆学家阮冈纳赞所说：“一个图书馆成败的关键在于图书馆工作者。”在美国，有这样一种说法，图书馆服务所发挥的作用5%来自图书馆建筑物，20%来自文献信息，75%来自图书馆员的素质。很明显，这些都是强调馆员的主体地位。

图书馆的“人本管理”是以公共图书馆馆员为中心的管理创新模式，这种管理模式要求确立馆员在管理过程中的核心地位，一切管理活动都是围绕如何调动馆员的主动性、积极性和创造性去服务于读者而展开，从而实现公共图书馆功能的重组和再造，达到馆员和读者的和谐相处，使图书馆馆内的信息资源得到不断创新和增值。这就要求在管理思想上实现从“书本位”到“人本位”的转变，传统公共图书馆以“藏”为主，业务环节围绕“藏书”展开，这种“藏”的传统思想显然不利于拉近与读者的距离，造成了馆员的服务意识、服务质量、服务水平和读者的需要、社会的要求并没有放在第一位的现象。书本位观念与现代图书馆的人文和谐精神是相悖的。消除“书本位”观念的影响，在管理方式中贯彻以人为本、读者至上的人本精神是未来新型公共图书馆的发展之路。“人本管理制度”中，馆员是主体，读者是客体，我们要对这两个方面同时进行深入研究，比如建立奖励激励机制，激发馆员的主人翁精神；采取有效沟通，提高管理效率；竞争协作，创建高效率的团队等。一系列企业管理手段的运用，提高了馆员的凝聚力和服务意识，加强了服务手段的创新。对读者，要重点研究其需要，如学科方向、术业专攻、爱好兴趣等，使馆员的服务与读者的需求成为一体，就像市场经济一样，有需求就有供给，一进一出完美结合，才能让更多的读者主动地来图书馆寻求帮助。

任何人在一个相同的职位上待久了以后，都会有意无意地懈怠下来，只有用有创意的管理制度，才能重新唤醒馆员对自己工作的热情，发起公共图书馆新型管理制度的革命。同时，确立图书馆员的主体地位和“读者就是上帝”的观念是人本管理制度的核心，也是构建人文和谐图书馆的关键所在。

3 完美服务制度的创新理念

公共图书馆建馆的核心思想是“读者至上”,而“读者至上”其实质就是“服务至上”。美国图书馆大师谢拉说:“服务,这是图书馆的基本宗旨。”服务是贯穿未来公共图书馆发展的主线,是图书馆的核心价值观。公共图书馆发展的最终目的就是要为读者提供充满人文关怀与和谐相处的服务。我们必须尊重读者权利,提供个性化、多样化的服务,将服务延伸到一切需要帮助的群体。然而,怎样的服务制度才能体现出完美、创新的概念?

首先,公共图书馆内部建立一个有利于图书馆人才培养、有利于科学管理、有利于服务创新的人文关怀制度是当务之急。该制度不仅要对馆员的行为举止、服务程度加以规范,还应制定职业道德准则,明确读者权利,从读者的利益出发,使人文关怀成为图书馆员工的行动准则。实现人文和谐图书馆,其馆员的行为规范概括起来讲应是:热爱图书馆事业,以“读者至上”和全心全意为读者服务为原则,掌握较丰富的科学文化知识和图书馆专业知识和技能,精通业务,工作认真负责,乐于帮助读者解决各种实际问题,最大限度地满足读者的各种阅读需要。

其次,图书馆要根据读者的不同需要,有针对性地提供个性化、多样化的服务。网络信息资源的出现扩展了图书馆信息资源的范围,读者面临的最主要的问题是如何从信息海洋中筛选出自己所需要的信息。为满足各类不同读者的文化技能、学术研究、学习教育及休闲娱乐需求,在充分考虑不同年龄阶段的生理、心理特点的基础上,图书馆需要借助传统或现代的技术手段,对各类文献信息资源进行组织、控制与提供,形成不同的服务形式。个性化服务的引入,使读者能够随时根据信息需求的满足程度和自己的喜好对服务的过程适时控制,进而最大限度地满足自身对知识信息的需求,同时把读者的满意度作为考察员工的第一硬性指标。

也许这样的服务制度才能进一步完善公共图书馆的服务机制,让我们的馆员面对错综复杂的信息资料,能够适时地解答读者的各种咨询,能迅速、准确、全面地为读者提供所需要的信息和最佳服务。

综上所述,国家可持续发展中的公共图书馆建设的社会组织战略、面向用户的资源整合与平台建设战略、知识服务的技术推进战略、数字化图书馆建设及其业务拓展战略，以及基于社会信息化的公共图书馆逐步走向网络化战略的实现，这一切的目标最终必然依赖于公共图书馆建设的创新理念。只有从根本理念上、思想上突破原有模式，采用适应信息化和社会化环境的创新体制，才可能实现基于国家可持续发展的事业良性发展，才是一条通往天堂之路！

参考文献

[1]王世伟.以创新思维指导新世纪的图书馆管理工作.图书馆杂志,2001(1)

[2]阮冈纳赞.图书馆学五定律.书目文献出版社,1988

[3]黄宗忠,王晓燕.论复合图书馆与图书馆发展趋向.图书馆论坛,2002(5)

[4]吴建中主编.国际图书馆建筑大观.上海科技文献出版社,1999

图书馆平等服务的伦理审读

沈光亮(洛阳理工学院图书馆)

为社会公众提供平等的信息服务是现代图书馆社会价值的充分体现,也是现代图书馆所追求的目标。随着信息自由权利、信息平等权这样的民主政治的发展和深入人心,图书馆平等服务原则表述在很多场合频频出现。但是,国内图书馆界对平等服务仍存在一些认识上的不同甚至误区,以至造成图书馆服务与平等精神相背离。本文就图书馆平等服务从伦理视角予以审读,以期全面、准确地把握平等服务。

1　图书馆平等服务的权威表达与相关理解

1.1　图书馆平等服务原则的权威表达

平等原则不仅是国际组织在各种原则宣言、声明中大力倡导的原则,也是各国立法工作力求保障的原则,是图书馆行业协会工作准则的必备内容,还是图书馆职业道德规范坚持的信条。联合国教科文组织与国际图联 1972 年公布的《公共图书馆宣言》早就确认平等原则:“公共图书馆的大门需向社会上所有成员开放。”1994 年的修订版继续强调了这一原则:“每一个人都有平等享受公共图书馆服务的权利,而不受年龄、种族、性别、宗教信仰、国籍、语言或社会地位的限制。”国际图联 1999 年制定的《图书馆与知识自由宣言》指出:“图书馆应该平等地为所有用户提供信息、设备及服务,不允许种族、信仰、性别年龄歧视或任何其他形式的歧视。”2002 年 8 月国际图联颁布的《格达斯哥宣言》中宣称:“不受限制地获取、传递信息是人类的基本权利,图书馆与信息服务机构应该为所有用户提供平等的服务,不允许有种族、国籍、性别、性取向、年龄、是否残疾、宗教信仰和政治信仰的歧视。”此外,世界已有 60 多个国家和地区先后制定的 250 多部图书馆法规中,均强调或明申“提供平等服务、保障知识自由”作为现代图书馆服务的重要理念。

1.2 国内学者对“平等服务”的相关理解

国内图书馆学界明确表述“平等服务”的为数不多。张玉珍认为平等服务的内容可分为两个:一是读者与图书馆服务人员之间的平等;二是读者与读者之间的平等。[1]关于读者与图书馆间的平等,国内图书馆学界认识趋向一致,即是读者在利用图书馆时享有权利上的平等,可以平等、自由地使用图书馆。[2][3]

与平等服务相关的研讨中较多是以“信息公平”的形式出现。一般认为,信息公平是指信息资源分配或信息权利的平等状态。如蒋永福等人认为:“信息公平,是人们的公平思想在信息活动领域中的反映,是指信息主体之间在信息利益关系上处于平等的状态。”[4]“信息公平可区分为信息(资源)获取的公平和信息(资源)分配的公平两个方面。”[5]刘鑫认为信息公平是“在一定的历史时期和社会环境中,人们对信息资源的获取和分配过程中所体现的平衡与对等状态”。[6]郑松辉则认为信息公平是“在现代化进程和市场经济条件下,信息主体在信息资源生产、传播、占有、利用和管理等信息资源动态体系中获得的相同或平等的对待”。[7]多数学者认同信息公平主要强调的是信息资源获取机会的公平,即“求知者人人平等”和“图书馆面前人人平等”的理念。[8][9]

2 平等与社会主义平等观

2.1 平等

《辞海》将平等界定为“人们在社会上处于同等的地位,在政治、经济、文化等各方面享有同等的权利”。具体说来,平等就是不同社会主体在一定历史阶段的交往过程中处于同等的社会地位,在社会领域享有同等权益、履行同等义务的理念、原则和制度。[10]可见,平等强调的是权利与义务的均等,是反映人类社会的权利和机会平等的一种基本理念,体现了人的一种价值追求。[11]平等的存在有实然和应然两种状态,应然反映的是应有的平等,实然则反映现实的平等。当应有平等与实然平等相同或接近人的价值追求时,则是平等的,反之就是不平等的。

无论在理论阐述之中,还是在日常话语里面,人们通常还使用“公平”这一概念来表达与平等相近的意义。《辞源》对“公平”的解释是:“处理事情合情合理,不偏袒哪一方。”因为公平的主要含义是“平等”或“不偏袒”,平等是衡量公平的重要尺度，所以有时人们往往把平等说成公平。一般说来，公平有两种含义：在社会学上，公平是一种道德规范的要求，是指以人道主义为主要内容的社会救助，以避免社会两极分化影响社会稳定；在经济学上，公平是指市场经济等价交换原则所体现的平等，也就是人们通常所说的机会均等。在社会主义社会，力求公平首先是力求经济学意义上的公平，为个人创造公平的竞争条件，给人们提供公平的机会，即让市场进行初次分配，适当拉开收入差距，尽可能多地增加生产总量；其次，是实现社会学意义上的公平，公平是不同的利益群体保护自身权益的共同的诉求工具。由于每个人要求的对于自身利益保护的状况不同，所以每个人对于公平内容的理解也是不同的，因此，“公平”更多是主体（人）对于客体属性的一种价值评价或“情理”评价，属于道德规范范畴。[12]

2.2 社会主义平等观

平等是一个发展的概念，它与社会实践相联系，是一种植根于既定生产方式和社会意识形态上的权利。这种权利既与社会制度的框定有关，又与生产力和整个社会的发展水平相适应。[13]不同的社会生产力发展时间或者不同的社会意识形态下，平等观念也是不同的。社会主义的平等观主要包含以下几方面的内容：

（1）地位平等。人和人之间的平等，不是指物质上的“相等”或“平均”，而是在精神上互相理解，互相尊重，把对方当成和自己一样的人来看待。

（2）机会平等。社会主义社会中，每个社会成员都有通过自己的努力而获得收入的要求，机会与权利，排除任何特权、优惠、垄断等不平等因素对收入的影响。

（3）尺度统一。对每个人按同样的尺度进行分配，即同工同酬。平等不等于均等，因为平均主义追求的是个人收入分配上的绝对均等，不同素质、不同能力、不同贡献的社会成员最终都得到等量的报酬。它缺少激励机制，挫伤了素质高、投入多、贡献大的社会成员的积极性，不利于社会的发展。

（4）合理差异。由于不同的人存在着先天与后天的差别，即使同等的机会，同等的尺度，也会产生收入分配的差别，但这种差别不能太大，必须让大多数人可以接受，能够容忍。

3 图书馆服务的特点分析

图书馆服务的对象，一是信息资源，一是社会公众。信息资源既是图书馆的“产品”，也是图书馆服务的物质基础。信息资源本身是非物质的，它的价值不是体现在物质分配与占有上，而是对其内容的吸收与转化，因此，具有其他资源无法比拟的优点，即可以重复利用与同时利用。但同时，信息载体和信息采集、传递、处理的手段仍然是物质的，因此信息分配也具有物质分配的一些特点，即也要考虑到信息资源的稀缺性。其次，信息资源的价值体现在其服从于人的目的或需要的“有用性”，而信息资源的利用受到个人素质、利用条件等多种因素制约。因此，图书馆平等服务不是简单地对信息资源的平均分配或获取，还取决于信息利用的实效，单纯的以物质分配和信息利用效果的平均化来判断服务平等都会有失偏颇。

图书馆服务是一项社会公共信息服务。在信息社会，信息民主是体现制度正义性的重要方面。政府通过法律和财税的支持，以图书馆为主要形式开展公共信息服务，使人人都能获取信息，制止信息权力对信息权利的剥夺和歧视，协调社会信息分配机制。随着信息社会的深入发展，信息分化和信息冲突日益明显，信息平等精神的倡导与弘扬就是要在保障公众信息权利的基础上协调社会各方面的信息利益。社会公众通过图书馆得到获取信息机会的公平。图书馆等公共信息机构的设立，保障了公众的知识自由权利、知识平等权利和知识共享权利，体现了民主国家或政府的制度安排的公正性。[14] 由于社会经济发展水平差异的存在，仍然有相当一部分社会成员在获取知识或信息方面处于弱势的地位，他们的信息需求也需要政府去帮助解决，尤其是代表政府行使公共信息服务的图书馆在满足公众信息需求方面更有不可推卸的责任和义务。从这个意义上说，图书馆代表了一种保证社会具有起码的信息公平的制度。[15]

信息公平是人们面对信息资源的获取和分配过程所产生的价值期望。[16] 人们对图书馆服务是否平等的判断不仅依据信息利益分配的合理程度，还要取决于自身的道德规范和价值判断。平等作为利益主体保护自身权益的共同的诉求工具，由于每个人要求的对于自身利益保护的状况不同，所以每个人对于图书馆服务平等的理解也是不同的。当信息分配的比例接近或等于道德规范时，那么他对图书馆服务的判断就是平等的，反之则是不平等的。正因为平等与终极价值、道德评价、文化传统、个体情感等的深刻联系,因此价值判断不可能有统一的标准,只能是相对的。

4　图书馆平等服务的伦理思考

4.1　图书馆平等服务是社会公正的重要体现

在信息时代,信息作为一种最有价值的权利资源,信息权利已成为人权极为重要的一个方面。社会成员因为自然差异与社会差异,使其对信息资源的获取与占有差异的客观存在,社会弱势群体往往被排除在现代信息技术和信息网络之外。占有和使用信息的权利和能力不同,使信息的供给无法满足最普遍的人民的信息需求,加剧了社会群体的分化和对立,阻碍了公正社会的构建。信息权利的保障是人们生存和发展的重要前提,保障公民合法获取、使用和传播信息并获得收益的权利,是实现公民经济、社会地位平等,构建社会主义和谐社会的必然要求。

《公共图书馆宣言》指出:图书馆活动“保存并向社会成员公平、平等、自由地提供知识信息所做的各种努力,归根结底是为了实现知识自由,保障社会成员的知识权利”。作为社会文化活动的一个领域,图书馆为文献信息的全社会公平获取提供保障,这是图书馆活动的社会使命所在。民主政治能够保障公共图书馆制度的建立和发展,反过来,公共图书馆制度又能促进和保障民主政治目标的实现。图书馆运用自己所拥有的信息资源来为公共服务并调节公共信息利用冲突,通过文化的传播和意识的培育来维护社会的稳定与发展,维护社会的稳定与和谐发展。

4.2　平等服务是图书馆伦理的基本规范

图书馆平等服务的根本就是尊重读者的信息获知权,努力满足每一个读者的知识信息需求。图书馆提供平等服务的过程,实质也就是对社会成员信息权益的尊重。这种尊重不是简单的法律规定加以约束的,更多是发自图书馆成员内在职业素养与专业服务行为。正因如此,各国图书馆行业协会均将平等服务作为重要的图书馆伦理规范。中国图书馆协会指出:图书馆员伦理规范的基本内容之一就是“千方百计满足读者需求、平等对待所有读者”。[17]《美国图书馆协会的伦理守则》指出:馆员应“以平等的服务政策、平等的查询、准确无偏见且有礼貌的方式,回答读者所有的问题”。《英国图书馆协会专业行为守则》明确图书馆协会会员“应该保护每位公民自由与平等利用信息资源的权利，不能有不同的待遇和受法律的限制”。《日本图书馆协会图书馆员伦理纲领》指出：图书馆员“不能依据国籍、信仰、性别、年龄等因素区别对待利用者，不能因为对图书馆的种种压力和干涉区别对待利用者”。

4.3　图书馆平等服务的前提是公众地位的平等和机会的平等

一般认为社会平等存在着三种基本形式，即起点的平等、结果的平等以及规则的平等。[18]由于社会成员存在客观的自然差异，并且这种差异的消除受太多因素影响，因此，多数研究者认为社会公民平等的重点是机会平等。图书馆界对服务平等或信息公平的认识也多认同这种观点。所谓机会平等，是指社会成员在解决如何拥有作为一种资源的机会问题时应遵循这样的原则，即：平等的应当予以平等的对待，不平等的应当予以不平等的对待。[19]但是，机会作为一种资源总是有限的，在机会面前也不可能实现绝对的均等，机遇只垂青有准备的头脑，往往只实际地提供给那些具备条件的人，因此，社会平等仅有机会平等还是不够的。社会应该创造尽可能公平的机制，将自然条件造成的起点不平等的影响减少到最低限度，尽可能为每个人提供平等的发展机会。图书馆通过提供公共的 、平等的信息服务，满足公民对知识和信息的需求，以期取得平等甚至优势的竞争地位的发展诉求，给处于不利地位的人以信心和动力，使他们在为自己赢得成功的同时也为社会作出贡献。

在我国，社会公民图书馆服务机会的不平等主要体现在信息资源获得的不平等上。主要表现在以下两点：一是图书馆资源的配置不均；二是服务的区别对待。研究表明，较大规模的图书馆服务半径为1—1.5公里，小型图书馆的服务半径为0.8—1公里。我国图书馆资源过度集中尤以大中城市为甚。真正能够获得比较充分服务的仅仅是居住在图书馆周边的居民，这就造成了因为资源配置问题引发的图书馆服务的客观不平等。当前图书馆平等迫切需要建立一个低水平、广覆盖的信息保障体系。所谓低水平是指对社会公民提供最基本的，也是国家财力能够承受的公共信息保障项目。所谓广覆盖是指公共信息保障要覆盖到全部社会成员，不仅是城镇居民，也包括农村居民；不仅是城镇长住居民，也包括临时居住人员。图书馆只有贴近公众，方便使用，大众才会常去图书馆接受服务，只有这样，才能从现实角度打破信息霸权与信息垄断，消弭信息歧视。至于服务的区别对待，在我国图书馆更为突出。读者的三六九等、文献的区别开放、名目繁多的收费项目、体现“特色”的重点服务，无不是显示着图书馆服务的区别对待。它既侵害了公民的正当权益，也造成信息资源的大量浪费。图书馆应以社会的期待和利用者的需求为基本依据来提供服务，决不能根据公民的能力、更不能根据读者的社会地位来分配信息资源，否则与民主社会的基本要求是背道而驰的。

4.4 按需提供、合理差异是图书馆平等服务的现实需要

平等并不意味着平均，单纯的平均主义否定许多公正的规则。平等的理念如果被滥用，有时会导致多数人以社会整体的名义损害少数人“合理的权益”。平等的名义之下，很容易出现另一种形式的“专制”，即多数人损害少数人的合理权益，压抑个体人的自由，抑制社会成员的利益驱动力，进而使整个社会丧失活力。平等要求的实现，也要允许不同区域、不同阶层、不同群体间存在一定的差异。当然这个差异必须控制在一个合理的、公众可以接受的范围内，这就是公平的可控性。

我国尚处在社会主义发展的初级阶段，公共资源极其有限。我们在倡导图书馆平等服务的同时，也要理性抵制极端的公平理想和简单的平均主义思潮。人类自然个体之间的普遍差异乃是一项基本的事实，这是社会差异的自然基础和基本背景，但是，弥平个体之间某一方面的差异与弥平所有个体之间的所有差异一样，是不可能的。如果图书馆将平等服务绝对化，对所有社会成员都采用同一标准，无视读者需求的个性差异，貌似平等实际是走上极端，犯了形而上学的错误。强制性的平均评议从某个意义来说属于“多数暴力”，是多数人对少数能力强、贡献大的社会成员的一种歧视。如果为了满足多数人休闲娱乐的大众化需求，而无视少数成员的个性化要求，同样也是对公众平等、自由利用图书馆权利的侵犯。

科学的图书馆平等服务应是在坚持公平对待的基础上满足公众不同的信息需求。当前，我国应努力建立合理的政府与市场、中央与地方的公共服务分工体制，合理配置信息资源，不同的图书馆充分考虑社会环境、自身能力与条件，在文献采访、编目、借阅、咨询、数字资源等每一个业务环节坚持平等公平的原则，全面开展不同的、合理差异的信息服务，努力满足公众客观存在的多样化、多层次的信息需求。只有这样，才能充分发挥资源优势，满足不同层次的信息需求，实现真正意义上的服务平等。

4.5 图书馆平等服务的核心是制度公正

中国自古就有“不患寡而患不均”思想传统，平等不论从经济上看待，还是

从道德角度看待，都需要社会制度的制约，以体现平等的公正和保障平等的持续。没有公正的社会制度就不会有稳定和谐的社会信息利用秩序。制度的公正包括分配正义与救济正义两个方面。分配正义就是指在社会成员之间公平地分配社会发展的成果和社会合作所产生的负担。其主要原则包括权利平等、机会平等、按能分配和社会保障。救济的正义又被理解为矫正的正义，当公民的权利遭到侵犯的时候，他可以求助于政府或行业组织，获得行政的救济和行业组织的帮助。图书馆是民主国家或政府为了满足公民的知识共享需要而提供的公共平台，它满足了公民的善良的、健康的、正义的、普遍的需求，体现了高度的公正性，图书馆制度正是民主社会为了维护和保障公民的知识权利而选择的一种制度安排。[20]图书馆制度的公正性要求图书馆在服务中对所有公众平等对待，保障公众认识社会、获取信息权利的实现。

国家或政府通过法律和财税的支持，以图书馆的主要形式开展公共信息服务，提供大量的信息资源支持教育，并且使人人都能获取信息，制止信息权力对信息权利的剥夺和歧视，协调社会信息分配机制，社会成员则通过公共信息机构得到获取信息机会的公平。由于社会经济发展水平差异的存在，仍然有相当一部分社会成员在获取知识或信息方面处于弱势的地位，他们的信息需求也需要政府去帮助解决，尤其是代表政府行使公共信息服务的图书馆在满足公众信息需求方面更有不可推卸的责任和义务。

参考文献

[1]张玉珍. 关于平等服务与区分服务关系的思考. 图书馆，2004(2)

[2]邓彦，张磊. 平等——构筑读者与图书馆的桥梁. 图书馆理论与实践，2001(2)

[3,10]唐泽霜. 聚焦精髓——谈图书馆精神中的平等精神. 图书馆，2005(5)

[4]蒋永福，李京. 信息公平与公共图书馆制度. 国家图书馆学刊，2006(2)

[5,8,16]蒋永福，刘鑫. 论信息公平. 图书与情报，2005(6)

[6]刘鑫. 信息公平：概念、意义与原则. 图书馆学刊，2006(5)

[7]郑松辉. 信息公平与数字图书馆普遍服务障碍. 图书馆论坛，2006(3)

[9]蒋永福，田文英，孙瑞英. 知识权利与图书馆制度——制度图书馆学研究. 图书馆建设，2005(1)

[11]张永苏. 平等、公平、公正及平等服务之思辨——兼论当前公共图书馆差异服务. 图书馆杂志，2007(6)

[12,18]杜杰. "公平"的定义与价值选择. 经济师，2003(11)

[13]胡娟. 理解可持续发展的平等观. 生产力研究，2005(11)

[14]蒋永福. 图书馆与制度公正——制度图书馆学研究. 图书情报工作,2005(1)
[15]范并思. 建设一个信息公平与信息保障的制度——纪念中国近代图书馆百年. 图书馆,2004(2)
[17]中国图书馆协会. 中国图书馆员职业道德准则(试行). 北京图书馆出版社,2003
[19]吴忠民. 中国现阶段机会平等问题分析. 科技导报, 2000(9)
[20]蒋永福. 知识权利与图书馆制度——制度图书馆学研究. 中国图书馆学报,2005(1)

推行知识服务 展现当代图书馆的核心能力

刘　铁（天津图书馆）

“核心能力”一词最早是由管理学家普哈拉德和哈默在1990年刊登于《哈佛商业评论》的一篇论文“The Core Competence of The Corporation”中提出的，他们认为：核心能力是组织中的积累性学识，是一组技能和技术的集合体，具有延伸性、价值性和独特性。图书馆的核心能力可定义为：根据自身的信息资源特点，能够最大限度地整合与协调资源的技能，更好地为读者或用户提供有独特价值服务的一组技术或能力的组合。

1　知识服务概述

知识服务是在知识经济背景下提出的一种新观念，是建立在图书情报机构的服务功能和专门知识基础上的一种价值取向。这种价值定位体现的是“知识”的价值和“服务”的价值。知识来源于信息，知识是信息升华的结果，是浓缩的系统化的信息。因此，知识服务不是一般的信息服务，而是对信息资源的深层次开发和利用。它是以信息知识的搜索、组织、分析、重组的知识和能力为基础，根据用户的问题和环境，融入用户解决问题的过程中，在用户最需要的时间，将用户最需要的知识传送给用户的服务。由此可见，知识服务是融入用户之中并贯穿于用户决策过程的服务，是基于专业化、个人化和自主创新的服务，是基于分布式多样化动态资源、系统和集成的服务。其发展趋势正朝着服务资源的数字化、共享化，服务内容的知识化、创新化，服务方式的网络化、虚拟化，服务手段的集成化、智能化，服务对象的个性化、专业化，服务人员的专家化、团队化，服务经营的产业化、效益化，服务过程的全程化、一体化等方面发展。

2 图书馆知识服务的特点

知识服务不同于一般的信息服务，它是带有前瞻性的一项研究活动，是对信息资源的深层次开发和利用。它有几个明显的特点。

2.1 针对性

知识服务是根据用户提出的特定问题和具体要求而提供的量身定做的知识产品。表现在不同用户的问题解决方案不同，同一类问题的用户因自身的特点而产生适应不同个体的解决方案，即使同一问题的用户也会根据问题解决过程中各阶段的不同特点和外在因素的变化而产生不同的方案。可以说，每个用户的方案是唯一的、特定的。

2.2 创造性

知识服务提供给用户的知识产品，决不是从现成的文献资料中直接获得的，而是通过知识服务人员对检索获得的信息资料进行充分地分析消化后，提炼而成，是对知识和信息的有效利用和再创造。

2.3 知识性

图书馆开展知识服务所形成的“信息产品”既不是一个简单的结论或数据，也不是一堆现成的文献、资料和数据的叠加，而是经过加工打造的知识产品，是有材料、有分析、有结论的完整方案。

2.4 动态性和连续性

提供给用户满足其信息需求的知识并不意味着解决了用户的问题。因为用户信息需求的产生和利用信息的过程受多种因素的影响，缺少其中任何一个环节都将影响信息需求到实际检索行为的转化。用户的信息行为是处于动态变化中的，随着环境等外部因素的变化和用户需求问题解决的不断深入，影响信息需求的因素也会发生变化。用户需求的变化使得知识服务的方案也会随之进行调整，并根据用户的需求动态地、连续地组织服务。

2.5 效益性

经济效益是知识经济建设的最终目的，也是图书馆知识服务的最终目的。图书馆开展知识服务的效果并不完全只看为知识经济建设提供了多少知识产品，而更要看用户取得了这种知识产品后，是否就获得了对问题的选择方案或决策依据和解决办法，以及为他们带来的经济效益。

3 图书馆知识服务的必要性

所谓知识服务，是以信息的收集、分析、加工、整合和创新为基础，根据用户的具体问题和实际情况，融入用户解决问题的全过程，向用户提供能够有效支持知识应用和知识创新的一种服务。知识服务强调以知识创新为中心、以用户为核心，注重动态过程和服务，注重解决问题，注重信息深加工，注重知识资源增值，它是发展知识经济和实现知识创新的有效途径。

随着知识经济的快速发展，知识逐步成为生产要素中最活跃、起决定作用的因素，世界各国的经济发展也越来越取决于对知识的开发和利用。在知识经济时代，由于现代信息传递的网络化，图书馆用户在很大程度上无需通过馆员的中介作用，便能随时随地地进行信息的检索、查询、浏览、存取等。这就使得传统图书馆失去了以往的竞争优势。面对着网络服务系统的竞争和用户需求的变化，图书馆在文献加工和整序过程中就必须从文献单元深化到知识单元，详尽地揭示文献的知识内容，通过把握知识间的相互关系，逻辑性地创造出新的知识，形成知识产品，提供知识服务，使用户得到恰好所需的、有别于通过现代信息环境获取的、需要分析和重组的知识信息，为用户的科研项目、产品设计等提供服务，满足用户的特定需求。从而使他们对图书馆信息工作人员产生强烈依赖性，并带动社会对图书馆事业的充分重视和大力支持，拓宽图书馆信息服务的市场空间和生存空间。因此，知识经济时代的图书馆必须面向知识服务，通过相应的计算机应用系统为社会提供全方位和多样化的知识服务。

4 图书馆知识服务的模式

在当前网络环境下，图书馆应充分发挥其资源优势，积极开展知识服务，主

要可采取以下一些形式:

4.1 建立专题数据库

图书馆可充分利用网上丰富的信息资源和专业人才,以用户为中心,针对用户需求建立起有特色的高质量的书目数据库、文摘数据库及多种面向市场的数据库。也可结合本馆和本地区的具体情况,使用全文检索系统建设本馆特色数据库,放在网站上对读者提供全文检索服务。如利用"中国期刊全文数据库"、"中国重要报纸全文数据库"、"中国专利数据库"等,实现将网络中同一内容或主题的知识信息加以发掘、整理,并再生性开发,形成知识密集型专题数据库以供用户利用。

4.2 建立学科导航系统

学科导航系统是 Internet 网络信息资源组织发展至一定阶段的产物,即将网上信息按照不同专业、主题以目录形式组织起来并进行分类、整理,利用超文本技术使信息相互链接,形成专题书目和电子期刊,使学习者能按照类浏览,方便地获取某一主题的相关信息,如构建学科虚拟图书馆。武汉大学信息管理学院陈光祚教授主持开发的"图书情报学虚拟图书馆",就搜集了国内外图书馆学情报学的相关站点近 4000 余个,经过关键词标引、分类标引,并逐条编写网页网站简介和标题翻译,为图书馆学情报学教学和研究提供了较为丰富的因特网信息资源。从本质上讲,学科导航系统类似于专业性的搜索引擎,只是与一般搜索引擎相比,其学科专业性更强、信息组织有序化程度更高,因而更具系统性和易用性,能较好地满足该学科领域的用户对特定信息的需求。

4.3 开展数字参考服务

用户在学习和研究中希望能不受任何系统、资源、地域、时间限制对自己遇到的问题提出咨询,并希望对方能够给予实时解答。实践证明,开展数字参考服务能够有效地解决这一问题。用户通过某些电子方式,如 E - mail、电子论坛、聊天软件等提出问题,工作人员以电子方式给予解答,其最显著的特点是突破了时间和地域限制,用户可在任何时间和地点方便地获得服务,实现了用户与服务人员的实时交流。这既是对传统参考咨询服务模式的继承,更是对传统参考咨询服务内容与形式在网络环境下的超越与发展。

4.4 实施信息推送服务

信息推送服务是传统定题服务在网络环境下的一种再现，是伴随网络信息技术发展而出现的一种新型服务。一般首先由用户向系统输入自己的信息需求，包括自身的档案信息、感兴趣的信息主题等，然后由系统或人工在网上进行针对性的搜索，最后定期将有关信息推送至用户主机上。其优点是及时性好，信源能及时地向用户推送不断更新的动态信息；对用户的要求低，不要求用户有专门的技术。但也有缺点，如针对性差，有时还会侵犯用户的隐私权等。今后的发展趋势应与智能拉取技术相结合，只有这样才能从大量的数据和信息中及时、高效地获取有用知识，更好地为用户服务。

4.5 进行用户教育培训

在网络环境下，计算机技术、网络技术虽然得到普及性发展，但这并不意味着所有用户在网络信息资源的利用上均没有障碍。有的用户对现代技术的运用甚至还产生畏惧心理，进而放弃对网络信息资源的利用。众所周知，网络环境下用户对计算机及网络的操作能力，决定着现代信息资源的索取能力。如能对用户进行计算机及网络知识的培训和技术指导，帮助他们掌握各种现代信息检索方法，则能收到事半功倍的效果，其社会效益将不可估量。而作为社会教育职能和服务职能的图书馆，应该义不容辞地承担起这个义务。因此，图书馆有关部门应当把握机遇，利用本馆人才、设备、环境优势，向广大读者和用户积极开展计算机及网络知识的教育与培训工作，培养他们的信息意识，使他们掌握计算机及网络的基本原理、基本操作，以及利用各种网络检索工具的技能，从而增强他们获取网络信息的能力。

5 图书馆知识服务的必要条件

5.1 先进的信息技术是实现知识服务的前提

信息技术是信息传递和利用的有效手段，它直接推动了图书馆现代化的发展，不仅在硬件方面为图书馆提供了更高速度的信息处理设备、更大容量和更高密度的存储设备，而且也为图书馆提供了更先进的信息处理方法和更快捷的通讯环境。因此，图书馆知识服务的实现必须以恰当而先进的信息技术的选择与应用为前提。在图书馆的知识服务系统中，信息技术可分为3个层次：一是通信网络系统，用于支持图书馆知识的传播；二是高性能的计算机服务器系统，是图书馆存取数据的关键环节，与通信网络一起为知识服务提供硬件支持；三是知识库，它和计算机服务器一起组成了图书馆知识服务系统的高性能信息、数据服务器，为各种信息转化为知识提供了有力的支持。

5.2 知识型的图书馆员是实现知识服务的关键

知识服务作为新世纪图书馆的一种全新的服务模式，是一种以科学为依据、以知识为基础，综合利用现代科学技术和方法，为解决用户所面临的各类问题而进行的一系列智力劳动，是具有创造性的高智能的服务工作。因此，图书馆的知识服务能否有效地开展，是与其服务人员的素质和知识结构紧密相关的。面对知识服务，图书馆需要一大批新型复合型人才和创造性人才，他们应该具备：(1)熟悉图书情报资源体系，掌握情报工作的基本理论和方法，具有捕捉信息、挖掘知识的能力。(2)具有比较宽广的知识面，不但有自然科学方面的专业知识，而且也要有一定的社会人文科学方面的知识，能熟悉和应用最新信息技术进行信息及知识处理。知识服务人员不应只是固守一门学科知识的狭隘专业人员，而应成为一专多能的综合型知识人才。(3)有创新意识和求索精神。对各种信息和知识能以新颖独特的视野和创新精神进行激活、巧用，为现实中各种复杂问题的解决提供咨询方案。

6 知识服务展现的是当代图书馆的核心能力

图书馆的核心能力是通过对读者(用户)的服务来体现的。图书馆的服务工作紧随时代的发展，在不断以新的面貌服务于读者和用户，从传统的文献服务转变为信息服务，如今又开始向知识服务转变。在当今以知识管理为特征的知识经济时代，图书馆的核心能力在知识服务中得以充分展现。

6.1 知识服务是图书馆服务的最高阶段

知识服务是图书馆服务的最高阶段，它也是知识经济时代和网络环境下图书馆信息服务发展的必然趋势。在服务资源数字化与共享化、服务内容知识化与创新化、服务方式网络化与虚拟化、服务手段集成化与智能化以及知识服务对象的个性化和专业化的形势下,知识服务必将成为图书馆对用户服务的重要内容。

知识服务是现今图书馆服务工作的最高境界,它是以信息知识的搜寻、组织、分析、重组的知识和能力为基础,根据用户的问题和环境,融入用户解决问题的过程中,在用户最需要的时间将用户最需要的知识传送给用户的服务。由于知识服务是基于创新而面向知识内容和解决方案的服务,它更注重知识内容的原创性和知识的再开发。知识服务不再像信息服务那样拘于某种服务模式,再以序化的方式向用户提供信息的存储位置和获取方式,而是要求服务人员能根据每一次服务的具体情况,创造性地设计、组织、安排和协调有关的服务工作以及产品形态。

6.2 知识服务对服务人员的能力要求

知识服务对图书馆员提出了更高的素质要求,馆员自身的知识储备、知识更新、综合分析能力、研究能力等,均影响到馆员能否胜任知识服务这一关乎图书馆核心能力的重要工作。当然,我们并非要求图书馆的每个工作人员都达到能进行知识服务的水平。但是,具备核心能力的图书馆必须拥有一批具有知识服务能力的馆员。具体来说,知识服务要求馆员应具备以下几种能力:

(1)知识组织和开发利用能力。这是知识服务的基础能力。它要求从业人员必须掌握从海量信息中检索所需的知识,将杂乱无章的信息知识进行有序的组织、整理,并从中发掘有用的知识,建立可用于特定服务的知识库。

(2)知识分析能力。知识分析能力要求服务人员能从对用户知识体系和社会知识体系的分析中,发现和整理出符合用户需求的特定知识单元。这一能力的掌握是依靠馆员对知识和知识管理学专业知识的系统学习和研究、对用户需求内容的研究和分析以及对各种科学研究与分析方法的深刻领会和熟练运用。

(3)决策分析能力。它要求服务人员通过对用户特定问题的分析,利用自己所掌握的相关知识,能够帮助用户发现解决方案、分析解决方案,从而做出正确的决策。知识分析能力和决策分析能力是开展知识服务的重要能力。

(4)社会联系能力。知识服务是基于分布式多样化动态资源、系统的服务,其服务方式方法具有开放性和集成性。因此,知识服务的实现往往需要借助一定的社会力量去推进,即服务人员要能充分调动和集成(含本馆以外的)各种资源、系统和服务来支持知识服务的功能和过程。社会联系能力对拓展服务范围具有推动作用。

(5)专业咨询能力。知识服务对象的个性化和专业化,要求其服务人员须具备深厚的专业知识功底,成为专家型学者。尤其是在本馆特色文献资源的学科领域,专业咨询及服务水平不仅对于提高服务深度、实现高质量的服务至关重要,而且直接关乎一个馆的核心能力。

6.3 知识服务的发展趋势

从知识服务的发展趋势来看,图书馆从事此项工作的人员必须专家化和团队化。在服务资源数字化与共享化、服务内容知识化与创新化、服务方式网络化与虚拟化、服务手段集成化与智能化以及知识服务对象的个性化和专业化的形势下,知识服务人员不仅要承担知识信息的组织、检索、传播和利用,还要实施知识导航,帮助用户找到解决方案,并对提供的知识产品质量进行评价,只有具备相关专业知识的专家学者方能胜任。而知识问题的复杂、关联及广博性,是单个专家的知识面与能力难以驾驭的,由多方面的专业服务人员有机地组成的团队,则能有效地针对各种服务项目实施全面的知识服务。

在现代信息技术和网络环境中,知识服务依托数字化和共享化的信息资源,可以不为时空所限制,全天候为用户提供个性化、专业化的服务。各图书馆根据各自的馆藏资源特色及人力资源的优势,开展具有特色化的知识服务,充分展现其不可替代的核心能力,最终实现图书馆的社会效益与社会价值。

参考文献

[1]黄俊贵. 关于公共图书馆的知识服务. 图书馆论坛,2006(6)

[2]吕国良. 开展知识服务——培养和发展图书馆的核心能力. 图书馆论坛,2001(6)

[3]孙丽艳. 图书馆的知识服务探微. 现代情报,2006(1)

[4]杨明华. 试论网络环境下图书馆的知识服务. 科技情报开发与经济,2006(9)

[5]徐贵军. 图书馆核心能力之构建. 现代情报,2005(11)

[6]庞爱国. 基于图书馆知识管理的知识服务. 图书馆学刊,2005(2S)

从知识创新到能力培养:图书馆核心能力提升的有效途径

陈平华(常德职业技术学院图书馆)

1 图书馆知识创新与核心能力

知识创新,是指通过科学研究,获得新的基础科学知识和技术科学知识的过程,其目的是追求新的发展,探索新的规律、创立新的学说。由此,图书馆知识创新的内涵可界定为图书馆通过知识创造、生产、加工、传播和应用,以引起和推动图书馆文化创新、管理创新、技术创新和制度创新于一体的系统工程。

图书馆核心能力,是指图书馆所拥有的信息资源以及将这种资源转化为教学、科研成果的能力及其在社会中所具有的独特竞争优势,是维持图书馆存在和保障图书馆发展的独特的、外界不容易掌握且区别于其他图书馆的能力。图书馆竞争优势的取得,归根到底要依靠图书馆的知识创新,只有不断开发出新的信息产品,应用先进的信息技术,满足读者不断变化的信息需求,最终促成核心能力的提升。

馆员的核心能力,是馆员的一种能力,一种资源,是个人对图书馆的价值所在,从另一个角度讲,也衡量馆员自身的不可取代性。新的形势,要求馆员在核心能力的培养方面要具备持续学习的能力、勇于创新的能力、良好的人际交往能力等,因而自身的专业素质越高、专业技能越强,图书馆员被取代的几率也就越低,获得终身就业机会也就越大。

2 知识创新:图书馆核心能力提升的基本内涵

2.1 理念创新:图书馆核心能力形成的动力和源泉

提升图书馆核心能力的前提是必须牢固树立“读者至上、服务第一”的服务意识，要在激烈竞争的信息网络环境之下，将图书馆的工作重点转移到提供优质高效和个性化的信息服务上来；要牢固树立以人为本的服务理念，坚持以人为本的办馆思想，以读者的信息需求为本，从“书本位”向“人本位”转移，图书馆业务流程的每一个环节都围绕着读者的需求展开。总之，图书馆应将“以用户为中心”和“文献尽其用”作为其服务理念创新的方向和突破口，打破传统思想的束缚，使图书馆获得可持续的整体优化，形成竞争优势。

2.2 馆藏资源创新：图书馆核心能力形成的物质基础

馆藏信息资源是图书馆的物质基础，是开展各种服务的前提，任何一个图书馆为读者提供优质高效的服务，必须建立起具有自身特色的、有重点的文献保障体系，并以信息资源作为自身改革和发展的动力。馆藏资源的创新首先要求根据图书馆自身的功能、定位、基础、本馆优势和特点等并根据特定读者的信息需求选择读者需求量大的，不同于其他图书馆并具有自身特色的有重点的特色馆藏和特色资源，形成比较优势；其次应合理确定本馆实体馆藏和虚拟馆藏的比例和结构，通过开发网上资源，对网上信息资源进行筛选、加工、组合，构建有特色的“虚拟馆藏”，打造图书馆核心能力。

2.3 文化创新：图书馆核心能力形成的精髓

文化创新对整个知识创新体系起着导向、激励、媒介和催化功能。图书馆要发展，就必须引进先进、科学的管理思想和方法，建立适应自身特点的图书馆文化，遵循图书馆行为最高工作目标和宗旨以及共同价值观等，使全体图书馆员价值观与图书馆自身的服务性高度统一；要增强全体馆员的服务意识和观念，树立“以用户为中心，让每位用户满意”的服务理念，追求开拓、变革、高效和卓越的文化，培养爱岗、敬业、勤奋的工作作风，营造一种有利于创新奉献、知识共享的文化氛围和创新出成果、出人才的良好环境；要不断丰富馆员职业内涵和特色，树立开拓精神、创新精神、冒险精神、团队精神，构建指导思想明确、内容完备、制度健全、职工自觉实践的创新服务体系，凝练和弘扬“甘当人梯、勇于奉献”的图书馆职业精神。

2.4 制度创新：图书馆核心能力提升的保障

图书馆核心能力的培养，应建立在良好治理结构的基础上，没有相应的机制支撑和保障，图书馆核心能力就难以长久。只有具有完备的制度创新机制，才能保证技术创新和管理创新的有效进行，从而进一步深化图书馆内部管理体制改革。首先要努力改变过去“各自为政、多头分散”的行政管理体制，成立图书馆发展总局和地方图书馆协调管理部门，前者负责对全国图书馆进行统一指导、宏观规划、监督协调，后者负责对地方各类图书馆进行调控、协调与合作；其次要完善管理制度，科学划分图书馆各机构的职能，形成符合现代化图书馆管理要求的职能体系，建立新的业务工作规范，打破条块分割的人为壁垒，通过业务重组和机制创新，建立起支持科技创新、符合图书馆发展规律的现代化图书馆管理制度；此外，还必须建立一整套创新服务机制，将创新服务体现于图书馆的创新制度当中，更好地发挥全体馆员的积极性、创造性，全心全意为读者服务，加快优秀人才的培养和引进，建设一支以中青年业务骨干为主体的优秀服务队伍。

2.5　管理创新：图书馆核心能力提升的关键

管理创新是图书馆知识创新的重要保障，也是核心能力提升的关键，图书馆管理不仅只是量的变化，而是质的转变，包括激励、绩效、文化等诸多方面。在管理创新中必须坚持“以人为本、以法治馆、健全机制、群众路线”的基本原则，对动态的、不断变化的环境进行有效管理、组织分析，从而组织起有效的服务。“以人为本”即要求图书馆管理层在思想上和行动上要明确抓住调动人的积极性这个核心，把队伍建设作为图书馆的根本性工作，为图书馆人才创新营造良好的内部环境；“以法治馆”，即建立对图书馆的信息服务以及图书馆的生存、运转、发展密切相关的所有方面具有高效能、全方位、综合性保障功能的法律体系；“健全机制”就是指建立合理的竞争激励机制、人才聘任机制、业务和管理评价机制，实现以绩效优先的三元结构分配制、项目工资制等多种分配制度；“群众路线”就是要求图书馆实行开发式管理，在坚持馆长负责制的前提下，坚持党委的政治核心作用和职工代表大会的监督审议功能，讲科学、顺民心、重民意，实行民主化、科学化决策，严格按照科学决策的程序和方法办事，努力达到管理创新的预期目的。

2.6　技术创新：图书馆核心能力提升的手段

技术创新是知识创新的核心内容和具体实践环节，是知识经济的基础和推动经济增长的根本动力。在知识经济时代，图书馆要针对竞争对手的情况，制订产品技术发展战略，建立有效的技术创新机制，不断提高技术创新能力，对信息产品进行创新。面对用户多层次的信息需要,图书馆必须将计算机技术、多媒体技术、网络技术等移植到图书馆中并加以创新,努力提升图书馆信息收集、整理、分类、开发、利用水平,不断完善图书馆功能,拓展服务领域和服务功能,紧紧围绕知识创新单元,提供个性化信息定制和推送、交互式多媒体信息服务,馆际互借与原文传递服务,分布式网络参考咨询及知识管理服务,开展知识导航,促进和加快知识的生产与创新,实现从信息管理服务走向知识管理服务的转变。同时,要应用最新的网络设备和最先进的网络管理技术,构建一个超时空限制、具有高效协调能力、存储资源丰富、服务模式先进、行动反应迅速的数字化信息资源虚拟中心和网络化服务平台。

2.7 服务创新:图书馆核心能力提升的核心和灵魂

图书馆的服务创新体系是全方位,多层面的,也是图书馆工作创新的核心内容。针对用户的不同信息需求,能否有针对性地为其提供有特色、高质量的信息服务是图书馆能否获取竞争优势的关键。

首先要求根据本馆所承担的任务及本馆资源特点,结合本馆实际,通过横向纵向比较,发掘出自身与众不同之处,从而确定自已的服务特色,为提升核心能力打下基础;其次管理者和全体馆员要改变传统的价值观念,彻底抛弃"小而全"、"大而全"的闭门办馆观念,真正树立"信息港"、"开放办馆"的大图书馆意识、虚实并重的"二维藏书观"以及"用户至上"、"读者第一"的服务观念,为图书馆提升核心能力打下一个良好的思想基础;第三要通过为用户提供"快"、"新"、"精"、"细"的信息内容,充分挖掘馆藏实体资源和虚拟网络资源的内在价值,并充分应用多媒体、计算机、网络技术等信息技术,加快图书馆现代化进程,努力营造独特的个性化特色服务,创新个性化的服务方式,真正做到"以需求为导向",找准读者的需求点,提供有针对性的信息产品,赢得读者和市场的认可,也更具有竞争优势,提升核心能力。

3 馆员能力培养:图书馆核心能力形成的最佳保障

3.1 制度保障:馆员核心能力培养的良好环境

馆员核心能力的培养需要良好的社会政策和图书馆良好的工作氛围作为

最基本的条件。首先应以提高馆员开拓和创新精神为核心，遵循成长规律，培养图书馆职业精神，建立完善的竞争激励机制和约束机制，调动馆员勇于竞争和艰苦创业的热情；其次要建立以能力和业绩为导向的高层战略评价体系，建设知识、技能的学习与积累体系，努力促成图书馆职业资格制度的完善和实施；还有必须保障馆员（尤其是核心馆员）的人才流动的合理性、开放性、有序性，要使核心馆员找到真正适合他们发展的机会和场所。

3.2 组织学习：馆员核心能力提高的有效途径

图书馆对馆员要坚持培养和使用相结合，创新人才培养模式，建立培养与需求结构相适应的有效机制，构建图书馆员终身教育体系，合理组织图书馆员学习。确认图书馆的学习需求，制订全体馆员的学习计划、设计学习的组织机构、建立图书馆的学习型组织，在学习的过程中，形成新的馆员核心能力。正是在组织学习的基础上，隐性知识与显性知识互相转化，引进外部资源，对组织的习惯框架提出质疑并改变，核心能力才得以积累和更新，图书馆竞争优势才得以维持。

3.3 职业精神：馆员核心能力建立的催化剂

馆员的核心能力，必须包含图书馆的职业精神。它必须以以人为本、服务至上的人文精神，尊重理性、追求真理的科学精神，与时俱进、不断创新的进取精神，敬业乐业、矢志不移的奉献精神作为馆员核心能力的重要组成部分，确立图书馆职业精神，建立职业尊严、职业声誉、职业形象，凝聚行业力量，扩大社会影响，促进图书馆事业持续、健康发展。同时，更能增强图书馆员的责任感和使命感，以高尚的情感和职业精神促进核心能力的建立和提高。

3.4 公平分配：馆员核心能力价值的实现通道

图书馆要建立合理的分配体系和制度，要真正体现“效率优先”的原则，要根据馆员对图书馆作出的贡献大小，合理地进行分配，这既是对馆员核心能力价值的尊重，也是对馆员的一种激励，使其更加重视自身核心能力培养，提升核心能力作为实现自我价值和利益保障的重要手段和途径，以读者价值系统为导向，进行动态性、可持续性开发。

3.5 技术创新：馆员核心能力培育的重要途径

馆员核心能力的培育，要求图书馆建立创新的制度，营造创新的环境。通过技术创新形成核心技术是培育核心能力的重要途径,也是形成核心能力持续性、独特性、延展性的重要手段。一方面拥有自己的专利技术、信息产品,形成自主的专业产权,并以此为基础,控制整个行业的技术发展进程,为产品的独特性打下基础;另一方面,通过技术创新形成的竞争力,使竞争对手在短期内难以模仿和追赶,从而获得竞争的优势,这正是馆员核心能力价值的最好体现。

3.6 核心竞争力:馆员核心能力提升的最佳捷径

核心竞争力由资源、能力、知识3个要素组成,三者相互影响和相互作用。但更重要的是核心能力。正是由于核心资源、核心知识都必须由人来完成,馆员的核心能力就在这一过程中得到重视和发挥,图书馆在努力适应竞争环境、培育核心竞争力的过程中,绝对会把培育馆员的核心能力摆到首位。核心竞争力的战略观念要求图书馆要充分认识到自己的资源优势,尤其是自己的特色资源优势,在考虑自己能力和资源优势基础之上确立合理的竞争战略,获取或保持持久的战略优势。

3.7 绩效管理:馆员核心能力提升的有力手段

绩效管理是实现图书馆战略的重要手段,是培养图书馆员核心能力的重要工具,它通过绩效计划、绩效实施与管理、绩效评估与绩效反馈等方式,以能反映图书馆核心竞争力和价值为指标。对业绩目标进行考核是评价馆员绩效的主要内容。在考核馆员业绩的同时提升馆员的核心能力,帮助图书馆建立竞争优势。但在进行绩效管理的过程中,指标确定的过程是对图书馆竞争能力的分析讨论过程,是全体馆员统一认识的过程,要十分注意这一环节;绩效考核的结果要及时分析反馈,全体馆员能及时明确自己的优势和不足,从而有针对性地弥补自己的不足。

参考文献

[1]董秀敏.大学图书馆信息服务与信息资源建设前瞻.大学图书馆学报,2000(2)
[2]盛小平.21世纪图书馆知识管理.图书馆杂志,1999(8)
[3]金吾能.知识管理——知识社会的新管理模式.云南人民出版社,2001

农村信息服务效果及影响因素:信息服务组织视角

于良芝　王俊平(南开大学商学院信息资源管理系)

1　引言

改革开放以来,为支持农村经济发展,我国已经建立了不少农村信息服务组织。除了恢复建设的农业技术推广服务站,“十五”期间,农业部还牵头建设了农村经济信息服务站,科技部推出了农业科技110服务,商务部启动了新农村商务信息服务体系建设工程。“十一五”期间的国家重点建设项目中,又有数项关乎农村信息服务设施建设。所有这一切都表明,在社会主义新农村建设时期,信息服务设施的完善将继续占据农村发展的重要日程,成为公共投入的重要领域;农民也将面临更加多样的信息服务组织和更加复杂的信息服务版图。

在这样的背景下,关注信息服务效果已成为农村信息服务工作的重要课题。本研究的目的就是从信息服务组织的角度考察影响农村信息服务效果的因素。它希望通过这样的考察,一方面为从其他角度(如信息利用者角度)研究信息服务效果提供交叉检验证据,帮助我们更深入地理解农村信息服务效果的产生机理;另一方面为政府更理性地规划农村信息服务设施、设计农村信息服务提供参考依据,帮助政府和信息专业人员更有效地利用公共资源。

2　概念框架

2.1　用户中心论及服务效果的界定

用户中心论是20世纪70年代以后,在建构主义影响下出现的信息服务设计与评价理论。这种理论认为,任何信息服务或信息系统如果要对它的目标用户产生价值或效果,就必须把用户放到中心位置加以考虑。而所谓“中心位置”

是指信息服务的设计要以用户的需求、喜好和习惯为依据，从服务设计到试验及运行要自始至终强调用户参与，服务质量及效果评价要以用户反馈为主要依据。[1]

根据这一理论，本研究从两个方面界定信息中心的服务效果：服务利用率和用户满意反馈。由于调研对象是信息中心，无法从用户那里直接获得数据，本研究采用了3个相对客观的指标：信息中心解答用户咨询的数量、信息中心网站（即虚拟服务）的访问量、信息中心在过去一年中是否得到过用户的正面反馈。

2.2 信息政治经济学理论与信息服务效果的第一组影响因素

信息政治经济学理论是批判性地考察社会信息资源的生产、传播、消费过程中的社会关系的理论，它解释社会结构因素（如南北差距和阶层差距）、制度因素（如把信息变为商品并赋予产权的制度、按市场规则构建的信息交换机制）、集团利益（如信息企业对信息资源的控制）等在信息生产及传播中的作用。[2][3] 虽然从本质上说，信息政治经济学是一种关于社会变化的宏观理论，但它的很多概念也可以为考察中观层面及微观层面的信息问题提供有效工具，例如，在中观层面，它可以帮助解释一个特定社区的信息贫困状态；[4] 在微观层面，它可以帮助解释一个信息服务组织所处的政治经济环境及其利益导向。正是根据信息政治经济学在微观层面的解释力，本研究确认了信息服务组织的以下因素，来考察它们与信息服务效果之间的关联：政府投入、政府关注、政府驱动力、利益相关者驱动力。其中政府投入指政府给予信息服务组织的财政支持，政府关注指地方政府主要领导及地区性发展规划给予信息组织的关注，政府驱动力指信息组织的工作安排受自上而下的力量推动的程度，利益相关者驱动力指信息组织的工作安排受自下而上的需求推动的程度。

2.3 小世界交流理论与信息服务效果的第二组影响因素

小世界交流理论是从文化角度解释信息交流现象的理论。它认为每个社区或人群都可以被看做是相对独立的“小世界”；“小世界”特有的文化特征和社会规范决定着其成员对信息需求的感知、对信息渠道的选择以及对信息价值的判断，从而造成不同小世界之间的信息交流困难。[5][6] 这要求信息服务组织在充分了解目标用户的文化规范和生活习惯的前提下，对信息进行适当包装（即选择适当的载体和语言来承载特定信息内容），以保证目标用户最大限度地获取信息；同时要求信息服务组织在物理空间和组织形象上尽可能接近用户，以便用户最大限度地了解和接近服务。根据这一理论，本研究重点确认了信息服务组织的以下因素，来考察它们与信息服务效果之间的关联：信息服务组织对信息源的选择与开发、对信息传播渠道/手段的选择与利用、对信息类别的选择与传播、对信息形式及内容的加工以及信息服务被用户知晓的程度。

由此形成的概念框架如图 1 所示。

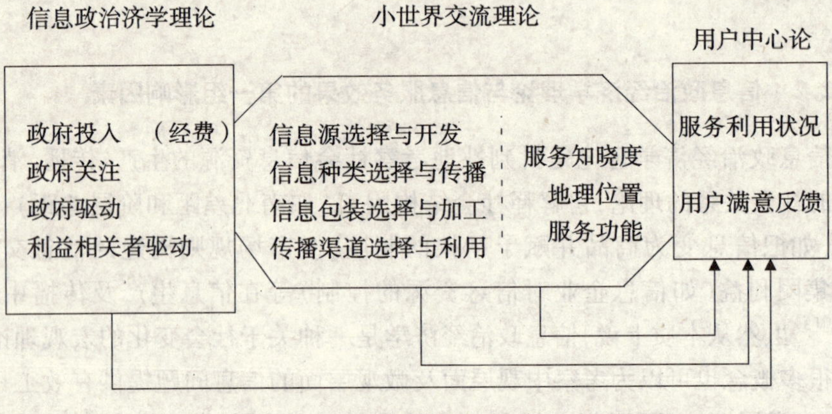

图 1　从信息服务组织角度考察服务效果的概念框架

3　研究方法

本研究是从信息服务提供者角度对服务效果及影响因素进行考察。其主要调研对象是县级信息服务组织，包括县信息中心、农业信息中心及信息服务站；采用的方法是问卷调研法。

3.1　样本

县级信息中心、农业信息中心及信息服务站是近年来出现的新型农村信息服务组织，以天津为例，几个区县的信息中心基本上都是 2003 年以后建立的。可能正是因为这类组织历史较短，本研究未能找到可作为抽样基础的信息服务机构名录。为了便于选择样本，本研究先对互联网上能够查到的所有信息中心、农业信息中心、信息服务站进行了查询、汇总，又根据中国农业网“已认定/

认证的农村信息服务点、农村信息服务员情况浏览查询"页面①上的线索进行了补充,最后获得各类信息中心、农业信息中心、专业信息中心(如畜牧信息中心)以及兼做信息工作的政府或技术部门(如农技总站、畜牧兽医站等)的名单共910条(含机构名称、地址、电话号码、联系人等),其中综合性的县信息中心、县农业信息中心、县农业信息服务站共有340家。本研究向这些信息服务组织全部发放了问卷。问卷发出一个月后,课题组对没有反馈问卷的机构进行了电话催卷。催卷过程中发现,有90家机构(近30%)根本无法取得联系(电话长期无人接听或号码为空),在一个极端的案例中,所谓的农业信息中心的联系号码只是农业局一个员工的家庭号码。若删除这些"有问题"的机构,本研究共发放有效问卷240份,回收有效问卷60份,回收率25%。

3.2 问卷

根据本研究的概念框架,问卷从3个方面测度信息服务效果:中心每天回答农民咨询的数量、中心网站年均访问数量、中心工作是否得到农民的正面反馈。问卷着重考察了以下因素与信息中心服务效果的关联:(1)政府投入、政府关注、政府驱动力、利益相关者驱动力;(2)信息服务组织对信息源的选择与开发、信息传播渠道的选择与利用、信息类别的选择与传播、信息形式与内容的加工;(3)信息服务被用户知晓的程度。由于现有研究中不存在测度上述因素的现成工具,问卷设计尽可能包含了对这些因素的多角度测度。问卷回收之后,研究者首先对问卷采用的观测变量进行了探测性(Exploratory)因子分析,确认出了测度上述因素的相对独立的变量(因子)。观测变量对这些因子的负载系数及各因子变量的Cronbach α 信度系数(见表1)。

3.3 数据分析

在研究设计阶段,本研究共计划开展两种分析:(1)关于信息组织服务状况和服务效果的描述性统计分析;(2)关于信息服务效果预测变量的模型分析,包括以信息中心咨询解答量为因变量的多元回归分析、以中心网站访问量为因变量的多元回归分析、以用户反馈状况为因变量的Logistic多元回归分析。

可能是由于很多信息中心还处在起步阶段,内部组织管理尚未规范化,问卷中需要提供具体数据的部分(如经费、网站访问人次等),很多中心都未能提

① http://rdrz.agri.gov.cn/index.html(2006年9月5日查询)

供，因此，能参加多元回归分析的有效问卷很少；此外，正态分布检验显示，多元回归模型中的变量不符合正态分布的假设条件（这可能也与有效问卷数量过小有关）。因此，在实际数据分析阶段，本研究只保留了描述性统计分析和Logistic多元回归分析。

表1　探测性因子分析结果及因子变量的 Cronbach α 信度系数

因子	观测变量	负载系数	Cronbach α 系数
政府关注程度	县财政或主管部门对中心的拨款力度	.732	0.7398
	中心工作在本县主要领导心目中的重要性	.840	
	中心工作在全县经济社会发展规划中的显著性	.859	
政府驱动力	主管部门的工作安排对信息中心的影响	.637	0.7657
	全县经济社会发展规划对信息中心的影响	.803	
	全县信息化发展规划对信息中心的影响	.872	
	地方政府可以从信息中心受益的程度	.588	
利益相关者驱动力	本地富裕农户的信息需求对信息中心的影响	.676	0.8670
	本地一般农户的信息需求对信息中心的影响	.822	
	本地富裕农户可以从信息中心受益的程度	.815	
	本地一般农户可以从信息中心受益的程度	.924	
对信息传播渠道/手段的利用程度	信息中心利用网站传播信息的程度	.518	0.8000
	信息中心利用电话咨询传播信息的程度	.712	
	信息中心利用印刷材料	.824	
	信息中心接待农民上门咨询的程度	.870	
	信息中心利用下乡服务传播信息的程度	.802	
对农业信息的传播力度	信息中心对农业科技的传播力度	.891	0.8611
	信息中心对市场信息的传播力度	.851	
	信息中心对政策/政务信息的传播力度	.787	
	信息中心对科普信息的传播力度	.753	
对非农信息的传播力度	信息中心对医疗卫生信息的传播力度	.873	0.8243
	信息中心对法律信息的传播力度	.772	
	信息中心对就业信息的传播力度	.753	
	信息中心对本县企事业机构信息的传播力度	.800	

（续表）

因子	观测变量	负载系数	Cronbach α 系数
对政府信息源的发布频率	中心的主管部门通过中心发布信息的频率	.727	
	县政府各部门通过中心发布信息的频率	.901	0.7939
	县委通过中心发布信息的频率	.832	
对本地企业和农户信息源的发布频率	本地涉农企业通过中心发布信息的频率	.837	0.7630
	本地农民通过中心发布信息的频率	.706	
对媒体等外来信息源的发布频率	外地信息组织通过中心发布信息的频率	.852	
	外地企业通过中心发布信息的频率	.826	0.8996
	中心对媒体信息的发布频率	.841	
	中心对科研机构信息的发布频率	.797	
对信息的加工程度	在发布前被核实真实性的信息的比例	.815	
	在发布前被核实重要性的信息的比例	.900	0.8549
	发布前经过内容加工的信息的比例	.807	
	发布前经过文字加工的信息比例	.816	
中心服务知晓度	知道信息中心位置的农民的比例	.923	0.8272
	知道信息中心功能的农民的比例	.923	

4 调研结果

4.1 关于信息中心服务效果的描述性统计

从信息服务组织的角度，本问卷涵盖了三种不同的“信息利用”指标：解答咨询的数量、网站访问量和利用效果反馈，以便从不同角度揭示信息服务效果。有关这些指标的数据显示，大多数信息中心的服务都得到了一定程度的利用。如表2和表3所示，42%的信息中心每天要处理10—30条电话或上门咨询，超过20%的信息中心要处理30条以上的咨询，有64%的信息中心网站每年接受超过1万人次的访问量。此外，在过去一年中，有70%的信息中心的服务曾得到农民的正面反馈甚至书面感谢。

表 2　信息中心每天回答电话咨询或上门咨询的数量

	信息中心数量	占有效问卷百分比
咨询解答量为零的中心	1	1.8
咨询解答量 <10 条的中心	20	35.1
咨询解答量为 10 - 30 条的中心	24	42.1
咨询解答量为 30 - 50 条的中心	7	12.3
咨询解答量 >50 条的中心	5	88
有效问卷数	57	100.0

表 3　信息中心网站年均访问人次

	信息中心数量	占有效问卷百分比
年访问量在 0.3 万人次以下的中心	6	15.4
年访问量在 0.3 万—1 万人次中心	8	20.6
年访问量在 1 万—3 万人次的中心	7	18.1
年访问量在 3 万—10 万人次的中心	6	15.4
年访问量在 10 万—20 万人次的中心	5	12.9
年访问量在 20 万人次以上的中心	7	18.1
有效问卷数	39	100

平均访问量 = 148545

4.2　关于信息中心服务状况的描述性统计

表 4 从信息源、信息类别、传播渠道/手段、信息加工程度、信息量和信息更新速度等方面反映了被调研的信息中心的服务状况。其中，除了信息量和信息更新速度采用具体的量化数据外，其他各项均采用 1—5 级的量度来表达程度或力度。从表 4 的数据来看，现有信息服务的特点突出地表现为：

- 从信息传播渠道看，网站和下乡是相对重要的传播渠道；
- 从信息种类看，农业科技和政策/政务是相对重要的信息；
- 从信息来源看，中心的主管部门是相对重要的信息源；
- 从信息包装看，信息在发布之前要经过比较全面的加工（从内容到语言）；
- 从上述所有方面看，信息中心的工作都显示出“平缓起步”的状态，很少有观测变量的值（表达服务的程度或力度）超过 4，一半以上的变量未超过 3；
- 信息中心在网站信息量和更新速度方面存在很大差异。

表4　被调研的信息中心的服务状况

信息服务事项	平均值	标准差
中心对各类信息传播渠道/手段的利用程度		
网站	3.18	1.68
短信平台	2.4	1.55
电话咨询	3.08	1.51
印刷材料	3.05	1.31
接待农民上门咨询	2.97	1.33
下乡服务	3.13	1.32
中心对各类信息的提供力度		
农业科技	3.3	1.66
市场信息	3.07	1.52
就业信息	2.48	1.36
政策/政务	3.27	1.59
医疗卫生信息	2.1	1.34
科普信息	3.07	1.39
法律信息	2.55	1.41
本县企事业机构信息	2.68	1.42
中心对各类信息源的发布频率		
中心的主管部门	3.53	1.51
县政府	2.88	1.47
县委	2.58	1.48
本地涉农企业	2.88	1.28
本地农民	2.87	1.4
外地信息中心	2.03	1.29
外地企业	1.9	1.16
媒体	2.1	1.32
科研机构	1.98	1.13

（续表）

信息服务事项	平均值	标准差
中心对其发布的信息的加工程度		
审查真实性并筛选	3.47	1.28
审查重要性并筛选	3.53	1.2
内容分析综合	3.35	1.29
文字加工	3.3	1.24
网站的页面数量(页)	310.06	917.81
网站提供的数据库数量(个)	10.11	13.70
网站每周增加/更新的信息数量(条)	163.65	226.59

4.3 关于信息服务效果的相关性分析

如前所述,由于一些关键变量的有效问卷数量不足且不符合正态分布的假设条件,本研究无法实施计划中的多元回归分析。表5和表6采用直观方式分别显示了咨询解答量、网站访问量与其他变量之间的可能关联。表5首先根据信息中心解答咨询的数量将其分为若干组,然后计算了各组在其他变量上的平均值;表6则首先根据信息中心网站的年访问量将其分为若干组,然后计算了各组在其他变量上的平均值。从表5的数据来看,与咨询解答量可能存在关联的变量是地方政府的拨款:咨询解答量大的中心同时也是拨款数额较大的中心。咨询解答量与剩余的变量之间的相关性不太显著,但一个值得关注的现象是:咨询解答量极少的组(日解答量小于10条),在几乎所有变量上的值都小于其他组。从表6的数据来看,与网站访问量可能存在关联的变量也是地方政府的拨款:网站访问量大的中心同时也是拨款数额较大的中心;网站访问量与其他变量的相关性不显著。

表5　将信息中心按其解答咨询的数量进行分组后,每组在其他变量上的平均值

可能的相关变量	按日咨询数量分组的信息中心的相关值			
	<10条	10—30条	30—50条	>50条
政府关注程度	2.3	3.1	2.4	3.0
政府驱动力	2.9	2.8	2.8	3.2
利益相关者驱动力	2.7	3.2	3.6	3.1
对信息传播渠道/手段的利用程度	2.8	3.1	2.9	3.3
对农业信息的传播力度	2.8	3.3	3.1	3.9

（续表）

可能的相关变量	按日咨询数量分组的信息中心的相关值			
	<10 条	10—30 条	30—50 条	>50 条
对非农信息的传播力度	1.9	2.5	2.1	3.4
对政府信息源的发布频率	2.5	3.3	3.3	3.0
对本地企业和农户信息源的发布频率	2.4	3.2	3.0	3.2
对媒体等外来信息源的发布频率	1.4	2.3	2.1	2.8
对信息的加工程度	3.6	3.1	3.6	4.1
本地农民对信息服务的知晓度	1.9	3.0	3.1	3.1
前一年地方财政拨款(万元)	2.4	6.9	18.0	21.3
在编人员数量	3.6	5.6	6.0	5.0

表 6　将信息中心按其解答咨询的数量进行分组后,每组在其他变量上的平均值

可能的相关变量	按网站年访问人次分组的信息中心的相关值				
	年访问量在0.3 万人次以下的中心	年访问量在0.3 万—1 万人次中心	年访问量在1 万—3 万人次的中心	年访问量在3 万—10 万人次的中心	年访问量在10 万以上的中心
政府关注程度	3.0	2.6	2.7	2.7	2.8
政府驱动力	2.2	2.9	2.9	3.4	3.3
利益相关者驱动力	3.0	2.9	3.3	2.4	3.2
对信息传播渠道/手段的利用程度	2.7	2.8	3.3	2.7	3.3
对农业信息的传播力度	2.8	2.9	3.4	3.5	3.6
对非农信息的传播力度	2.0	2.4	2.6	2.6	2.7
对政府信息源的发布频率	3.1	3.2	3.0	3.3	3.5
对本地企业和农户信息源的发布频率	3.1	2.9	2.9	2.7	3.3
对媒体等外来信息源的发布频率	2.8	1.7	2.1	2.3	2.0
对信息的加工程度	2.8	3.5	3.7	3.3	3.9
本地农民对信息服务的知晓度	3.1	2.6	2.7	2.8	2.8
前一年地方财政拨款(万元)	3.1	2.6	7.5	9.2	14.3
在编人员数量	5.8	1.8	5.3	11.2	5.5

注:本表排除了年均访问量最小和最大的案例。

反映信息服务效果的第三个变量是农民对信息服务的满意反馈。如前所述，在这部分调研中，农民的满意反馈是通过一个客观指标——信息中心在过去一年里是否收到过农民的正面反馈——来测度的。这样的测度假定：得到农民反馈的中心与未得到的中心相比，前者更让用户满意。

本研究采用 Logistic 多元回归分析来确认哪些变量可以预测信息中心的归属。表 7 报告了这一分析的结果。分析显示，以是否收到农民的满意反馈为因变量，以表 1 中的变量为自变量构建的 Logistic 多元回归模型可以在一定程度上解释信息中心的归属（Model square = 31.02; df = 14; $p < .01$），但在表 1 所列的自变量中，只有少数几个变量对模型有意义，包括：政府驱动力、中心对政府机构的信息的发布频率、中心对媒体等外部信息的发布频率、各类信息发布频率的交互作用。信息中心工作受政府驱动的程度与其收到农民满意反馈的可能性反向相关（$p < .05$; Exp(B) = .027），表明信息中心越是围绕行政指令安排工作，他们获得农民赞许的可能性越小；信息中心对政府信息源和媒体等外来信息源的发布频率与其收到农民满意反馈的可能性成正向相关。

表 7　对信息中心问卷的 Logistic 多元回归分析结果

		模型预测值		
				准确率
案例观测值		否	是	
	否	11	7	61.1
	是	2	39	95.1
整体准确率				84.7

	系数 B	系数标准差 S. E.	Wald 统计量	P 值	Exp(B)
[1]政府关注程度	.711	.589	1.458	.227	2.036
[2]政府驱动力	−3.601	1.591	5.121	.024*	.027
[3]利益相关者驱动力	−.934	1.209	.596	.440	.393
[4]对信息传播渠道/手段的利用程度	1.182	.662	3.191	.074	3.262
[5]对农业信息的传播力度	−.421	.803	.275	.600	.656
[6]对对非农信息的传播力度	−1.058	1.101	.924	.336	.347
[7]对政府信息源的发布频率	2.486	.833	8.900	.003*	12.016
[8]对本地企业和农户信息源的发布频率	−.415	.682	.371	.542	.660
[9]对媒体等信息源的发布频率	2.083	1.044	3.981	.046*	8.031
[10]对信息的加工程度	.646	.569	1.291	.256	1.908

（续表）

	系数 B	系数标准差 S. E.	Wald 统计量	P 值	Exp(B)
[11]本地农民对信息服务的知晓度	-.496	.591	.706	.401	.609
两种驱动力的交互(2 by 3)	.522	.415	1.585	.208	1.686
两种信息传播力度的交互(5 by 6)	.331	.343	.928	.335	1.392
三种信息源发布频率的交互(7 by 8 by 9)	-.181	.074	6.005	.014*	.835
Constant	-1.751	2.935	.356	.551	.174
Model square = 31.02; df = 14; p <.01					
-2 Log likelihood = 41.56					

* p <.05

5 讨论与结论

从信息服务组织的角度看，近年出现的有组织的农村信息服务已经开始对农村信息传播发挥作用，主要表现为：它们已经开始从广泛的信息源收集信息，对信息进行评价、筛选、加工，然后通过多元渠道将信息传播出去(见表4)。调研显示，这些服务已经得到不同程度的利用；在70%的信息中心，它们还得到了农民的肯定。

从这一角度观察到的服务效果似乎优于从农民角度观察到的效果——来自农民的调研数据显示，真正使用这类服务的农民只占被调研农民的极少数。由于农民问卷的分布地区与信息中心问卷的分布地区不完全相同，从理论上说，我们无法排除“上述差异反映的是地区性差异”的可能性。另外一种可能的解释是：少数精英农民占有了大部分服务使用量，因而尽管绝大多数农民未曾利用或很少利用这些服务，但信息中心从服务提供者的角度却依然观察到了相当可观的利用率。来自信息中心问卷的其他数据显示，第二种解释的可能性更大。例如，在问及农民对信息中心位置和功能的知晓程度时，绝大多数信息中心都承认，在当地农民中，知道中心地理位置和功能的为数极少。

信息中心的调研数据(表4)还显示，目前农村信息服务基本上是“天女散花式”的:向所有人群(政府、企业、一般农民、富裕农民)提供有关所有方面(科技、市场、政策等)的一点点信息。这很可能表明,各类信息中心在回答与自身使命及功能定位相关的问题时,还存在很多不确定性,因而无法形成明确的信息服务策略,例如重点向哪些人群提供哪些信息、从何处收集这些信息等。这种状况大概与经验不足相关。在我国农村,虽然早就存在农业技术推广组织和图书馆等信息服务机构,但专门的“信息中心”、“农业信息中心”还是近年来陆续出现的,其功能定位和服务模式的完善尚需时日。

从反馈的问卷看,与服务效果相关的因素包括财政拨款数量、政府驱动力(即信息中心工作受政府驱动的程度)、中心对政府机构信息的发布频率、中心对媒体等外部信息的发布频率、不同信息发布频率的交互作用。财政拨款数量与服务效果的相关性是通过直观观察得到的。由于很多中心没有提供政府拨款数额,同时由于这一变量和相关变量均不符合正态分布,因而财政拨款因素没有被纳入正式的相关性分析,但直观的观察显示,在提供拨款数据和利用率数据的信息中心中,这两类变量之间的正向相关关系十分清晰:拨款数额大的中心也是服务利用率较高的中心。假定财政拨款的力度是地方政府理性决策的结果,那么,拨款力度就成为地方政府对信息服务关注和投入程度(commitment)的现实表征。较强的政府关注和投入除了为信息服务带来相对充裕的经费,还可能带来其他的经济、政治和社会资源。例如,可能使中心因自身受到关注而获得一种激励,可能使它们在当地重大项目或规划中占据一定位置从而分得项目经费,可能使它们的工作获得更多媒体关注从而得到宣传,等等。此外,由于现阶段(信息服务中心起步阶段)大多数信息服务中心都缺乏服务基础积累,很多工作需要从头投入,这也可能导致信息服务效果在更大程度上依赖于财政拨款力度。

政府驱动力与农民表达满意反馈的可能性呈反向相关。从表面上看,这一结果似乎颇为意外,因为通常的理解是,政府的驱动力越大,越可能给信息中心带来经费,中心也就越有能力为用户提供满意服务。但事实上,政府驱动力的含义是指信息中心的工作安排受自上而下的力量推动的程度。本研究所发现的反向相关关系表明,信息中心越是根据自上而下的指令安排工作,他们获得农民赞许的可能性越小。这一发现与建构主义对信息传播效果的解释相吻合。这种解释认为,信息服务如果忽视信息利用的建构性和文化性,那么其信息很可能因远离用户的生活习惯、文化规范、实际需求而得不到利用。在我国,“自上而下”的思路除了容易造成信息服务者与利用者之间的文化隔阂,还经常导致“任务导向”型的短期资源分配和服务建设，即信息中心在任务下达时获得一批资源，建设一批服务，而在任务完成或政府的注意力转移之后，失去持续发展这些服务的资源和动力。这导致很多服务未及产生效果就陷入疲软状态甚至停滞。

信息中心对来自政府部门、媒体、科研机构和兄弟中心的信息的发布频率也与用户的满意反馈相关。这一发现并不令人惊讶，因为在目前，我国各类政府部门、媒体和科研机构依然是农村信息的主要来源，对这些信息源的发布频率事实上关系到整个信息服务的及时性和新颖性；频率越高，信息服务的及时性越强，越容易得到农民的满意反馈。

除上述变量外，本研究理论模型中的多数变量都未被证实与用户满意反馈相关。其中很多变量（如利益相关者驱动、信息服务知晓度等）的非相关性不仅在直观和理论上都难以解释，而且与来自用户调研和实地考察的结果相左。一个可能的原因是本研究的有效问卷过少，导致统计程序对可能存在的相关性有失敏感。考虑到本研究的这一局限，将这些变量排除出信息服务效果的预测模型还为时过早。随着信息中心总量增多，建制逐渐完善，希望未来研究能够获得更好的抽样基础，在扩大样本数量的基础上重新验证这些变量与服务效果之间的关系。

上述研究结果可以从若干方面启发农村信息服务的规划与设计。首先，我国农村信息服务组织尚需进一步明确自身的使命和目标用户，并在此基础上形成合适的信息服务策略；其次，信息服务组织需要把“目光向上”（服务受地方政府驱动）转向“目光向下”（服务受用户需求驱动），切实关注信息服务产生的效果；再次，对于适合农民需求的信息，要通过多种渠道和手段，加大发布频率，保证信息时效性。

6　研究局限与未来研究

由于缺乏相关研究作为基础和参照，本研究在研究设计上存在不少局限，这导致本研究的部分结论只达到试探性结论（tentative conclusions）的水平，有待未来研究进一步验证。本研究的最大局限是有效问卷过少。这在一定程度上是因为本研究未能预计现有信息中心、农业信息中心名录中存在大量无效联系方式；同时也是因为本研究的取样范围——县一级综合性信息中心或农业信息中心——过于狭窄。未来研究除了改进问卷发放方法，也可以考虑将取样范围扩大到乡镇一级的信息组织。

此外，由于未找到检验信息服务影响因素的适用量表，本研究根据其理论框架自我设计了相关变量。尽管本研究通过因子分析和 Cronbach α 信度系数对相关测度进行了初步的效度和信度检验，但这些测度无疑还需要经过更加严格的效度和信度检验，并在此基础上得到进一步完善。

参考文献

[1] Dalrymple Prudence W. A quarter century of user-centered study: The impact of Zweizig and Dervin on LIS research. Library & Information Science Research, 2001, 23 (2)

[2] Schiller Herbert. Living in the Number 1 Society. Gazette: The International Journal of Communication Studies, 1998, 60 (2)

[3] Sturgess P. The Political Economy of Information: Malawi under Kamuzu Banda, 1964 – 94. International Information and Library Review, 1998, 30(3)

[4] Nicholas K. Geo – Policy Barriers and Rural Internet Access: The Regulatory Role in Constructing the Digital Divide. The Information Society, 2003, 19(4)

[5] Chatman E. A. The Impoverished Life – World of Outsiders. Journal of the American Society for Information Science, 1996, 47(3)

[6] Spink, A., Cole, C. Information and Poverty: Information Seeking Channels Used by Low Income African American Households. Library and Information Science Research, 2001, 23(1)

公共图书馆外延式服务分析

武静平　马兴华(张家口市图书馆)

当今中国,构建社会主义和谐社会已是一种主流的文化思潮和价值取向,和谐社会的理想深刻地影响着中国的发展节律,从这个角度把握当今的文化,就把握住了我们事业发展的主旋律和主脉络。公共图书馆是公共文化事业,具有社会福利和公益的特性,其存在本身就是实现社会信息公平、民主的一种保障。在图书馆服务中体现公平的文化服务机制,使社会成员自由地利用图书馆、获得基本的信息保障,从而在一定程度上弥合信息社会的"数字鸿沟",这与公共图书馆维护信息公平、推动信息自由共享的使命,与我国"构建社会主义和谐社会"的总体战略刚好合拍。在公共图书馆开展外延式服务推广,就是为保障广大公众的文化权益,实现图书馆的社会使命,为社会的和谐进步担负应有的职责。

外延式服务,是在图书馆基本服务措施的基础上,向社会公众提供更大的发展空间,为实现图书馆服务的多元化、实现图书馆服务覆盖率的提高而采取的各种服务方式的总称。

1　外延式服务是社会发展向公共图书馆提出的要求

1.1　我国社会经济的发展为外延式服务提供了物质基础

公共图书馆的发展与我国社会经济文化的发展息息相关,就在十几年前,图书馆服务定位是为社会经济发展提供支持。1994 年笔者参加河北省中青年图书馆工作者研讨会,研讨会的主题为:图书馆与社会主义市场经济。在大家的论文中纷纷探讨"图书馆与市场经济"这样一个新鲜的话题,有的论文提出了图书馆参与市场经济的方式是搞创收,进行有偿的信息服务,也有的论文提出政府应重视图书馆的发展,给予资金上的应有保障。

十几年来,我国市场经济得到了空前的发展:从 1978 年到 2005 年,中国国内生产总值从 1473 亿美元增长到 22257 亿美元,每年平均增幅达到 9.5%。而图书馆的经费尽管从总体上还有很大差距，增加也是明显的，从1991—2004年，公共图书馆经费增长了128%。有的省级图书馆达到年购书费1000万元，有的区、市级图书馆年购书经费达到了100万元，市级以上公共的图书馆普遍地实现了计算机网络服务，数字图书馆的建设方兴未艾。可以看到，社会经济的发展为公共图书馆发展外延式服务提供了物质保障。

与此同时，文献资源分布的不平衡导致的信息占有差距也在扩大。2001年2月21日《中国文化报》曾刊载《公共图书馆发展步履艰难》一文，指出：不考虑分馆、服务点的因素，目前全国共有2721个公共图书馆，平均每3529平方公里的面积内才有一个图书馆（英国是50.9平方公里），我国平均每45.9万人口才拥有一个公共图书馆（英国是1.23万人），平均每1193人才拥有1平方米阅览面积，每个阅览坐席服务人口3045人。全国公共图书馆藏书3.4亿册，人均拥有0.27册。全国公共图书馆持证读者数582万，占全国总人口的0.47%（英国是58%）。这些数字在提醒着人们这样一个事实：与发达国家相比，我国公共图书馆事业的发展非常不平衡。在构建社会主义和谐社会的社会理想的推动下，社会各方同享改革成果的政治理念，赋予老百姓同享文化信息保障的诉求，这些社会需求体现在文化信息需求上，就要求图书馆在办馆理念和行动上向外延式的服务发展。

1.2 行业的倡导，是推动外延式服务的旗帜

从2003年“第四届全民读书月”由中图学会组织开始，在中图学会“倡导全民读书 建设阅读社会”的倡议下，全国图书馆开展了声势浩大的全民读书月活动。从此，在每年全民读书月活动中，由中图学会倡导，全国各级公共图书馆结合自身业务，开展了多种形式的读书活动，采取了多种便民措施，公共图书馆的活动吸引了老人、儿童、残疾人、下岗工人、民工走进图书馆，利用图书馆。四年来，全民读书月活动已成为每年图书馆深入社会、深入基层、深入群众的最有声势、最具影响力的服务工作，有的图书馆还在活动中形成了有影响力的文化品牌，例如河北省图书馆的“燕赵少年读书”系列活动、深圳图书馆的“深圳读书月系列活动”、张家口市图书馆的“张垣读书月”活动等。

在公共图书馆，外延式服务是以一种打破读者与非读者间界限的群众读书活动开始，以全国同行业间在约定的时间内统一行动为标志，以各类媒体为传播途径，在全社会引领文明的文化风尚。这种行业学会倡导作用具有鲜明的方向性。

以张家口市图书馆为例，在2006年的读书月活动中，就有3600多人参加了图书馆举办的网上阅读、计算机讲座、主题演讲、家庭百科知识电视台竞赛等活动，通过各部门联合下发的文件效应，市电视、报纸连续一个月的宣传报道，受到鼓舞的市民纷纷走进图书馆，约有4万余市民间接参与了这项读书活动。市公共图书馆的影响和服务辐射效应得到了最大的体现，充分展示出其社会性的优势，图书馆的文献信息纽带作用、文化普及带动作用得到发挥，馆内的各项服务工作、保障工作有了新的提高，业务视野越过图书馆围墙，向社会延伸。

1.3 国家、省级公共图书馆的带动是外延式服务的主体

外延式服务还表现在，国家、省级公共图书馆的带动是外延式服务的主体。外延式服务的进一步发展是以大型公共图书馆承担国家重点文化工程项目为推手，结合大中型公共图书馆的资源优势、技术优势、人才力量同时作用，起到全国性、区域性的辐射、引导和示范的效果。以国家图书馆为例，从2003—2005年，国图承办了由文化部、财政部共同实施的"送书下乡工程"，3年中向300个国家扶贫开发工作重点县图书馆和3000个乡镇图书馆赠送农村适用图书500万册。2006年11月，河北省图书馆在张家口革命历史教育基地晋察冀军区司令部——现在的张家口市第六中学，建立了红色旅游文献服务网点，送来经过精心挑选的图书500余册，供广大师生利用，并且定期为服务点交换图书。

2007年2月2日《张家口日报》刊登了一篇"'农民书屋'书味浓"报道，介绍了张家口市图书馆在桥西区东窑子镇南天门村建立的农村书屋。这是张家口市图书馆20多个馆外服务网点的一个缩影，近年来该馆在社区、农郊、盲人医院、农民工工地、部队、劳教所等地建立馆外流通网点，通过馆外的流动服务，覆盖更多的市民，服务弱势群体。

再让我们看看国家图书馆的行动：2007年元旦前后，国图精选了2万余册农村科普、农产品保鲜加工、蔬菜种植以及文化休闲保健类的刊物，在北京通州区草厂村和大兴区长子营乡河津营村建立了中文期刊阅览室，将文化产品送到了农民的家门口。这一举措不仅仅使京郊的农民也享受到了国家图书馆的优质服务，还有更深刻的意义：从国家图书馆到省、市图书馆都在向外延伸图书馆的服务，都要把图书馆的服务融入社会化的大视野中。

如果我们把国家图书馆2007年的这一举措与几年前因为春节闭馆而在中央电视台被曝光的事件联系起来，就会发现这里面有一个质的转变：公共图书馆外延式服务是社会发展对图书馆提出的要求，是时代赋予图书馆的使命。

2 外延式服务是公共图书馆自身发展的需要

2.1 数字信息技术的发展要求公共图书馆重新定位其服务

信息技术不但深入到社会生活的各个领域,也深入到图书馆工作的各个方面。图书馆的资源观、服务观、管理观都在发生着转变。外延式服务就是服务观的一个转变。2003 年,上海图书馆率先在本地建立了以"一卡通"为技术特征的公共图书馆资源共建共享网络,将 13 家县区图书馆、5 家高校图书馆、2 家专业图书馆囊括其中,实现跨区域、跨行业、跨系统的服务体制,服务了更多的市民。与此同时,学者们讨论着网络搜索引擎正在悄悄取代图书馆在知识交流链中的角色,电子资源正在成为研究资料的主要来源,图书馆已经远离知识链的中心,被边缘化了。在专业领域和信息技术领域"数字图书馆是否将取代传统图书馆"的讨论不绝于耳,见仁见智,各执一词,在这样一个条件下,公共图书馆需要重新定位其服务。一种面向大众的、以延伸服务为特征的外延服务方式,就成为图书馆的选择。

2.2 公共图书馆数字信息技术的发展使外延式服务内容得到深化

公共图书馆数字信息技术的发展,使外延式服务内容得到丰富、深化。近几年大中型公共图书馆的计算机网络化技术得到了充分的发展。由财政部、文化部组织实施的"全国文化信息资源共享工程"是"十一五"期间的重点文化工程,其建设的目的是缩小城乡差别,消除数字鸿沟,利用数字资源,通过网络最大限度地为社会公众享用。各级公共图书馆纷纷建立起文化共享工程中心,文化共享工程建设使外延式服务的内容得到最大的丰富。

2005 年 8 月,张家口市图书馆在建成文化信息共享中心后,每年无偿为 2000 余名读者提供计算机培训和网络服务。2005 年,河北省图书馆的文化信息共享中心已建成了辐射市、县、乡镇、社区、院校、科研、军营、企业等不同层面和类型的基层网点 171 个。其中县级中心 60 个,乡镇、社区 76 个,两者占去总量的 79.5%。2006 年,河北省图书馆为张家口各个县区的 22 个乡镇送来了 22 套文化信息共享工程的服务器、卫星接受系统、投影仪等服务设备,并派人免费安装、运行,使偏远山区的百姓享受到了文明的网络文化的服务。

我们可以得出这样一个结论:图书馆外延式服务的延伸点在向贴近市民、

贴近基层的领域伸展，服务的区域已不再局限于图书馆方圆几公里和几十公里的范畴之内，服务受众也不限于持证读者，延伸的形式以电子文献资源建设、普通文献馆外循环利用为主，采用的是公益式服务方式。

近年来，以上海图书馆为代表的一大批公共图书馆讲座活动的推出，更将图书馆的服务延伸到了百姓的家中，现代信息技术在传播中起到关键作用。从2004年2月到2005年12月，上海图书馆向6个省的图书馆免费提供145场讲座，与18个城市签订了《讲座资源共建共享协议》，协议方互相免费提供讲座视频光盘和讲座资源，2005年4月这样的服务共享扩大到全国25个省市。“上图讲座”进行了注册，具有了商标权。“上图讲座”荣获全国文化科技创新奖。

从“送书下乡工程”、“全国文化信息资源共享工程”，再到“上图讲座”，我国公共图书馆的服务工作从来没有像今天这样具有影响力，具有全国性的辐射力，外延式服务成为公共图书馆发展的战略。公共图书馆要在将来的社会文化信息竞争中取得更大的影响，争取更坚实的社会地位，只有通过自身的服务让全体社会成员共享文献保障的权利。这才是公共图书馆发展的需要，也是外延式服务在公共图书馆普遍开展的原因。

3　外延式服务对公共图书馆管理提出了更高的要求

外延式服务要保持持续健康的发展，必须建立科学的管理与服务的理念。图书馆的基本服务工作，经过多年的建设已经具备了一定的模式，管理也比较成熟。外延式的服务，是从图书馆的基本服务中延伸的新的服务理念和服务方式，必须有管理、技术、资金、人力上的投入与支持，才能不断创新和拓展，有序而理性地发展下去。

3.1　公益性的服务原则

公共图书馆的经费来自中央或地方政府的财政拨款，是纳税人的资金，取之于民，理应用之于民。但各馆的情况不尽相同，我们上述的各例外延式服务主要是在国家、省级公共图书馆及条件比较好的市级图书馆开展的，对于不具备条件的图书馆，也没有必要学习借鉴，做好基础服务工作是更现实的选择，

开展外延服务的图书馆一定要把公益性、坚持基本免费服务的原则作为开展服务的前提，不要受到社会不良风气的熏染，要保持健康才能有序地发展。

据新华网2007年4月8日报道,天津图书馆在天津全市范围内开展社区、行业分馆,到2006年共建成了58个分馆;他们还配置图书流动车,建成流动汽车服务点34个,每天要为4个点上门服务,全年外借图书6万余。该馆建设的"一码通"网络图书馆可使注册读者阅览国内7200多种学术期刊,1000多种报纸,6000余种电子图书,300多家高校的优秀学术论文等数字文献资源,这是纯公益性的服务,读者不用付任何费用,这要求提供服务的一方要在资金上予以保证,否则巧妇难为无米之炊。

3.2 确保人员和技术投入

外延式服务不同于基础服务工作,特别是在人员和技术上的投入要到位。需要图书馆安排懂技术的专业人员深入到馆外开展服务,进行计算机安装、网络化培训,还要深入到艰苦、偏远的地区。各地的情况千差万别,图书馆的策划、组织、实施都需要到位。上海图书馆的讲座、天津图书馆的"一码通"网络服务都证明了这一点。此外图书馆的机构组织、相关岗位设置和职责分工都要机动灵活,为外延式服务作必要准备。

3.3 为外延式服务注入特定的文化内涵,形成持续、长效的机制

外延式服务要求图书馆要选择一定的突破口,注入图书馆特定的文化内涵,例如,上图讲座内容丰富,涉及面广泛,又具有名人效应,这就决定了其辐射、带动作用会非常大;河北省图书馆文化信息共享工作的推广服务,具备资源设备优势,又有卫星信息资源的支持,其网络文化效应很突出。张家口市图书馆与20个服务网点的联系靠温馨、细致的人性化关怀,在为博爱医院残疾人服务中将盲文图书、磁带也送到他们的手中,图书馆还为他们提供展示才能、娱乐的场地,组织他们来馆活动,使残障人体会到图书馆的关怀。人与人之间的关心是人性深处最渴望的需求,也是文明服务的文化内涵。

我们着眼于外延式服务的分析,更想预测一下它的未来。

外延式服务是在我国文献资源配置不尽合理的现实条件下,公共图书馆为实现社会信息公平的理想而进行的各种服务努力。我们可以从时间的纵向坐标上看到这一点:据文化部周和平副部长在"百县千乡宣传文化工程"座谈会上的讲话称,2004年全国有720个县级图书馆没有购书经费,占全国县级图书馆的32.5%。

外延式服务的未来可能正在形成我国分层文献服务保障体系的雏形建

立——当然,这需要时间。从目前我国图书馆发展的现状看,它将在一定时间存在和发展下去。

外延式服务因其关注民生、服务社会理想,一定会受到各级公共图书馆的重视和落实,但是因其与图书馆基本服务需要协调,也存在一个长效发展的问题。只有外延式服务越来越丰富,方式越来越灵活,形式越来越多彩,才会给图书馆未来的共建共享理想、为未来我国建立覆盖全民的文献保障体系提供蓝本和基础。这是我们分析外延式服务的意义所在。

参考文献

[1]孙家正. 和谐是当今中国文化的主导取向. 中国文化报,2007-03-17

[2]陈维军,李亚坤. 泛在知识环境下的图书馆. 图书馆杂志,2006(9)

[3]周明华,谢春枝. 和谐社会中的信息公平与图书馆服务. 图书馆理论与实践,2006(2)

[4]王世伟. 对公共图书馆讲座工作的再认识. 图书馆杂志,2006(6)

[5]黄俊贵. 公共图书馆的服务原则及其实践. 中国图书馆学报,2006(6)

温州县级公共图书馆发展现状与探索

张启林(温州市图书馆)

《"十一五"规划纲要》明确提出公共文化事业的重要任务是构建覆盖全社会的比较完备的公共文化服务体系。图书馆事业在目前中国的体制中属于公共文化事业,其基本任务就是要构建一个覆盖全社会的比较完备的图书馆服务系统。在要构建的覆盖全社会的比较完备的图书馆服务系统中,县级图书馆占有重要的地位,它在信息资源保障体系和图书馆服务系统当中处于承前启后的枢纽性地位。

1 温州地区县级公共图书馆发展现状及存在问题

1.1 办馆条件差,难以适应形势发展需要

图书馆设施是图书馆开展各项读者服务工作的基本条件,根据2003年县级图书馆评估标准,馆舍1000平方米为达标。在温州地区共有11个县(市、区),10个县级公共图书馆,其中鹿城区没有图书馆(2005年10月在温州市图书馆原旧馆舍基础上开设鹿城分馆);龙湾区有馆无舍(租赁300平方米场地办馆);苍南县图书馆馆舍属一级危房,只在一楼不到100平方米的平房内坚守图书馆阵地服务;文成县图书馆馆舍拆迁,长期无法正常对读者开放,后在外租赁场地开展服务;瓯海区图书馆仅有400平方米馆舍。经济相对较好的县(市)有乐清市(2100平方米)、瑞安市(1515平方米)、永嘉县(3157平方米)。温州地区仅永嘉县图书馆达到上限标准,狭窄简陋的办馆条件与温州经济的发展极不相称。在2006年之前,龙湾区、洞头县、文成县、泰顺县、平阳县5个馆在基础业务工作上仍实行手工操作,馆内自动化建设一片空白。

1.2 经费投入不足,严重影响图书馆业务工作的开展

经费是图书馆开展工作的保障,是图书馆事业生存与发展的基础。根据

2003 年颁布的《浙江省公共图书馆管理办法》(以下简称《办法》)第十一条之规定:各级人民政府应当将公共图书馆所需经费列入财政预算,并随着财政收入的增长和公共图书馆事业发展的需要予以增加。而实际情况是温州经济、财政收入每年以超过 13% 的增长率递增,图书馆的购书经费有的馆多年不变,有的馆不增反降,特别是龙湾区图书馆经费实行差额拨款,这在全国应属首家。泰顺、文成、洞头等几个经济欠发达县,购书经费多年维持在 2 万—4 万元,而且其他经费也十分拮据,每年除订阅必需的报纸、期刊外,用于购买图书的经费少之又少,年新增图书仅几百册,有的甚至是零增长。2004 年全国县级公共图书馆年采购新书平均数为 2000 册,2005 年温州地区县级馆中低于此平均水平的就有 5 所。文献信息资源的保障供给能力不足,严重制约着图书馆业务工作的开展。

1.3 专业人才匮乏,服务水平较低

如果说图书馆的发展馆舍是基础,经费是保障,那么人才是图书馆发展的关键。从温州县级馆现有从业人员的结构看(见下表):

馆名	职工人数	职工学历				职工职称			专业构成		
		本科	大专	中专	高中及以下	高级	中级	助馆及以下	图书馆学专业	计算机专业	其他
瑞安市图书馆	22	4	3	1	4	1	9	12	8	1	13
永嘉县图书馆	31	3	2	2	4		0	21	12		9
平阳县图书馆	18	2	8	1	7		7	11	14	1	3
洞头县图书馆	12	2	8	2			5	7	4	2	6
乐清市图书馆	28	6	0	2	10	2	2	14	1	4	3
总计	111	17	21	8	25	3	23	65	39	8	34

(注:以上数据是笔者 2005 年以问卷调查表的形式反馈的部分县馆人员情况)

(1)知识结构。5 所图书馆,职工大专以上学历占总人数的 70%,中专及以下占 30%。但从笔者了解的情况获悉,90% 以上的职工均是后来通过函授或大专证书班获得相关学历,底子薄,基础差,知识结构单一,在 5 所县馆中,基本上没有全日制大学本科毕业生,特别是图书馆学和计算机专业人员缺乏,严重影

响了图书馆业务的开展。

(2)职称。5所图书馆职工共有高级职称3人(其中1人是非图书馆资料系列职称),占职工总人数的2.7%,中级职称占38.7%,助馆及以下占58.6%。根据温州市文化广电新闻出版局2002年图书资料系列以考代评文件规定:本科学历在图书馆工作四年,专科学历在图书馆工作六年即可参加中级职称考试。大部分取得专业技术职称资格人员的专业技术水平还有待进一步提高。

1.4 持证率低,读者流失严重

随着网络信息技术的日益普及、书店经营模式的转变以及人们生活娱乐方式的多样化,图书馆的读者服务工作面临日益严峻的挑战。馆舍简陋、设施陈旧、信息不足、服务不到位、持证率低、到馆读者少,使图书馆的读者服务工作处于一个尴尬的局面,这也是导致图书馆不被领导所重视、政府不愿投资的一个重要因素。图书馆的发展陷于恶性循环的两难境地。2004年,全国县级公共图书馆平均每个馆的持证读者数为2000个,总流通量平均每个馆为4.4万人次,温州地区县级公共图书馆中有50%未达到全国平均水平,读者所持证中还有许多为图书馆赠送读者的,有的从发证之日起就从未到过图书馆(具体情况见下表)。

表1 2003—2005年温州地区部分县级公共图书馆读者统计

年份 图书馆	2003年		2004年		2005年	
	持证读者	总流通人次(万·人次)	持证读者	总流通人次(万·人次)	持证读者	总流通人次(万·人次)
瓯海区图书馆	518	2.6	895	13.73	900	18.7
龙湾区图书馆	1250	1.7	1319	1.4	1360	1.4
苍南县图书馆	1817	3.721	610	3.5	405	3.25
泰顺县图书馆	560	2	783	3.2	858	4.3
文成县图书馆	1037	3.6	913	2.289	1232	2.74

(注:以上数据见2004、2005、2006《温州年鉴》)

1.5 馆员的主观能动性不够,缺乏开拓创新精神

馆舍陈旧、设施简陋、经费不足、人员素质低是图书馆面临的现实问题,是

制约基层图书馆发展的客观因素。那么影响基层图书馆发展的主观因素,则是图书馆人意识形态的问题,即馆长和馆员的主观能动性问题。

(1)领导不作为,缺乏创业精神。“大海航行靠舵手”,馆长就是图书馆的舵手。在一些县级图书馆,馆长无为现象比较严重。有的馆长遇到问题绕开走,平时工作满腹怨言,又缺乏创业精神,只会“等靠混”,这样的舵手如何带好队伍?图书馆的工作又怎么好得了?工作没有目标,事业没有要求,对内逃避,对外应付,不求有功但求无过,加之上级主管部门对图书馆又缺乏必要的考核机制,对这种现象“不闻不问”。同时,由于馆长的不作为反过来又影响了主管部门领导对图书馆的认识与看法,导致领导更加不重视图书馆事业,形成恶性循环。

(2)馆员安于现状,不思进取。图书馆是全额拨款事业单位,长期以来由政府出资“养人”、“养馆”,馆员缺乏竞争意识和危机感,工作得过且过,安于现状,缺乏创新能力和开拓精神。有的馆员上班签到后就无所事事,三五成群地扎堆聊天,或者干脆出去办自己的事情。馆长上班不见踪迹,馆员上班自由散漫,特别是有的县级图书馆经费不足,读者少,制度松散,使得他们对图书馆工作的好坏漠不关心甚至麻木不仁,更无从谈及敬业精神和职业道德。

2 今后县级公共图书馆的建设与思考

2.1 政府应依法加大对图书馆的财政投入

根据《办法》第十一条规定:各级人民政府应当将公共图书馆所需经费包括人员经费、业务经费、文献资料购置费和设施、设备添置修缮费列入财政预算,并随着财政收入的增长和公共图书馆事业发展的需要予以增加。政府投资是图书馆发展的基本保障,也是其职责所在。图书馆可以通过人大代表、政协委员以及社会知名人士进行呼吁并监督政府部门更好地履行自己的职责,同时积极行动起来主动地向相关职能部门争取更多的资金投入。

2.2 以地市级图书馆为依托,加强区域性合作

相对于县级图书馆而言,地市级图书馆无论在技术、人才、资源、管理还是经费方面都具有优势。就目前温州地区县级图书馆的馆藏文献情况而言,50%的图书馆藏书仅5万册左右,真正能够利用的图书少之又少,而且绝大部分是

70、80年代出版的图书，品种少而不全，无法为读者提供基本的信息保障。2006年，温州市图书馆率先与龙湾区、泰顺县、文成县、平阳县、洞头县等五个县级图书馆签订了“五馆自动化共建共享”协议，在上述五馆实行“一卡通”，图书通借通还，温州市图书馆购买的数据资源如中国学术期刊（CNKI）、万方、维普中文期刊、龙源期刊、阿帕比电子图书、超星电子图书等数据库向各馆免费开放，同时实行统一的读者、书目数据库管理，由温州市图书馆向各馆提供技术支持和服务。加强图书馆间的联系与合作，特别是组建区域性图书馆联盟，是当前及今后一段时期县级公共图书馆发展的必由之路。馆与馆之间的相互协调与合作，既充实和丰富了各馆的馆藏资源，提高了文献利用率，提升了业务技能与服务水平，同时也增强了各馆的服务能力，重塑了图书馆形象，可谓一举多得。

2.3 广开渠道，多方融资，努力改善办馆条件

政府投资是图书馆发展的主流，但在政府财政有限的情况下，馆长应广开渠道，多方融资，努力改善办馆条件。根据《“十一五”规划纲要》的要求，浙江省提出到2010年，全省农村基本形成适应社会主义市场经济体制、符合文化大省建设要求的农村文化建设新格局，文化阵地覆盖面、文化资源利用率、文化服务能力等主要发展指标全国领先，政府将进一步加大对基层文化建设的财政投入。面对基层文化建设的大好形势，作为馆长应敏锐把握时代脉搏，抓住机遇，趁势而上。如泰顺县图书馆在2002—2006年期间，先后从省文化厅、省发改委等单位争取到各项文化建设资金85万元，购买电脑45台，创办了电子阅览室；对原有馆舍进行装修、改建，增设了少儿阅览室。这些使图书馆旧貌换新颜，图书馆事业焕发出新的生机。永嘉县图书馆以从省文化厅争取到的45万元和社会筹集的16万元资金建立了永嘉县少儿图书馆。各馆通过多渠道争取到的资金在一定程度上弥补了图书馆经费之不足，改善了办馆条件。

2.4 “以读者为本”，转变服务观念

县级图书馆要改变目前的被动局面，观念的转变极为重要，要一改过去的“守”势，主动出击，牢固树立以“以读者为本”的服务理念。在服务的过程中要围绕读者的阅读需求、信息需求、文化需求及知识需求，有针对性地开展各项教育和读书活动，不断提高读者的读书求知积极性，弘扬主旋律。同时，要加大宣传力度，让社会认识图书馆，提高图书馆的认知度，促进事业的发展。要不断创新服务方式和途径，多与社会各界交流、沟通，使图书馆真正成为社会各行各业

关注、需要的场所。进一步挖掘潜力，采取有效措施改善读者服务工作。扩大图书馆开放程度，改善借阅环境和条件，为广大读者读书求知提供方便。坚持送书下乡、下基层，在农村乡镇和城市社区因地制宜地开设书刊流动服务点，如永嘉县图书馆坚持了十几的图书流动车、洞头县图书馆开展的“渔船图书室”服务工作，受到了广大农村读者的好评。另外，有条件的县级图书馆要充分利用现代信息技术，开发具有地方文化特色的文献信息资源库，服务地方文化、经济建设和社会发展需要，努力提高图书馆的服务水平和办馆效益，千方百计地做好读者服务工作。

2.5　强化目标考核，引入竞争机制

政府作为图书馆的直接投资者，有责任和义务加大对图书馆的监督与管理力度，改善目前县级图书馆的“半停业”状态以及工作人员的“懒散”局面。当前，文化事业单位的用人制度正处于改革的转型时期，作为图书馆的主管单位——各级文化主管局，应加大图书馆的监督与管理力度。首先在馆长任命问题上建立和健全科学的干部选拔任用制度，把思想好、能力强的人选拔到领导岗位上来，对素质差、不称职的领导者，要及时撤换，改变过去实际存在的干部能上不能下的现象。明确馆长职责，加大目标考核力度，定期检查和督促馆长工作，使其更好地履行馆长职责。其次是在图书馆内部实行人事、分配和社会保障制度的改革，推行聘任制和岗位责任制，员工竞聘上岗，双向选择，对不合格或不能胜任岗位工作的员工按照国家有关规定转岗或辞退，同时采取各种有效的激励手段，调动员工的工作积极性，使图书馆事业实现健康、有序的发展。

2.6　加强职工队伍建设，努力提高馆员素质

人才是事业发展的关键，图书馆要发展必须拥有一支高素质的职工队伍。《办法》第二十八条第二款规定：县（市、区）公共图书馆的专业人员和管理人员应当具备大专以上文化程度和相应的专业知识。依据此款规定，图书馆须从源头严把进人质量关，努力招聘和引进高素质的专业技术人才，此条款也是拒绝领导将“低素质关系户”送入图书馆的挡箭牌；图书馆须加大对现有工作人员的培训力度，不断改善和提高职工队伍的思想、道德、文化素质，通过走出去引进来的方式，尽可能为职工提供、创造学习的机会和环境，积极鼓励年轻职工参加学历教育和职称考评；有条件的图书馆要尽可能地选派有较强事业心和责任感、业务基础较好的人员到省、市图书馆进行“深造”和学习，接受新知识、新理

念，掌握新技术，开阔视野，为今后图书馆的发展培育人才。

“有为方有位”，图书馆事业特别是基层图书馆事业现在面临着比较好的发展环境，这个环境是解放以后包括改革开放以来从来没有过的。作为图书馆的从业人员，我们应该抓住当前发展的有利时期，从我做起，从自身做起，依靠政府的支持，依靠图书馆界的协作和团结，乘势而上，使中国的公共图书馆特别是基层公共图书馆事业的面貌发生一个比较大的变化，在社会主义新农村和和谐社会的建设过程中发挥应有的作用。

参考文献

[1]李国新.社会主义新农村建设中的图书馆.当代图书馆,2006(3)
[2]董利宣.基层图书馆馆长有效领导力剖析与构建.图书馆论坛,2006(1)
[3]吕祖善.进一步加强农村文化建设.浙江日报,2007-02-27

公共图书馆在推动“全民阅读”中的服务措施与途径

刘秀敏(武汉市东西湖区图书馆)

英国教育部长布朗奇说过:“每当我们翻开书页,等于开启了一扇通往世界的窗,阅读是各种学习的基石。在我们所做的事情中,最能解放我们心灵的,莫过于学习阅读。”阅读行为是伴随着文字和文献的创造发明而产生的。阅读社会的形成不仅是终身教育的实践,而且是社会、经济发展、科技发展的基本要求,也是社会成员中个人素质提高的必然要求。今年“世界读书日”即将到来的时候,中宣部、中央文明办等十七部委倡导全国各地各部门各团体积极开展以“同享知识,共建和谐”为主题的全民阅读活动。

1 网络时代与全民阅读

1.1 网络时代与阅读危机

阅读是学习的最主要的形式,是学习的基础和灵魂,是对人们思维方式和对世界把握方式的训练。随着信息技术的发展,阅读可以分为网上阅读与传统书本阅读。网上阅读有利之处在于培养了市民学习的主动情感、创造性思维和交流合作的学习品质。近年来我国国民网上阅读率正在迅速增长,该数字从1999年的3.7%增加到2003年的18.3%,再到2005年的27.8%,7年间增长了7.5倍;6年来我国有网上阅读习惯的人数比例年均增幅达40%。网络的出现对人的媒介素养要求其实更高,因为具有海量信息的网络,其智能化程度还比较低,它会逐渐使人们滋生一种获取信息或者知识浅尝辄止的心态,大家会渐渐习惯只停留在某种信息之外,看到表象、肤浅的一面,而不讲究缜密的逻辑连贯性、深度以及来源。

网络也被专家称为“浅阅读”,即难以进行深入学习思考的阅读,而传统的阅读功能是一种深层次的学习和思考,是通过读书接受知识的过程和思想的形成过程,它是“浅阅读”无法替代的。与网上阅读相比,传统的读书率逐年在下降,根据2006年4月21日全国国民阅读调查结果显示,2005年我国国民图书阅读率连续第6年下降，并首次跌破50%。根据美国一项调查，在10年时间里，成年人在休闲时间内的阅读率下降了10%。英国、日本等国家也出现了阅读率走低、阅读能力下降的情况，只是没有我们这么严重。

“阅读危机”是一个全球性的问题。数字化、网络化为我们工作和学习提供了极大的方便，但它不能替代阅读，更不能成为我国传统书本阅读习惯下降的理由。从世界发达国家市民阅读习惯来看，网络和电视媒体并不能取代书本的阅读。以电子书和多媒体化非常发达的美国为例，美国公共图书馆的持卡人数高达1.48亿，即每两个美国人就有一人持有读者证；据统计，美国国民去公共图书馆的人次数是观看足球、篮球、棒球、曲棍球合计总人次数的5倍多。可见，网络的发展及新媒体的丰富只是造成没时间阅读的部分原因，并非主要原因，保持阅读习惯还要从国民的生活和工作习惯上寻找原因。

1.2 全民阅读特征分析与意义

倡导全民阅读的显著特征之一是阅读主体的全民性，它要求社会的全体成员都自觉地成为阅读的主体。第二，阅读时间的终身性。阅读是一种学习行为，应要求具有持续性和持久性。人们只有终身不断地学习，才能适应社会、适应工作、适应生活。把阅读作为终身学习的习惯和生活方式。第三，阅读内容的自主性。在阅读过程中，人们阅读的自觉性与内容的自主性会得到完美的统一。人们的阅读更多地表现为主导性阅读，自我阅读、主动阅读和个性阅读，人们可以自主地选择自己日常生活、工作、兴趣和自我发展所需的阅读内容。第四，阅读方式的多样性。人们可以自主选择各种各样的阅读方式。

中国是一个文化传统十分兴盛的国度，通过阅读开启智慧，通过阅读传承文明，是我们民族的一个良好的历史文化传统。阅读对把我们的文化传承下来具有重要的意义，是我们改善和调整心灵方式的一个重要的途径。我们生活在一个发展变化非常快的社会之中，身处知识经济时代，面对全球化的浪潮，每个社会成员都将成为知识工作者。阅读是改善我们心灵的环境，是营造良好氛围的一种方式。没有阅读，就没有个人心灵的成长和个人精神的发育。人们获得知识、信息的基本途径就是阅读。阅读并不仅仅是读几本好书，关键是我们要从中寻求一种良好的生活方式，一个良好的社会风尚。

全民阅读水平是衡量一个国家社会文明程度的重要标志。我们要走中国特色自主创新道路，建设创新型的国家，必须加强知识创新，这些都和读书有着不可分割的关系。我国的阅读水准和其他国家相比还有差距，因此，推进国民阅读的任务具有相当的紧迫性和重要性。倡导全民阅读是时代发展潮流。开展读书活动,对于形成爱国的氛围、提高人民的素质、促进中华民族的伟大复兴都具有非常重要的意义。

2 图书馆在推动“全民阅读”中的角色

公众阅读率的高低,在很大程度上反映了图书馆事业的成功与否。公众阅读率持续走向低谷,当然不应该由图书馆承担全部责任,但也值得我们反思。在我们加速图书馆数字化、信息化建设的进程中,是否忽视了对公众阅读习惯的培养。

多年来,图书馆一直在积极倡导和开展各种形式的读书活动,为推动阅读而不懈努力,在社会上也产生了比较好的影响。但是,由于已开展的读书活动都有各自的局限性,缺乏连续性和系统性,至今没能在全民中开展起来。以笔者所在馆为例,十七年来一直坚持开展各式各样的少儿读书活动。活动中,图书馆既是组织者,又是承办者,又是宣传员。笔者最初接触读书活动工作时的想法,就是完成上级领导布置的任务,交差了事。通过几年工作实践,笔者深有体会:图书馆有丰富的馆藏信息、知识资源、先进的信息传播技术、良好的阅读环境、浓厚的阅读氛围,引导更多的民众走进图书馆、利用图书馆是图书馆人的一种责任;开发民智、引领学习,是图书馆的社会教育职能所要承担的使命。今天我们呼吁要加强这样的使命感,让图书馆成为全民阅读的领导者和推行者。

新的读书运动尽管指向的是全民阅读,但主体是一个城市,它实际上是一个城市的活动。图书馆作为图书的收藏与流通机构,是一个地区或一个社区、一个学校的信息中心,能够有力地提供阅读的保障,普及和提高国民的阅读水平是其应有职责。公共图书馆应与政府机构、出版机构、学校加强联系,实现优势互补,在本市范围内组织开展“全民阅读”活动中,全面规划,统一部署,组织落实,最终形成一个城市的新的文化传统。

3 图书馆在推动“全民阅读”中的服务措施

推动“全民阅读”是一项长期的任务,不可能一蹴而就。图书馆开展全民阅读活动已经拥有较好的基础。20多年的经验告诉我们，图书馆要争取政府的大力支持，要把全民阅读活动同推动文明城市、文明单位、文明社区、文明村镇、文明家庭创建活动有机结合起来，把引导阅读同基层文化建设有机结合起来，把群众、社会团体的捐赠助读活动与政府的公共文化服务体系建设结合起来。具体可采取以下措施：

(1) 加大宣传力度，树立民众主体地位。在活动初期，集中全市的文化力量，用不同的方式进行大力宣传全民阅读，打造精彩的读书启动仪式，扩大读书活动在市民中的知名度和参与度。倡导“一城一书”，激发市民参与读书的积极性。民众是阅读的主体，只有树立阅读在民众中的主体地位，我们的全民阅读才能开花结果。

(2) 整合资源优势，充分发挥阵地作用。图书馆要加强文献资源建设，进行信息资源整合，形成一个效能更好、效率更高的新的信息资源体系，为快节奏的现代化阅读方式提供保障。经常性地开展培养和扶植各种类型的读书活动，使社会上更多人成为图书馆的积极读者，利用馆藏资源的优势，使越来越多的人能够充分利用图书馆的优势资源，读书就业，读书成才，读书致富，使图书馆真正成为提高全民科学文化素质的教育基地，充分发挥图书馆在全民阅读中的主阵地作用。

(3) 利用名人效应，扩大读书活动影响。在阅读内容上图书馆应进行认真的筛选。针对不同层面，不同群体、年龄的用户，确定不同的读书内容。可邀请书的作者或读书成功人士到图书馆举办见面会和参与读书讨论活动。举办各种实用知识讲座，如实用法律、身心健康、市场营销、广告设计、财务金融、股市操作、电脑文秘、收藏投资等，提高社会读者的生活能力、职业知识与职业技能。增强读者的自我阅读能力，养成阅读的生活习惯，提高阅读的浓厚兴趣，使“阅读”能够成为民众生活中的“悦读”。

(4) 开展竞赛活动，提高全民阅读质量。将阅读活动向广度和深度拓展，引导读者向更高层次的阅读境界发展。开展形式多样的“读书”比赛活动，如读者沙龙、读书征文、学习方法大讨论、书评演讲、朗读、英语朗诵、讲故事等，采取激励竞争的方式，将先进的文化、有用的知识提供给老百姓，尤其是儿童。将读书作为一种对个人幸福的追求和享受，欢迎社会各类读者参加，以培养读者的阅读兴趣、阅读意识和阅读能力。

(5) 提倡共同阅读，推进和谐家园建设。图书馆应主动深入基层，加强与社区、乡镇图书室的合作，继续推进“万册图书室”、“社区图书室”、“流动图书车”等援建活动。建立服务网点的图书交换制度，加强对基层图书室的扶持，由阵地服务到上门服务，由半开放式服务到全开放式服务。把全民阅读活动的触角延伸到广大社区和农村，通过提倡共同阅读，让社区居民有共同讨论的话题，借着读书讨论的开展，聚在同一个地点讨论书的内容，分享每个人的思想，促进相互之间的认识，从而使社区关系更和谐融洽。

4 图书馆在推动“全民阅读”中的服务途径

“全民阅读”服务给图书馆的文献资源建设和读者服务工作带来了前所未有的压力，各个图书馆也从自身条件出发对业务工作进行了相应的调整，但这些被动的调整在某种程度上只是一种暂时的应急措施，公共图书馆要保证可持续发展地推动“全民阅读”工作进程，还是要在质量和数量上实现服务能力的同步扩张。

4.1 巩固阵地工作，强化导读服务意识

强化图书馆员为读者导读服务意识，是当前工作中的要点。随着社会的发展，人们的思想也在发生着变化，我们的服务意识也要跟着变化。图书馆面向广大读者群，他们年龄差异比较大，年龄不同，需求不同，他们的阅读兴趣也不相同。这就需要我们的工作人员以图书馆为主体，要根据读者不同的年龄，不同的需求编制推荐书目。不同的读者由于观念和见解不同，对图书及图书版本的选择也不尽相同，图书馆员在工作中，要善于掌握读者的心理特点和读书习惯，根据不同读者的需求，运用不同的工作方式和方法，有意识地帮助他们学会选择最有价值、最适合他们需要的图书。另外，还可开辟“读者园地”和“新书简介”，编制针对性较强的适合不同年龄段的推荐书目、专题书目和必读书目，并通过提供书源和一定形式的书目导读促读优秀书籍，帮助他们解决在学习过程中遇到的问题，使他们能在阅读中尝到读书的乐趣。

4.2 挖掘人力资源，深化阅读服务渠道

阅读活动是激发读者持续兴趣的关键。在阅读社会的今天，公共图书馆能否办出成效，能否发挥图书馆的教育功能，能否在构建和谐社会的关键时刻，对人才的培养提供适当对路的服务，这就要求图书馆员必须以敏锐的眼光去寻找

图书馆服务的切入点,在为读者服务的过程中,充分发挥图书馆的人力资源,不仅要在广泛性上下工夫,还要在专题性上做文章,使图书馆的服务范围不断扩大,服务渠道不断延伸。

例如:组织开办阅读中心,提高工作人员组织开展阅读活动的能力和技巧。第一,能够推荐读物,具体指导阅读;第二,能够帮读者建立图书馆阅读的条件和机制,制订和推行读者的阅读计划;第三,组建读书会、讨论会和其他活动;第四,邀请作家到馆,和读者进行面对面的交流;第五,利用社会的各种图书机构、设施和图书资源;第六,与小区、家庭形成互动,协调推动全民阅读活动等。通过馆内馆外相结合的方法,扩大读者的阅读面,激发其阅读的兴趣,指导读书方法,引导其积极主动地读书,使参加阅读中心的读者能逐步做到愿读书、爱读书、会读书,以培养其良好的读书习惯,提高阅读能力。

4.3 倡导家庭读书,拓展读者服务领域

图书馆在实践中要不断调整自己的服务方向,挖掘自己的潜力,通过多种服务手段变被动服务为主动服务,变静态服务为动态服务,更好地向社会、学校、家庭展示图书馆的绚丽风采,从而吸引新的服务对象,进一步扩大图书馆的社会影响,真正使图书馆成为培养人才的大课堂。例如我们在工作中,常常看到家长们陪着孩子到图书馆,这就给我们开展家庭读书活动带来了方便之处。第一,图书馆可在为读者服务的实践中拓展思路,把对青少年读者教育与学校、家庭、图书馆三者结合起来,形成一个较为稳定的有利于学校、家庭的教育方式,举办有教育意义的"亲子阅读"和"家庭阅读"活动,并根据图书馆制订的读书计划,指导他们阅读。第二,以小区和家庭的参与为依托,重视家庭读书环境的建设和小区读书生活的组织。在美国大多数中产阶级家庭实施的"家庭伙伴关系计划",就是将学校、小区、家庭紧密地结合在一起,有效地开展儿童青少年早期阅读活动。第三,图书馆可以不定期地组织家庭读书比赛、家庭读书及读书经验交流会,树立家庭读书典型,建立家庭阅读俱乐部等,营造良好的家庭阅读环境,在社会中树立以读书为荣,以读书为乐的新风尚。

阅读归根到底是一种精神生活。全民阅读重在人人参与,图书馆一方面要着力宣传阅读的重要性,不断扩大阅读的人口数量;另一方面要从当地的具体情况与阅读环境出发,有的放矢地采取措施,切实把全民阅读活动深入持久地开展下去。

参考文献

[1]范凡.“阅读革命”总是领先于图书的革命.图书馆杂志,2007(3)

[2]刘盈盈.阅读一书,共享思想——美国“一城一书”活动及其启示.图书馆杂志,2007(6)

[3]杨祖逵.回归最本色的阅读.图书馆杂志,2007(5)

[4]王余光.让阅读成为我们生活的一部分.中国图书馆学报,2006(5)

[5]姚国华.文化立国.海天出版社,2002

现代图书馆采访质量概念发微

白君礼(西北农林科技大学图书馆)

1 引言

研究图书馆采访质量(acquisition quality,以下简称 AQ)概念的原因如下:(1)AQ 不仅直接影响藏书的数量与质量、用户与用户需求的满足程度、图书馆的工作流程,而且还影响着图书馆价值、管理成效、核心能力和竞争力、可持续发展、AQ 测量、评价以及采访人员工作业绩和能力。(2)AQ 概念是采访理论的基本元素,它是正确思维的必要条件,是建立 AQ 保障体系、讨论问题和学术交流的基础。(3)现有的 AQ 定义,基本上属于传统图书馆的,是针对有形物理实体而言的,但现代图书馆呈现出网络、数字与传统图书馆并存的复合图书馆(即出现虚拟信息空间)趋势,采访环境发生了变化(如采用网上采购),采访人员素质不同于以前,AQ 定义应与时俱进。(4)在理论和实践中,没有大家认可的定义,不同的人有不同的评价,公认性较差,究其因皆产生于对 AQ 的不同理解。笔者查阅了我国图书情报类文献(包括丘东江主编的《新编图书馆学情报学辞典》)均没有对此概念的界定和诠释,仅有馆藏质量的界定。同时,还有相当一部分同仁,把馆藏质量和 AQ 当成同一概念,交叉使用。笔者认为,馆藏质量和 AQ 是有严格区别的。AQ 只能是即时的,具有时刻意义,而馆藏质量是一个时间段概念;馆藏质量除受采访信息资源影响之外,还和捐赠的文献质量有关,而 AQ 只与采访信息资源(包括存取的)有关,不包括捐赠的文献。从微观角度讲,AQ 的主体可以是个体的采访人员,还可以是组织如文献建设部(或采访部)、图书馆,而馆藏质量则是指一个或多个采访者 AQ 的集合。馆藏质量是一个动态的历史的过程,它与以前采访的文献质量有着极为密切的关系,是过去、现在、将来的集合,而 AQ 只是现在和过去的集合。AQ 是馆藏质量的基础,决定着某个特定图书馆的馆藏质量。当我们讨论当前某个图书馆(或某位采访人员)AQ 时,AQ 和现时入藏质量是同一的,正是这一点,往往一部分同仁把 AQ

和馆藏质量相混淆。故研究AQ的概念有助于AQ的深刻理解,促进AQ理念的拓展和提升,搞好采访工作。故AQ仍然需要深化研究。

AQ有狭义和广义之分,狭义仅限于采访人员(包括参与采访活动的图书馆所有人员和组织)采访目的、过程、结果。广义指一切与采访活动有关的人员、制度、环境等,它包括采访目的、过程、结果、方针、政策、质量设计、过程质量、使用质量,协调整合质量,而且还包括采访人员本身质量(知识多少以及掌握知识能力、知识运用能力、经验等)、创新质量(观察、思维、想象、实践)、采访人员的道德责任、价值观、尊重用户自由平等的信息权利等。本文讨论广义的概念。由于AQ深层次涉及到对谁而言,同什么比较,优在哪些方面等问题,所以本文的逻辑起点是现实的图书馆用户,并假设在现有条件下,采访人员对AQ有一定的认识,可以辨析AQ高低,AQ可以准确测量。我们对AQ下定义是基于如下理念的:AQ要求持续改进;AQ是提高生产力的成本效益最大、资本投入最小的方法;AQ要靠涉及用户和图书馆全系统来实现;AQ是一种道德规范,树立采访人员和团队责任感,对内忠诚员工,对外忠诚用户。

2 AQ无公认定义的原因

(1)AQ具有复杂性,是一个复杂漫长的过程,人们不可能一下子达到全面的科学的认识程度。不同的采访主体的认识结构和价值判断也影响对AQ的认识。上述这些不同的AQ界定,有不少是由于评判人员从不同的角度出发认识采访的社会作用,反映了评判人员对AQ不同的态度和期望,很可能也反映了那些观点的持有者或支持者不同的利益。这种AQ观上的多样性,反映了社会对文献信息资源需求的多样性和社会对采访人员承担的社会责任、期望的多样性,这导致AQ的多元化。

(2)人们关注问题的侧重点不同。人们在界定AQ时常常把3个问题放在一起探讨,这3个问题是:什么是AQ?影响AQ的因素有哪些?AQ如何去测量?比如,采访人员的声望是采访活动产生的结果,在实践中,它又可用作评价和测量AQ的一种方法。采访人员的声望等级本身并不是AQ,而是可用于衡量AQ的一个指标。同样,可得到的资源也不是AQ本身。它既可以看做是影响AQ的因素,又可以用作评价AQ的指标。上述这些质量观,大多是人们在谈到AQ时意识中所指的东西,要弄清楚每一说法具体的、精确的含义并不容易。

(3)对 AQ 语境本身认识还比较混乱,把需要说明的当作已经确定的前提,给定义 AQ 设置了障碍。

3 AQ 概念述评

AQ 概念可以概括为如下四类:(1)一般的学者或图书馆实践者是在"采访"和"质量"两个概念的基础上,通过整合来理解 AQ 的。

(2)刘桢臣认为:馆藏质量是整个馆藏能为用户利用的程度和满足用户需求的程度。这是从采访活动的需要——价值论角度考虑的。

(3)文献[3]指出:"藏书质量:收藏图书的内容质量、构成质量及使用质量。综合评价藏书质量必须从内容、构成和使用3个方面衡量。内容质量主要反映选择入藏的各科门类、各种类型图书文献本身的科学价值、现实价值和参考价值。构成质量主要反映藏书体系结构的广度、深度和新度的科学性及各部分比例关系的合理程度。使用质量主要反映满足用户需要的程度以及通过使用所产生的社会效益。衡量藏书质量的3个方面应以使用质量为主要依据,结合内容质量和构成质量综合评价。"类似的,沈继武认为:藏书质量包括内容、构成、使用3个方面。内容质量主要反映选择入藏的各学科门类、各种类型图书文献本身的知识情报价值;构成质量是藏书体系结构的科学合理程度;使用质量主要指满足用户需要的程度及通过使用所产生的社会效果。扎拉嘎呼、朱爱荣在藏书质量描述性定义中指出藏书质量包括:①符合某一学科在理论研究上的建设方向;②满足该学科在实际运用上获得新经验、新技术要求;③该专业涉及到的边缘科技文献;④该学科专家和专业人员编写的图书资料。

(4)也有从说明性定义角度而言的。如有的认为 AQ 至少应该有图书馆的声望等级、满足用户信息需求的程度、用户可利用程度和用户发展或增值等含义。有的认为 AQ 一词有三种不同的含义:一是指特殊的或合理的高标准;二是指图书馆活动中的"类型"或"特点";三是在一种相对的意义上作为某种"卓越"的同义词。

一些人认为,这些传统定义都过时了,不符合信息化、网络化社会的需要,应抛弃。对此,笔者不能苟同。对传统 AQ 定义既不能全盘否定,也不能全面肯定。

上述定义需要继承如下几个方面:①上述定义都暗含着这样一个前提条

件,即存在着一个能提供采访(或采访服务)的“供应方”,同时还存在着有此需要的“第三方”(用户等),本文就是按照这种思维形式对 AQ 定义的。②AQ 定义其价值一是为人们认识 AQ 是什么、了解 AQ 内涵作了比较准确科学的说明与解释,基本适应了图书馆过去的发展与变化;二是为图书采访学理论和实践奠定了基础;三是今日还有大量传统图书馆存在,传统定义 AQ 仍有一定的适应性。上述对传统 AQ 定义从历史与现实两方面作了积极评价,但不可忽视它的局限性和缺陷。

其局限性和缺陷表现为:(1)类难以反映采访质量的整体性。(2)类首先,不同的用户需求不同,同一用户在不同时期需求也是不完全相同的,判断它的标准和标准的依据是什么?依据不同,对 AQ 的意义不同。这一关键问题,该定义没有回答。同时,由于用户的信息需求和采集的文献的价值、使用价值的测度还没有成熟的理论和方法,因此,即使有用户需求的标准,AQ 价值判断也是模糊不清的。其次,这一定义具有静态的特征。一方面,一旦某种规格或标准确定下来,没有经常考虑去修正它,这与今天信息全球化的环境极不相适应;另一方面,它只关注结果而忽视过程的控制,不利于真正有效地提高 AQ。再次,上述定义或观点均不能反映用户在采访活动过程中的状况(权利)。最后, AQ 定义的前提条件是采访、服务能较容易地进行量化测评,而采访从事的是以知识为基础的精神活动,其结果量化较难,这也是该定义面临的困难之一。(3)类也不能反映用户在采访活动过程中的状况(特别是权利)。(4)类中,图书馆的声望、用户的需求标准难以测量,不能对实践起到指导意义。上述四类观点或定义都不能解释和说明虚拟的信息空间图书馆的 AQ。可见,以前的观点有一定片面性,需要补充和拓展,现代 AQ 应该是一个系统的集成的观念。

4 AQ 概念分析

4.1 AQ 分析

(1)采访质量这一词语,其实应当是 “采访品质”,且应以复数形式出现。把它写成“采访质量”无法区别单数与复数,这是汉语不精确的一个表现,只是人们已经习惯了这一称谓,本文仍然沿用之。就概念而言,质与量的结合是一个矛盾。就“质量”概念是一个自相矛盾的概念而言,它肯定反映了汉语中描述用户某一方面合理性要求(功能)。每一种新提出来的“功能”都意味着一个新的质的类别。基于这样考虑，质和量结合是一个矛盾，“质”比“量”重要得多，“量”是为实现质而遮掩了质的差异的量，质是基于主观价值体系的判断。AQ 应该是用户需求观和价值观的统一，强调以用户为中心，判断 AQ 高低和对 AQ 进行管理其出发点是用户（用户群体，不是个体用户）。

（2）AQ 的要素是目的、“核心”活动、活动对象、状态、信息沟通和交流。在采访服务过程中，目的、活动对象、信息沟通和交流是敏感的，“核心”活动、状态则是相对稳定的。这 3 个方面的易变性决定了其他两个方面的灵活性。AQ 可以用图 1 表示。

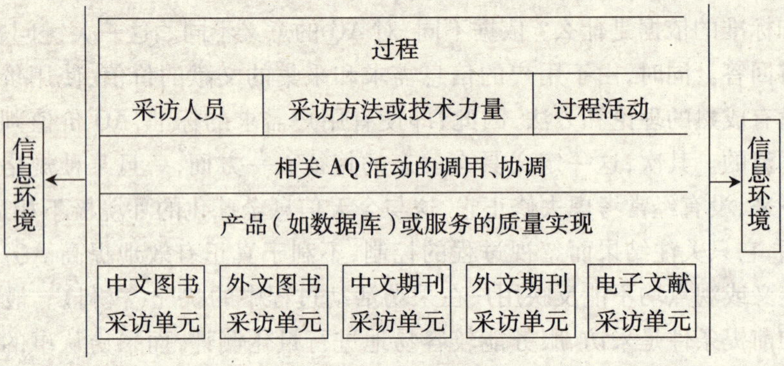

图 1　AQ 活动的实现过程示意图

各个 AQ 质量要素对 AQ 影响程度是不同的。如果用 P_1，P_2，……Pn 分别表示在 AQ 中质量要素 1、质量要素 2、质量要素 n 的重要程度，Q_1，Q_2，……Qn 分别表示满足用户对质量要素 1、质量要素 2、质量要素 n 的程度，W_{ij}为 AQ 活动 i 对质量要素 j 的隶属度，那么 $Q = P * W$。

4.2　AQ 的复杂性

如图 2，影响 AQ 的因素众多，文献[6]也有类似的观点。采访文献的数量和用户利用程度也影响着 AQ 的高低。研究表明，各类图书馆的规定性决定了它们图书馆发展和采访方向，采访经费、采访人员的经验、书商选择是影响 AQ 最重要的因素。更重要的是影响 AQ 的众多因素是不确定的、动态的。笔者与一些著名学者交谈时均认为 AQ 是一个十分复杂的概念和体系，对其定义是一个很复杂的事情，对 AQ 概念研究有不同观点和看法是很正常的。

在研究 AQ 时，由于各国的信息环境不同，AQ 不可复制，我们应该注意 AQ

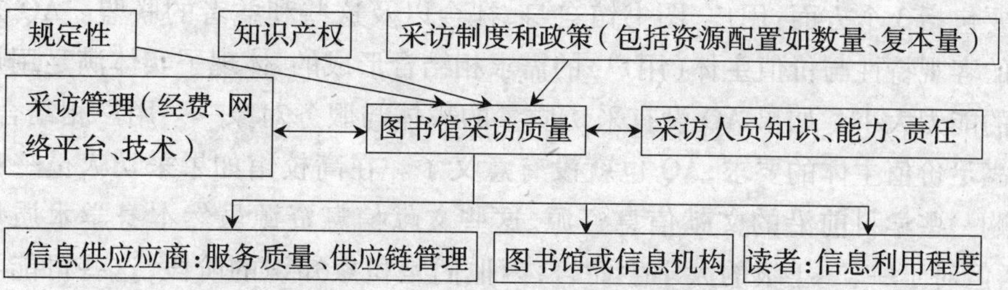

图2 影响高校图书馆采访质量的因素

注:图中单向、双向箭头分别表示单向影响关系、互动关系

的中国化问题,"面子"、人际关系、"家"等均影响着AQ。如馆长的决策或表态其他人不能否定,它影响着采访活动动机的强度。而人际关系则有两面性。一是减少采访过程不确定的手段,利用外部资源实现效率和社会价值;二是增加了相互依赖与失去独立性的矛盾(这一点在文献招标过程表现极为明显),增加了图书馆与采访人员、用户、信息供应商的不对称性。而"家"的观念和利益一直是高于一切的,实质是一种官本位、权力本位,表现在采访实践中,即使采访人员的决策思想正确,组织的决策或思想错误,采访人员必须无条件服从组织的决定。这时组织中的代理人(馆长)自然就成了组织的权威,成为决策的权威和权力中心,这有利于整个图书馆采访的统一行动,但也抑制组织内个体采访人员的工作潜能的发挥。

5 AQ内涵

笔者认为,AQ内涵至少包含以下几个含义:

(1)为任何图书馆一种采访实体所特有(区别图书馆与别的机构),这里采访实体可以是采访人员,也可以是整个的采访过程和服务、组织体系以及上述各项的任何组合,即广义性。AQ评价的主体也是多元的,包括用户、采访人员、图书馆、图书馆主管部门与社会,AQ执行主体包括采访人员、采访机构、图书馆等,均具有广义性。

(2)各类不同的图书馆的AQ都应该适应采访使命,这是AQ的普适性。采访使命可分为用户调查和采购;使采访文献信息资源创造知识;用知识形成智慧,来推动社会(学校、用户)的发展和进步。AQ就应该适应这一使命。

(3)AQ作为实体的固有特性,必须满足相关利益者的要求。这里的利益者主要包括3个方面:用户、图书馆自身、社会以及这些利益者的联盟。AQ是实体的客观特性与价值主体(用户)的需求相结合形成的,体现了实体满足用户需求的能力大小。如果AQ没有采访质量的载体与服务对象——用户相结合,不能满足价值主体的要求,AQ也就没有意义了。在高校馆如果采访人员一味地采购一些学科前沿的文献信息资源,这些文献信息资源虽然本身学术质量很高,但对于一、二年级的大学生而言,因他们是积累知识的阶段,这些可能不是他们的实际需求,因此,对这部分用户而言是没有意义的,这也是采访过程中为什么要具有层次性的原因之一。这是AQ的适应性。

(4)AQ的唯一载体是用户。因为AQ最终是通过用户的文献利用而体现出来,文献的价值和使用价值也是通过用户利用而传递的。用户的文献信息需求又受AQ的影响而发生变化,形成了用户文献利用、用户需求和AQ三者的互动。AQ直接与用户获取信息的方法和策略有着极大关系,图书馆即使订购学术水平再高的数据库,如果用户不会使用,或者无法检索到数据库中实际存在的内容,对这些用户而言AQ也没有意义。

(5)AQ应有个性(特殊性),体现AQ的层次性。不同类型的图书馆的AQ应有不同的标准,不同类型的文献信息资源也应有不同的标准,如电子资源除考虑内容的精确性、覆盖深度、权威性外,还要特别注意数据的更新、检索速度、网络安全性、知识产权等。同类型的图书馆的AQ也应满足本馆不同于其他馆的个性。这需要采访人员综合考虑本馆的实际情况,包括经济、技术、硬件设施等。一个西部县级公共图书馆,就不能像上海市图书馆那样,订购一些外文数据库。同样,一个没有较大服务器内存空间的图书馆,也不宜订购较多的全文数据库。

(6)AQ是动态变化的,它要不断地调整用户等利益相关者的需求,并及时提供用户的信息。这是AQ的时效性,这种时效性又引出了AQ的相对性。每位不同的用户对同一种文献信息资源会提出不同的需求;同一用户对同一文献信息资源的同一功能有不同的需求;同一用户在不同时期需求不同。这些均是AQ的基本含义。

笔者认为除上述外,应该特别强调:①挖掘AQ内涵,逻辑起点应该是图书馆采访活动的固有特性满足用户需求的品质。笔者认为"固有特性"就是图书馆自身固有的运行规律性(特殊性)。纸质文献和电子文献的整合,租赁、镜像或网上数字资源的长期保存,适时适当的复本量等都是AQ固有规律的表现,违背了这种规律性,就失去了研究AQ的基础。例如,商务出版社出版的《现代汉语词典》恐怕没有人否定它的学术、内容、使用质量，但如果某位采访人员一次采购100册或更多，这显然违背图书馆采访规律。一个专科性的高校图书馆应该按照一定的采访比例收藏本专业的文献信息资源，否则就没有讨论AQ的前提条件。②AQ的人文性。即采访服务质量上以用户为本，采访管理上以馆员为本。采访人员必须建立职业道德和责任感，维护用户的信息自由的平等权利，强调效率和公平统一。③可持续发展质量。在着眼现在的同时要兼顾未来的AQ。它包括3个方面，一是确立以人为本的质量战略思想；二是培养后续的采访人员梯队，使高AQ有延续性；三是质量系统的可持续发展，建立终身学习的采访组织。

由上述分析知，AQ应该包涵3个维度。

(1)与用户、社会、信息环境的适应性。由于图书馆采访应随时代、信息环境、采访标准、政策(策略)、用户等因素的变化而变化，所以，这种适应性也体现了AQ的动态性。包括内容质量(电子文献期刊的所选择的期刊类型、内容质量、数据完整度等，体现指标为采全率、准确率)、构成质量(数据库中特别著名期刊选入情况以及各类文献的比例关系)、使用质量(数据库查阅和下载速度、并发用户数等)以及人文质量等。但在网络环境下，过去内容质量的观念应该修正，如采全率就需要修正。在信息网络化、信息全球化的今天，各门学科不可能也没有必要完全收集(未收集的文献可以通过共享或网上信息资源来实现，但网上信息资源因其动态变化更新快，据专家研究，网页在虚拟空间的平均寿命只有44天，同纸质文献信息相比，消息来得快，消失得也快。故通过网上信息资源来弥补本馆所缺的那些资源的前提条件是：有能力辨识数字资源价值、有长期保存数字资源的技术能力的人或组织)。

关于人文质量过去我们是重视不够的，一般只注意有形的成效如采购数量、购入多少用户推荐文献、用户对AQ(内容、构成和使用质量)的认同等，而没有注意无形的部分，如采访过程的和谐程度、采访人员对采访使命的认同感、对采访活动的归属感、采访人员责任，掌握采访必要的知识和运用知识的能力等(这些是人文质量的主要内容)。有些人认为，图书馆只要能搞好内容、构成和使用质量就不错了，哪还有精力抓人文质量。笔者认为，AQ的有形和无形部分(主要是人文质量)同等重要，不存在实施上的先后问题。也不能只强调前者，因二者是相互联系互相促进的，只强调前者就会割断它们的联系性，前者也不能搞好。人文质量的本质就是以用户为中心，尊重用户自由平等权利(本质是公平)。

(2)采访活动要与经济的适度发展相适应(其本质是效率,衡量指标是费用率)。一是不能造成浪费,如外文期刊由于价格较为昂贵,一般情况下,不应当出现纸质型和电子型的重复。二是科学合理地分配采访经费。三是用户利用成本。

(3)时间性,也称过程维(实质是可持续发展)。其衡量指标是劳动耗费率。它包括信息更新速度、信息采集与用户见面速度、采访人员对信息反映速度等以及数据库等电子文献的可靠性、不同时期用户评价等。

上述3个维度,相互区别,具有相对的独立性,又密切联系。一方面对于上述3个维度,是各种不同类型图书馆的普适性(共性),同时这3个维度都具有动态性;另一方面,不同类型的图书馆采访标准、政策(策略)不同,应体现差异性、特色性、针对性、等级性、层次性。由于AQ本质是与用户、图书馆、社会需要的匹配程度,所以,AQ的内涵为:图书馆采访活动中,以用户为中心,尊重用户信息自由平等权利,所具有的与社会信息环境的适应性、适度发展性、时间性在满足用户、社会以及图书馆系统自身有序运转方面要求的程度。

在讨论AQ本质内涵时,需加以说明的是,采访过程质量与AQ的区别与联系。二者区别是:(1)评价对象不同。采访过程质量对象主要是图书馆和采访人员,也包括用户,而AQ的唯一对象是用户;评价主体的指标体系不同,采访过程质量评价是以条件为主要内容的,AQ是以采访目的为内容的;采访过程质量评价与AQ相比更重视专家与用户作用,而AQ评价最重要的评价主体是社会。(2)质量标准不同。采访过程质量是以是否符合采访规律为标准,而AQ是以满足用户的需求程度为标准。二者的联系是各种采访条件的优劣是以满足采访目标的要求为标准;同时,实际的采访条件决定采访目标的实现程度,也就是AQ的实际水平。

6 AQ外延

从AQ的作用方式,可以把AQ分为纵向过程、横向范围、内在活动3个方面。从纵向过程看,AQ可分为投入质量、过程质量、产出质量。投入的是采访人员、采访人员的知识及知识结构、能力、信息设施、经费、信息环境、技术等。过程包括采访计划制定、采访原则和政策、文献标准、制度、信息供应商及出版信息、用户调研等。产出的是包括用户享受的服务和文献信息资源。这一过程并不只是设计 AQ 的产生(提供文献信息资源)。

从横向范围看,过去人们一般误认为,图书馆提供用户需求的文献信息资源就构成了 AQ 的全部外延,而没有考虑采访为人才培训培养、科学研究、解决采访现实问题服务的功能。故人才培训培养质量、科学研究质量、解决采访现实问题质量也是 AQ 外延的主要部分。

从内在活动看,AQ 可分为文献信息资源的采购质量、管理质量、服务管理、研究质量。不少人把采购质量误认为 AQ。采购质量只是整个 AQ 中的一个重要方面,只是 AQ 的一个下位类概念,它主要反映了微观的采访活动中采访人员采购的质量和用户利用的质量。

笔者对 AQ 下了如下定义:采访质量是采访人员依据现代图书馆采访活动的客观规律,以用户为中心,尊重用户信息自由平等权利,满足用户信息环境的适应性、适度发展性、时间性的程度。这里的程度是一种主观感受,指采访活动与用户需要、用户全面发展的一致性、一贯性、可靠性、安全性。"需要"包括既有的、显而易见的,也包括未有的、预期向往的。本文给出了 AQ 的定义,不妥之处,望各位专家学者斧正。

参考文献

[1]黄宗忠. 文献采访学. 北京图书馆出版社,2001

[2]刘桢臣. 高等学校图书馆藏书建设的数量与质量问题//中国图书馆学会. 文献资源建设与布局论文选. 书目文献出版社. 1993

[3]黄方正,王可权. 图书馆管理词典. 知识出版社,1994

[4]沈继武. 藏书建设与用户工作. 武汉大学出版社,1984

[5]扎拉嘎呼,朱爱荣. 高校图书馆质量评估中的"软条件评估". 图书馆理论与实践,2007(1)

[6]中国图书馆学会. 文献资源建设与布局论文选. 书目文献出版社,1993

[7]吴慰慈,刘兹恒. 图书馆藏书. 书目文献出版社,1993

[8]苏开颜. 采访质量影响指标的综合评价. 图书馆建设,2003(1)

[9]苏秦,郭涛. 质量体系管理的强化及柔性分析系统方法//陈晓田,杨列勋主编. 管理科学新进展——管理学青年学者研究文汇. 科学出版社,2002

[10]吴建中. 论选书//中国图书馆学会编. 文献资源建设与布局论文选. 书目文献出版社,1993

[11]马费成. 信息资源开发与管理. 电子工业出版社,2004

知识经济时代图书馆管理的创新

井继龙(山东省微山县图书馆)

随着知识经济时代的发展,知识在促进生产力发展方面凸显出越来越重要的因素,知识经济的重要特点就是以不断创新的知识作为生存和发展的基础。近年来国外一些知名企业内部“知识主管”、“学习主管”等职位的设立,都说明了知识能否在组织内有效地收集、传递、生产、应用,能否在运用中产生新的知识,已成为维系企业生存和发展的关键。由此可见,在知识经济时代,图书馆为知识的收集、整理、传播、加工的集散中心,必然对社会经济的发展起到巨大的促进作用。图书馆要抓住这历史性的机遇,就必须大胆改革,引进现代管理机制,在管理观念、管理理念、管理模式、管理体系等方面进行创新。

1 树立管理观念的创新意识

观念的创新,是一切管理创新活动的前提。人类社会结构的变迁,人与人之间关系文明形式的改善,无穷无尽的物质财富和精神财富不断涌现等,都应该首先从人的观念的创新中去寻找根源,特别是管理者的创新观念显得尤为重要。图书馆的现代化要求其管理者必须树立创新意识,不因循守旧,敢于冲破旧的传统,根据图书馆自身发展的客观规律和知识经济时代社会各界对图书馆的社会需求,制定正确的发展策略和管理模式,改革不合理的管理体制,用现代化的管理手段对图书馆实行科学、高效的管理。

1.1 树立新的人才观

知识经济是以知识为基础的经济,因此它十分重视知识、智力等无形资产的投入。而人是知识和智力的载体,因而在知识经济时代,人才具有举足轻重的重要地位。谁拥有了人才,谁就拥有了优先发展自我的机会。图书馆的管理者一方面要充分认识到人才的重要,树立人才第一的观念,建立优秀人才的引进机制;另一方面,还要建立有效的激励机制,提高人才的使用效率。目前,图书馆界普遍存在着读者日益增长的信息知识需求与图书馆的信息知识提供能力相对落后的矛盾,而造成这一矛盾的主要原因就是图书馆员整体素质偏低。因此加强在职馆员的教育培训,引进优秀的管理和技术人才已在图书馆界达成共识。然而有的图书馆在呼吁缺乏人才的同时,也存在着不少现有人才得不到应有的重视,其潜能被埋没的现象。因此我们在注重引进人才的同时还要充分发掘现有人才的潜能,采取适当的奖励手段,无论是物质奖励还是精神奖励,激发广大职工的工作热情和创新意识,使每个职工的聪明才智都得到最充分的发挥。

1.2 树立正确的市场观

长期以来,我国的图书馆是计划经济体制下靠国家下拨的皇粮吃饭的事业单位。社会主义市场经济体制的建立,虽然对我国的图书馆事业产生了很大的冲击,许多图书馆在信息有偿服务方面作了许多有益的探讨和尝试,但与知识经济时代图书馆信息产业化相比较,还有很大距离。知识经济的来临,使具有高知识含量的信息产业成为国民经济的支柱产业,图书馆在信息化、产业化的轨道上也必将迈出巨大的一步。因此图书馆的管理者必须树立新的市场观,注重塑造图书馆良好的市场形象,充分发挥图书馆在文献信息方面的优势和特长,开发自己的特色产品,打造自己的品牌服务,做到人无我有,人有我优,人优我特,在日益激烈的市场竞争中占有一席之地。

1.3 树立整体观和开放观

任何一个图书馆都是社会文献信息资源建设的一部分,是整个图书馆大系统的组成部分,因此图书馆的管理者必须树立整体观念,在注重本馆文献信息资源建设的整体性和特色性的同时,要充分重视馆际间的横向联合与协作,走文献信息资源共建共享之路。特别是在知识经济时代,文献信息爆炸性增长,对任何图书馆而言,都不可能做到大而全,这就是图书馆的管理者具有社会意识和超前意识,用发展的眼光审视图书馆的现在和未来,确定正确的发展方向,实现文献资源的合理流动。此外,还要树立开放观念,在积极开展馆际间的合作与交流的同时,还要善于学习和吸收其他馆好的管理经验和做法,拓宽图书馆的发展空间。

2 树立社会化大图书馆的管理理念

创新是一切事物向前发展的根本动力。所谓创新无非是淘汰旧的东西和创新新的东西,"创新"是与"维持"相对应的概念。在科学技术日新月异的今天,管理者越来越认识到,管理如果仅仅发挥维持的功能是远远不够的,管理模式的创新要比维持有意义得多。

2.1 建立图书馆的创新机制

随着知识经济的发展,知识增量越来越显示出在现代管理中的重要性。西方一些大企业中"知识主管"的设立就是为企业收集、加工、传递并保存最有价值的知识。知识创新是企业增强竞争力的基础。同样图书馆要增强自身发展的活力,也必须注重知识创新,优化人员组合,组建自己的知识团队,形成馆长、中层干部和专业技术人员组合的最佳人才结构,建立创新机制。一方面在馆内采取适当的奖励方式,激发全员创新意识,让全馆上下都能提合理化建议,每个职工都能为图书馆贡献其智慧和创意;另一方面在馆外利用图书馆与社会各界的联系,建立起自己的"外脑库"和"智囊团"。大到图书馆的战略发展,小到图书馆的数据库建设,都可以充分发挥"智囊团"的作用。创新机制的建立为图书馆实现创新管理提供了保证。

2.2 塑造图书馆的良好形象

随着知识经济时代的发展,全球产业结构正在进行优化组合,高技术产业和服务业在国内生产总值中的比重不断攀升是个不可逆转的发展趋势。信息产业将成为世界第一大产业,图书馆作为信息产业的重要组成部分,其服务必将受到社会各界的关注。因此,图书馆服务质量的高低,社会形象的好坏将与图书馆的命运息息相关。实际上服务本身就是一种特殊的商品,良好的社会形象就是优质服务的象征。当然,要提高图书馆的服务质量不仅是服务态度的改善,更重要的是提供高质量的信息产品,这也是塑造图书馆良好社会形象的关键。很难想象一个服务质量不高、整体形象很差的图书馆能够受到社会的重视。因此,图书馆必须充分发挥其文献信息资源丰富的优势,不断生产出适销对路、知识含量高的信息产品。此外,媒体的作用在知识经济社会中显得载来越重要,图书馆要定期与媒体进行信息的沟通与交流,从而通过媒体的传播来扩大图书馆的影响,提高图书馆的地位,以高质量的服务和良好的形象争取社会各界的了解、理解和支持。

2.3 营造图书馆的良好氛围

图书馆历来被誉为读者的终身学校、文化中心、信息枢纽、市民第二起居室、知识喷泉,具有保存人类文化知识、传播知识信息、进行文化教育、开发智力资源等项功能。因此,图书馆必须努力为读者营造良好的学习氛围,创造赏心悦目的学习环境,使读者来到图书馆甚至比在家里还要舒心愉悦。图书馆不仅要为读者提供学习场所,还要为读者创造各种条件去表现自我,发挥各自的才能。上海图书馆开设的"妇女之窗"就是一个成功的例子。该窗通过书刊展示、文献检索、主题展览、学术交流、讲座论坛、教育培训、中外交流、参观访问等多种形式,开展一系列活动,并与有的区县图书馆建立了服务网站,为广大妇女朋友提供了一个学习、提高、交流和自我展示、自我发挥的广阔空间。

面对知识经济的到来,图书馆不仅要为读者营造良好的学习氛围,还要在职工内部形成学习向上的良好风气,使整个集体成为一个不断吸纳知识、创新知识、运用知识的学习型组织。通过学习,培养图书馆的创新人才,增强图书馆在未来社会中的竞争能力。

3 优化管理模式的创新

随着信息资源共享的发展,网络环境的逐步完善,21世纪的中国图书馆将不再是一个封闭的"知识宝库",而是一个通过一定的通讯网络与地区、国家乃至世界各地相连接的社会化大图书馆。这个社会化大图书馆寻求:

(1)合作的和谐性

在社会化大图书馆的大环境下,许多问题需要多个图书馆的合力和发挥各自的优势来进行共同研究,联合攻关,才能得到解决。如数字化图书馆这一项目,是一个系统而复杂的群体工程,如果没有合作的精神,要完成这一项目是不可想象的。

(2)互为依存性

随着知识信息总量的剧增,任何一个图书馆都无法也没有必要将世界上新出现的知识信息一网揽尽，这就很有必要有一个权威性的图书情报协调机构统筹规划、合理布局文献收藏范围。各馆应根据这个统一的布局收藏文献，建立各自的特色馆藏，然后借助网络，互通有无，资源共享，为读者用户提供高质量的服务。

(3)规范性和标准性

随着信息技术的发展，以计算机为核心的现代信息技术正在图书馆界得到广泛的运用，数字化和网络化技术也将逐步推广。由于管理体制的混乱，目前各图书馆在信息技术的应用中存在着各自为政、盲目投资、重复建设、孤立发展等混乱情况，这给网络化的信息传播造成了重重障碍。社会化大图书馆需要相互兼容的图书馆管理系统，与世界接轨的规范化和标准化的数据库，统一的通信协议。只有这样，才能渗入到国际互联网的大循环中。

要解决好以上这些需求，中国图书馆界必须树立社会化大图书馆的管理理念，促请政府成立一个具有行政职能的图书情报协作协调委员会，这个委员会由文化部图书馆司、教育部条件设备司、中科院图书情报委员会等派人联合组成，对我国图书馆行使指导、规划、调控等职能，以使我国的社会化大图书馆走上健康发展的轨道。同时各地区也应建立图书情报协作协调委员会，切实加强地区性的行业性管理。

4 建立可持续发展的图书馆管理体系

“可持续发展”作为一项战略多用于经济体系、社会体系，但笔者认为它同样适合于图书馆的管理体系。因为知识经济社会的图书馆将作为地区的文献中心、信息中心、网络中心和继续教育中心出现在人们的面前，它的可持续发展对整个社会而言是不可忽视的。因此我们必须建立与之相匹配的可持续发展的图书馆管理体系，协调解决图书馆在发展过程中的各种矛盾和问题，从而促进新世纪图书馆的健康发展。根据我国目前图书馆的实际情况，要在图书馆界建立可持续发展的图书馆管理体系，可通过以下途径来实现：

(1)加强效益管理，增强图书馆自身活力

新世纪我国图书馆的发展是在社会主义市场经济体制的大背景下进行的，图书馆理所当然是国家全额拨款的单位，但考虑到国家目前财政尚有困难，对图书馆的投资难以满足图书馆事业发展的需求，因此图书馆在让社会满意、读者满意，充分提高社会效益的提前下，适当地进行以文补文，增强自身造血功能，这不仅是可能的，也是图书馆保持持续发展所必需的。图书馆要搞好以文补文，必须在文献信息增值方面下工夫，发挥图书馆在信息服务方面的优势和专长，不断生产出高知识含量的信息产品，如可以生产各种文摘、主题资料汇编、信息分析与研究、咨询报告、各类数据库光盘等，利用图书馆的读者流进行文献信息产品及文化用品的销售，利用图书馆的信息流进行信息的收集与发布，利用图书馆的文献流进行市场的调研。同时也可以与电视台联合，将图书馆收集整理的信息通过有线电视输送到读者家中，每月收取一定的入网费。在这种管理思想的指导下，图书馆这盘棋就有可能搞活，持续发展将成为现实。

（2）建立数字网络体系，实现文献资源共享

新世纪要将我国图书馆静止的信息转化为网络化信息，实现文献资源共享，其关键是要创建图书馆数字网络体系，这是关系到我国图书馆未来能否持续发展的重中之重。1997年我国图书馆界在上海图书馆举行了“中国国家试验型数字式图书馆”可行性项目论证；1999年全国124家图书情报机构在北京发出了《全国文献信息资源共建共享倡议书》；2002年4月全国文化信息资源共享工程在文化部和财政部共同组织下正式启动，这是我国图书馆界建立数字网络体系，实现文献资源共建共享的良好开端。我们要抓住这历史性的契机，借助政府部门的行政管理和宏观调控力度，统筹规划，加强规范化和标准化管理，本着数字网络共建、资源共享、优势互补、互惠互利、方便读者、服务社会的宗旨，促进我国图书馆事业的持续发展。

（3）提倡首创精神，建立全员创新机制

如果说创新是一个民族进步的灵魂，是一个国家兴旺发达的不竭动力，那么，一个图书馆要达到持续发展的境界，就要不步人后尘，不因循守旧，不断推陈出新，在全馆中大力提倡首创精神，建立全员创新机制。在图书馆管理工作中，无论是干部考核、职称评审、业务规划、工作总结，都应把有无创新作为重要的内容。例如在一年一度的干部年度考核中，不应该是每年千篇一律的老调陈词，而应该把创新作为年度考核的一项重要内容，考核该人是如何创造性地完成各项工作和任务的。同时也可以在全馆设立“金点子奖”，让全馆上下都能提合理化建议，让每一位职工都能为图书馆贡献其创意和智慧。

（4）创建公共关系体系，树立图书馆新形象

图书馆是一个社会文化机构，它每天都要为众多的读者用户提供信息服务，服务质量的好坏，直接关系到广大读者对图书馆的评价。同时图书馆又是

一个公益性事业，它的生存与发展与政府部门和社会各界都有着密切的关系。因此创建图书馆公共关系体系对其持续发展至关重要。这种公共关系体系的建立对内要注意图书馆理念识别系统（读者第一、服务至上）、行为识别系统（文明接待、有问必答）和视觉识别系统（着装统一、环境整洁）的建立，加强图书馆员业务培训，提高图书馆自身素质；对外要特别注意与广大公众保持良好的关系，要广泛地宣传图书馆，积极争取社会各界和海内外贤达人士的支持，从而为图书馆的持续发展创造一个合作、理解、关心、支持的外部氛围。如果在当地两个文明建设中，图书馆提供的文献服务起着十分重要的作用，社会各界对图书馆的服务都十分满意，那么他们就会主动关心和支持图书馆事业的发展。

知识经济时代是以创新为基础的时代，因此我们必须时刻把握这个时代精神，自觉树立创新意识，使图书馆管理日趋完善，保证图书馆事业随着科学技术的发展而不断推向前进。

参考文献

易丹柯．市场经济条件下图书馆管理的创新．图书馆情报知识，1999（2）

试述图书馆在社会主义新农村建设中的作用

蒋咏梅(上海市青浦区图书馆)

随着市场经济的发展,各行业对人的要求越来越高。面对着日新月异的现代化进程,每个人都需要更新自己的知识,而作为人类知识文化传播与储藏的图书馆是人们接受再教育和自学成才的最佳场所。在中共十六届六中全会上提出的《关于构建社会主义和谐社会若干重大问题的决定》中,提到了要在全社会普及科学知识,弘扬科学精神,养成健康文明的生活方式。读书是提高国民素质进而推动社会进步的有效工具,是一个社会文明发达程度的重要标志,也是一个人完善自我、增长知识的重要途径。图书馆以其专业性、权威性和独有的丰富资源,不仅成为推动全民阅读的重要机构,也是全民读书和终身学习的学校。图书馆要充分发挥其教育职能,让更多的人走进图书馆,利用图书馆,营造阅读社会。因此,我们图书馆应该坚持以人为本的原则,以服务群众尤其是广大农民为重点,以读书活动为载体,不断拓宽服务领域,深化服务层次,变被动型服务为主动型服务,不断发掘图书馆的服务潜能,通过丰富的馆藏、多种媒体的宣传以及举办各种丰富多彩的活动(如读者活动、读书活动、图书馆宣传周活动、文化展览活动、多种形式的培训服务活动、信息服务活动、各种讲座等)来吸引社会各阶层的参与,引领大众阅读,积极投入到推进社会主义和谐社会、社会主义新农村的建设中去。

1 加强文献资源建设,引导读者阅读

群众性读书活动是图书馆永恒的职能。只要有人类、有图书(包括未来的电子形式的图书),社会对辅导群众,举办各种形式的读书活动的需要就必然存在着,过去它是图书馆的职能(传统的社会教育职能),现在、将来仍然是图书馆的职能。而且我们根据读者需求为读者点书、选书、购书,发挥导读优势,还可以帮助大众保持积极的阅读兴趣,引导读者阅读兴趣逐步高雅化。因此办好各种群众性读书活动,发挥导读优势是我们拓展传统职能(即社会教育职能)的一

个重要方向。而将读者休闲娱乐兴趣引向高层次，是我们的又一项重要职能。我们要抵制低下、不健康文化，提倡高雅、先进文化，允许通俗、休闲文化。因此，在构建社会主义和谐社会的过程中，作为区县馆的我们既要深挖传统图书馆潜力，不但要发挥休闲特长、导读优势，而且还要集中精力发展特色收藏，建立特色网络数据库、网络信息索引体系。

1.1 确定合理购书策略，形成特色收藏体系

图书馆尤其是区县、街镇图书馆图书采购方针应立足休闲、社教热点，兼顾特色收藏，合理配置有限的经费。一方面数量上要满足多数读者需求，重点在于休闲；同时质量上要注意引导读者，又不能忽视对特色图书的收藏，目的在于社教、特色领域。最主要的是根据地方特点完整全面地收藏若干个专题图书及地方文献，适度发展特色，建成某专题的特色馆。如我们馆较注意特色图书的收藏，把有限资源用于特定专题，收集了青浦地方文献、水产养殖文献等，成为馆藏特色，这也是特色数据库数字化网络化的基础。

1.2 建立特色数据库，开展特色信息服务

在社会主义新农村建设中，图书馆应该根据当地农村特色和农民需求，从众多纷繁复杂的信息中找出有用信息，将图书数字化，去粗存精，编织出相关的信息导报，建立特色数据库及相应的专题索引数据库，上网络服务，成为互联网的一个结点，供读者使用，方便用户。我们青浦区在上海的郊区，因此我们就在本馆特色收藏基础上，结合本区特点建设青浦旅游和水产养殖两个特色数据库，为全区人民乃至全国人民提供特色信息服务。

1.3 改善设施，提高服务

“打造绿色青浦，构建和谐社会”是我区三年行动纲领提出的发展目标，绿色青浦的打造，需要整个城市和市民品质与素养的提升，和谐的社会应该是一个阅读的社会，而阅读社会的建立，最简单、最快捷、最有影响力，也见效最快的方式，就应该是亲近图书，全民阅读。图书馆是推动全民阅读的重要机构，政府是全民阅读最有力的倡导者，因此去年我区政府筹集资金为我们建造了新馆。今年5月我们新馆开馆后，我们除继续实行全年无休、天天开放、全开架借阅外，还新推出“新农民课堂”开展培训、讲座等活动，以人性化服务，吸引更多的人走进图书馆，利用图书馆。同时我们还将积极发挥图书馆的作用，不再守株

待兔、闭门守书，而是主动出击，开拓服务领域。我们将发挥每个图书馆员的主观能动性，把服务的热情延伸到最需要我们的地方——乡镇、社区。如针对我区是鱼米之乡，有大量的养殖各种水产的养殖户，我们可以多采购些养殖方面的最新图书、杂志、电子读物，不断充实我们的特色数据库，把书和信息送到养殖户手中，把专家、科技人员请到鱼塘旁，现场给他们做讲座、送知识、传信息，还可以让他们互相之间交流经验，为青浦区的经济发展提供切实有效的服务，为构建社会主义和谐社会、建设社会主义新农村担负起我们应尽的职责。

2 健全工作网络，关注弱势群体

我们区县级图书馆应该求得市级馆支持，建立市、区、乡镇（街道、学校）三级图书馆工作协作网，并建立相关制度，不定期地组织各级图书馆馆长及学校校长和德育主任召开会议，讨论研究新农村、新农民读书需求等事宜。协作网各成员单位之间实现文献信息资源共建共享，这样不仅使各乡镇、街道、中小学校图书馆（室）的建设得到加强，也使各级图书馆的服务更加高效快捷、简便灵活。如我们上海市委市府和上海市图书馆的领导高瞻远瞩，建立了以市图书馆为中心馆、由各区县、各高校、各科研院所图书馆或文献中心为分馆的分布式图书馆大系统，全部全日联网，全面整合、优化、共享与交换互借全市图书文献资源。读者可以在这馆借那馆还，还可以远程索书（由图书所在馆将书送达）。全市各区县级公共图书馆已全部加入。如今正在向街道、乡镇延伸。我们馆通过协作网，同时利用全国文化信息资源共享工程，根据馆藏资源及设施设备，为社区下岗人员、乡镇农民、残疾人和孤寡老人、妇女儿童及外来建设者等弱势群体，提供长期持续的再教育培训、职业技能培训，并积极开展送书、送讲座、送知识、送科技服务等活动到社区、到田头、到弱势群体手中，让他们在享受读书权利的同时认识图书馆，了解图书馆，自觉增强图书馆意识，进而走进图书馆，利用图书馆。

3 发挥导读优势，开展农民读书活动

我们将努力引导读者，提高阅读层次。新馆开馆后，我们有更多的介绍新

书、推荐好书方式和形式，可以更好地开展演讲、书评、征文赛，组织读者会、读者联谊会等多种读书活动，帮助大众保持积极的阅读兴趣，引导读者阅读兴趣逐步高雅化。同时，我们想把我们馆建成社区教育中心、乡镇科学普及中心与青少年教育基地。通过深入开展全民阅读活动，可以积极引导群众多读书、读好书，从而提升我们生活城市的价值和品位，改善社会氛围，提高市民素养，丰富人们的生活方式，建立和谐社会和和谐文化。

3.1 结合社会形势，打造活动品牌

图书馆要让数以百万计的市民广泛参与读书活动，就要结合社会形势，在新颖的内容、生动的形式以及亲和互动的特点上狠下工夫，把读书活动拓展开来，着力打造活动品牌。

塑造新农民是新农村建设的务本之举，普及新文化是提高新农民素质的重要保障，培养造就有文化、懂技术、会经营的新型农民是新农村建设的目标之一。为此，去年我馆结合新农村建设的形势，开展了“书香飘农家——新农村、新文化、新农民读书活动”，就是为推进我区农村文化建设作了有益的尝试。活动旨在搭建一个农民学知识、用知识的平台，培养农民积极向上的精神追求和健康、文明、科学的生活方式，提高农民的思想道德素质和科学文化素养，塑造与社会主义新农村相适应的新型农民。

活动以全区公共图书馆区、镇、村三级网络体系为支撑，以村图书室为阵地，配置了电脑等现代化设备，引入了全国文化信息资源共享工程、全国文化信息资源共享工程进村，为农民群众开辟了一个新的非常重要的获取知识信息的渠道，让农民不仅能阅读到丰富的书刊资源，还可以利用现代网络技术获取各类信息、知识。为使活动的长效开展有机制上的保障，我们在每个村还聘请了专门的读书辅导员负责日常管理及读书指导，并经常组织多种形式的读书活动，如举办各类培训和讲座，邀请相关专家、老师对农民进行各类知识及技能的培训，普及实用的农业科技、卫生保健、法律法规等知识，开展农民喜闻乐见的读书竞赛活动等，吸引了众多的农民广泛参与，活跃了农村的文化生活，为引导农民读书用书，学知识、学文化，营造农村良好的文化氛围，提升农民的知识素养起到了积极的作用。应该说这项活动的推出，真正为广大农民群众办了实事，让他们得到了文化上的实惠。

除此之外，我馆还结合形势，联合了社会力量，开展了“社区还书箱”、“青图志愿者”、“中国女红”等品牌活动，共建书香社会。

3.2 创新活动形式，开展网上读书

网络拓宽了人们获取信息的渠道，信息的获取更加方便、快捷。因此，不但是区县馆，乡镇图书馆也应顺应时代发展趋势，建立电子阅览室并加强管理，加快网上图书馆建设为读者服务。图书馆可以利用新兴技术，通过现代化设施和网络开展网上读书，拓展活动开展的形式和渠道。我们可以指导读者上网学习，提供信息导航服务，引导养殖户、种植户通过网络信息索引体系在纷繁复杂、瞬息万变的网络世界里收集有用的信息；也可以及时地编制或在网页上以如《新书通报》、《推荐书目》等形式的公告，定期在网站上举办导读指南，向读者推荐新到馆的书刊以及电子出版物；还可以通过专题数据库在网上开设读者园地、BBS、信箱、论坛、创立期刊等，结合举办系列阅读讲座，开展各类读者活动，给读者搭建一个相互推荐交流讨论的学习平台。

我馆的电子阅览室就建立了全国文化信息资源共享工程局域网络，并提供视频点播、电子图书阅览，另外还建立了多媒体教学网络。每年我们都利用电子阅览室免费举办社区居民学电脑、免费 FLASH 动画制作、“我行我速”——电脑打字比赛、“绿色网上行”——网络知识竞赛、“百部优秀电影你点我播”等一系列读书活动，活动不仅增加了社区居民、少儿学习信息知识的兴趣，提高了他们利用现代化科技手段的能力，而且对少儿上网起到了有效的引导作用。

图书馆作为社会教育的机构，担负着传播科学文化知识、倡导先进文化的重要职责。学习是持续一生的事业，公共图书馆是人民的终身学校，对于人民的身心健康、阅读兴趣、个人学识的增进大有好处，也有利于一个民族的综合素质的均衡发展和全面提高。

我们必须充分认识到目前推进全民阅读的重要性和紧迫性。许多调查数据表明，近年来，人们的读书的热情在下降，读书人数与藏书数量也在减少。有鉴于此，中国图书馆学会正对一系列的问题展开研究，比如说中国人阅读习惯问题、阅读的权利与读物选择的问题、网络阅读的问题、家庭藏书与读书的问题等。我们必须保证世界上每个角落的每一个人都有书读。

总之，构建社会主义和谐社会是一项长期任务，不可能毕其功于一役。在构建社会主义和谐社会的过程中，图书馆不仅肩负着传承民族文化的使命，更应该为构建社会主义和谐社会、建设社会主义新农村作出自己最大的贡献。

参考文献

[1] 郭玖玉. 教育现代化与图书馆教育刍议. 中国科技信息，2005(16)

[2] 张维珍. 当代少年儿童图书馆应注重培养儿童 N 种能力. 图书馆学工作与研究,2005(4)
[3] 王永奇. 生命化图书馆:打造中小学生的精神家园. 中小学图书情报世界,2005(6)